本书为教育部人文社会科学研究规划基金项目

"民族自治地方法律变通研究"

（项目编号：11YJA850029）的最终成果。

民族自治地方法律变通研究

MINZU ZIZHI DIFANG FALÜ BIANTONG YANJIU

张殿军 著

人民出版社

文字编辑：李琳娜

责任编辑：洪　琼

图书在版编目（CIP）数据

民族自治地方法律变通研究／张殿军 著，—北京：人民出版社，2016.8
ISBN 978－7－01－016321－5

I.①民…　II.①张…　III.①民族区域自治法－研究－中国　IV.①D921.84

中国版本图书馆 CIP 数据核字（2016）第 128933 号

民族自治地方法律变通研究

MINZU ZIZHI DIFANG FALÜ BIANTONG YANJIU

张殿军　著

人民出版社 出版发行

（100706　北京市东城区隆福寺街 99 号）

北京中科印刷有限公司印刷　新华书店经销

2016 年 8 月第 1 版　2016 年 8 月北京第 1 次印刷
开本：710 毫米 × 1000 毫米 1/16　印张：17.75
字数：300 千字

ISBN 978－7－01－016321－5　定价：59.00 元

邮购地址 100706　北京市东城区隆福寺街 99 号
人民东方图书销售中心　电话（010）65250042　65289539

序

吴大华 ①

　　我国是一个统一的多民族国家，地域广阔，人口众多，少数民族人口占有相当比重。2010 年人口普查数据显示，各少数民族人口近 1.14 亿人，占全国总人数的 8.49%。在 55 个少数民族中，有 44 个建立了民族区域自治地方。从我国民族分布格局的历史形成过程来看，我国自古就是一个多民族国家，中华各民族、各地区之间形成了不可分割的相互依存关系。先秦时期分属不同族系、聚居各地的众多民族，历经秦汉魏晋南北朝时期八百余年的民族大迁徙和大流动以及隋唐宋元时期民族分布格局的不断变化调整，逐渐形成"大杂居、小聚居"的民族分布格局。迨至清朝，这种民族分布的格局和态势趋于定型和稳固。作为我国基本政治制度之一的民族区域自治制度就是紧密结合我国统一多民族国家历史发展的客观实际和现实多民族分布格局而确立的。民族区域自治制度坚持统一和自治相结合、民族因素和区域因素相结合，是中国特色解决民族问题的正确道路的重要内容。各民族的差异性以及近代以来民主和民族意

---

① 贵州省社会科学院院长，法学博士后、经济学博士后，二级研究员，华南理工大学、中央民族大学、云南大学、贵州民族大学博士生导师。中国法学会常务理事、中国世界民族学会副会长、中国民族法学研究会常务副会长、中国人类学民族学研究会副会长暨法律人类学专业委员会主任等。第三届全国十大杰出中青年法学家，全国首届杰出专业技术人才，教育部第四届"高校优秀青年教师奖"获得者，2007 年被评为"新世纪百千万人才工程国家级人选"，2008 年和 2011 年入选"中国杰出人文社会科学家"。

识的增强，决定了中国实行单一制必须充分考虑各民族的特点和具体利益。但各民族在语言文化、风俗习惯、心理认同等方面仍存在一定差异，在自然条件和经济社会发展程度上有着很大的不同。因此，在中国实行单一制的国家结构形式，必须充分尊重和照顾少数民族的特点与利益，否则会给民族团结和国家统一带来不利影响。

在以中原儒家法律文化为核心的中华法系多元一体的格局中，中国历史上的各少数民族，由于自然地理、风俗习惯、文化发展、经济状况、历史与宗教传统的差异，在长期的社会生活实践中形成了内容各异、各有特征的法文化与法观念，与华夏族文化之间呈现明显的差别。在现实生活中，民族自治地方在政治、经济和文化方面具有自身的特点，法律适用的对象、情境存在着一定程度的差异，法律的普遍性和统一性始终面临着各种差异性要求的挑战。如何因应国家法的统一性与民族自治地方差异性，就成为民族区域自治制度必须要面对的问题。现代社会绝大多数国家都注重奉行法律面前一律平等的原则，在法律上承认不同民族、不同性别、不同群体的平等法律地位，但是却普遍忽略了少数人的差别性和特殊性，忽略了多民族国家如何协调分歧包容多样与差异的制度设计与运行机制，在某种意义上容易导致以形式上的平等掩盖实质的不平等。只有充分考虑到少数民族的特点和权利需求，保证他们和大多数人的权利一样受到保护，才能逐步实现真正的平等。民族自治地方的法律变通正是在国家统一法律框架下，实现尊重差异、包容多样的创造性制度设计。

法律变通主要是指民族自治地方的立法机关依据宪法、民族区域自治法和立法法的基本原则和相关规定，根据当地民族的政治、经济和文化特点，对于法律、行政法规不适合于民族自治地方的部分作出适当变更或补充使之符合民族自治地方的立法活动。宪法和法律不但赋予民族自治地方制定自治条例和单行条例的立法自治权，通过对法律和行政法规的变通以更好地实现自治，而且还明确规定，上级国家机关的决议、决定、命令和指示，如有不适合民族自治地方实际情况的，自治机关可以经法定程序变通执行或者停止执行。法律变通能够解决法律、行政法规个别条款的适用可能会给民族自治地方个案造成的实质不公平，使统一性和差异性得以有机和谐统一。当然，法律变通并不意味着民族自治地方可以完全抛开国家法另起炉灶，我国宪法明确规定，国家维护社会主义法制的统一和尊严，一切法律、行政法规和地方性法规都不得同宪法相抵触。法律变通也是有限度和底线的，法律变通不能破坏我国社会主义法制的尊严和统一。自治条例和单行条例可以依照当地民族的特点，对法律和行政法规的规定作出变通规定，但不得违背法律和行政法规的基本原则，不得对宪法和民族区域自治法以及其他有关法律、行政法规专门就民族自治地方所做的规定作出变通规定。变通执行或者停止执行上级国家机关不适合民族自治地方实际情况的决议、决定、命令和指示，自治机关也必须要报经该上级国家机关批准。

法律变通是我国民族法的"中国特色"和"民族特色"的具体体现。保有和加强民族法上的"中国特色"，就是要以宪法和民族区域自治法为根本准则，制定民族法律时，既要符合中国多民族的国情，又要符合民族自治地方的特点；既要符合全国各族人民的共同意志和利益，又最集中地反映少数民族的特殊利益和特殊要求。民族法制建设的实践是中国特色民族法律体系形成与完善的基础，民族立法的规范化与系统化是中国特色民族法律体系形成与完善的途径。民族自治地方的变通与补充规定是我国民族法律法规体系的重要组成部分，是最能集中反映少数民族的特殊利益和特殊要求，突出和凸显地方特色与民族特色的内容，因而也是更好地体现"因地制宜""因俗而治"的关键所在。当然，这种变通和古代的羁縻治策对少数民族用军事和政治手段加以控制，以经济和物质利益给以抚慰笼络有着本质的区别。

党的十八届四中全会提出，全面推进依法治国，建设中国特色社会主义法治体系，建设社会主义法治国家。要形成完备的法律规范体系、高效的法治实施体系、严密的法治监督体系、有力的法治保障体系，形成完善的党内法规体系。对于民族法治来讲，就是要建立以民族区域自治法为核心的更加完备的民族法律法规体系，推动民族事务治理走上法治化道路，实现民族事务治理体系与治理能力现代化。具有中国特色的民族法律法规体系已初步形成，拓展了我国社会主义法律体系的实践内涵和理论空间，极大地调动了少数民族和民族地区的积极性和创造性，有力地促进了少数民族和民族地区的发展，切实保障了少数民族的各项权益。但是我们也必须看到，这个体系是初步的，不完善的，民族法律法规体系在内容的完备性、系统性和可操作性方面，与少数民族和民族地区加快发展的迫切要求和现实需要，尚有一定的距离。加强民族法制建设，以法治思维和法治方式解决民族矛盾和问题，推动民族工作走上法治化道路，离不开完备的民族法律法规体系。只有形成完备的民族法律法规体系，民族团结才有保障，民族关系才会牢固。就民族自治地方法律变通这个具体的内容而言，学者们关注的不多，研究的还不够深不够透，综合性、系统性的研究成果尚不多见。从立法层面来看，民族自治地方往往还存在着"一刀切"的思维模式，没有用足用好用活国家法律赋予民族自治地方的变通权。

张殿军博士敏锐地捕捉到了这个"学术资源"，近年来潜心于民族法学的教学与科研工作，对法律变通的相关议题多有心得并笔耕不辍，在《民族研究》等权威、核心期刊上发表了一系列论文，获批了国家社科基金、教育部人文社科等科研项目，是我国民族法学界近几年涌现的比较突出的青年才俊之一。2013年12月在北京参加中国民族法学研究会年会期间，殿军博士索序于我，我欣然应允。书稿即将付梓，可喜可贺。目前专门研究法律变通的成果还不多见，殿军博士独辟蹊径的研究为民族法学打开了一片别有洞天的学术空间。书中对民族自治地方法律变通的本体问题、法律变通制度基础与价值蕴含、民族自治地方立法现状及问题、变通执行与停止执行、能动司法与法律变通关系、少数民族习惯法经由法律变通上升为国家法等诸多问题做了较为详尽的描述、论证和探索，本书的选题和研究有助于拓展民族法学研究的广度和深度，具有很强的理论意义和实践价值。

作为国内研究民族自治地方法律变通的第一本学术专著，本书不可能尽善尽美，还存在着一些不足，对法律变通有关问题的研究还不够全面和深入。如对变通立法的实施还没有用足笔墨专门加以研究、对变通立法的实证分析也仅仅停留在文本方面。从法律变通的范围来看，本书只关注了刑法和婚姻法的变通，对其他的实体法和程序法则没有涉及等。然而，瑕不掩瑜，本书存在的不足也恰好表明对法律变通的研究尚有继续探讨的空间。希望殿军博士百尺竿头，更进一步，在今后的学术生涯中对有关问题继续加以深入探究，取得更多更好的成果。

是为序。

2015年12月18日

目　录

1

导　言

　　民族自治地方法律变通是实施民族区域自治制度的自治权之一，是指民族自治地方的权力机关和行政执法部门，根据法律法规的授权和当地民族的政治、经济、文化等特点，以变通立法或变通执行的形式，保证国家法律法规在本地区正确贯彻实施的一种地方性民族自治权。它一方面注意到了国家法律的统一性对于现代民族国家的建构的重要意义，另一方面也注意到少数民族的特殊性，通过变通国家法律的形式对少数民族人民特殊的权利和利益给予了特别的保护。法律变通的规定和实践给我国民族区域自治制度的落实和完善提供了有力的工具和广阔的空间，保证了少数民族人民权益的切实实现和机会平等。重视法律变通的价值，加强变通立法的理论研究，完善变通立法，是深入贯彻落实民族区域自治制度，实现民族平等，保证各民族共同团结奋斗、共同繁荣发展的重要途径。

　　我国现行宪法和民族区域自治法对变通立法做了原则规定，立法法明确规定了自治条例和单行条例可以依照当地民族的特点，对法律和行政法规的规定作出变通规定。刑法、民法通则、民事诉讼法、婚姻法等多部法律规定了变通立法的授权条款。我国初步建立起了较为完备的民族法律法规体系，其中变通补充规定对于少数民族地区的特殊情况"拾遗补缺"，起到了沟通国家法的统一性、普遍性与少数民族政治、经济和文化特点的多样性与特殊性之间的桥梁和纽带作用，是统一的多民族国家实现社会治理的有效手段。但是，无论在理论还是实践上都存在着各种各样的问题。

首先，具体立法方面存在着明显不足。截至 2011 年 8 月底，民族自治地方共制定现行有效的自治条例和单行条例 780 多部，① 其中对婚姻法、继承法、选举法、土地法、草原法等法律的变通和补充规定约 70 余件。从变通规定的内容看，变通立法较为单一，对重要的部门法——刑法、民法、民事诉讼法等的变通至今阙如，浪费了极其稀缺的立法资源。以刑法为例，我国刑法自1979 年颁布至今已 30 余年，尚没有任何一个民族自治地方对刑法做过变通或补充规定，这就难以避免特定案件无法可依的状况，使罪刑法定原则无法彻底贯彻落实。

其次，民族自治地方认识不到位。由于中国两千多年的封建社会大一统的思想和新中国成立后高度集中的政治体制和传统的计划经济体制的影响，无论是行使自治权的民族地方的立法机关，还是民族自治地方的上级国家机关，对变通权行使的必要性和紧迫性都缺乏足够的认识。特别是在民族自治地方的上级国家机关中，强调统一、稳定的多，重视各民族自治地方特点的少，"一刀切"的思维定式还有着强大的惯性。而民族自治地方则谨小慎微，对变通权的行使缺乏主动性和创造性，导致民族区域自治法律法规贯彻不力、难以落实，使得民族区域自治法配套法规的制定和实施缺乏行之有效的机制作保证。理论研究的薄弱和欠缺，也使得法律变通权的行使缺少理论和智力上的支持。因此，变通法律规定作为民族自治地方法律体系的重要组成部分，要发挥其应有的作用，要从理论上给予其有力的支撑，从制度上加以不断优化和完善。

最后，尽管近年来出现了一些相关的研究成果，但从总体上看，研究队伍较为薄弱，研究主体零星分散，很难入主流法学专家学者的法眼，目前的研究基本上还处于各自为政的分散研究阶段。还有一个问题是，民族法学按目前的学科分类是民族学的二级学科，而民族学理论工作者由于缺少法学专业的训练和相关知识的积累，抑或不认同目前的学科分类，民族学界对此也鲜有人关注，这也因此限制了作为民族法学研究一部分的法律变通研究的各级科研项目的立项和资助。因而研究层次有待提高，还需要进一步整合来形成系统深入

---

① 国务院新闻办公室：《中国特色社会主义法律体系》白皮书，2011 年 10 月 27 日，见 http://www.scio.gov.cn/zfbps/ndhf/2011/Document/1034943/1034943_3.html。

的、有代表性的高水平研究成果，相对于其他法律制度和法律现象而言，法律变通还没有得到学界应有的关注。从既有成果来看，从宏观角度探讨的多，关注细节的少；从法律视角研究的多，从政治学的视野研究的少；针对某一部门法考察的多，全面整体论述的少；低水平重复的成果多，透彻机理的分析少；或者仅止于政策层面的阐释，缺乏学理法理视角的深入探究。根据中国知网（CNKI）所收录的文献来看，截至 2014 年 8 月 31 日的资料统计，20 几年来以"法律变通"为主题一些论文约有 70 篇，相关的硕士论文 14 篇，博士论文为 3 篇。全面、系统地对法律变通的理论和实践进行深入研究的成果尚不多见，现有的理论成果不能为变通立法提供强有力的支撑。民族自治地方法律变通的理论与实践需要更多的研究和关注。

本书力求系统地阐述我国民族自治地方变通的依据、主体、程序等基本理论，梳理相关法律文本中的矛盾与冲突，分析法律变通立法的现状及其原因以及民族自治地方的司法实践状况；通过总结分析，廓清一些理论争议和盲区，提出相关变通立法的建议和司法对策，为立法和司法部门提供有价值的参考，以期有助于推动变通立法的完善和发展。

第一章　民族自治地方自治立法

　　民族自治地方享有广泛的自治权，立法自治权是其中最重要的一种基础性权力。民族区域自治制度的实现需要具体的法律制度作为依托，民族自治地方立法自治权的行使实现了民族区域自治从宏观制度到可具体实施的法律规范的转变。立法是指特定的国家机关，依据一定的职权和程序，制定、认可、修改、补充、废止、解释和监督法的活动。立法权是特定的国家机关依法享有的产生与变更法的一种国家权力。在我国的国家权力体系中，立法权具有极其重要的地位。在某种意义上说，国家的其他权力，如行政权、司法权、人事任免权、重大问题决定权等，都是由立法权派生出来的，因为其他国家权力都要依法确立与享有。[①] 法律变通是民族自治地方行使立法自治权的重要表现，民族区域自治制度是法律变通的制度基础和保障。

第一节　自治立法的制度基础

一、统一的多民族国家构建与民族区域自治

　　中国共产党自 1921 年成立后，就积极探索解决中国民族问题的正确道路，

---

① 李步云、汪永清：《中国立法的基本原理和制度》，中国法制出版社 1998 年版，第 27 页。

成功地制定和执行了民族政策，团结并带领全国各族人民取得了新民主主义革命的胜利。1949 年 9 月召开的中国人民政治协商会议第一届全体会议，中国各民族各民主党派共商建国大计，对国家结构形式做了认真严肃的考虑，经各民族共同讨论协商，确立了中国建立单一制的人民共和国，在各少数民族聚居的地区实行民族区域自治。①1949 年 9 月的中国共产党无论是在实践上还是在理论准备上都已经走向了少数民族区域自治制度。

《中国人民政治协商会议共同纲领》（以下简称《共同纲领》）正式确立民族区域自治为解决中国民族问题的基本国策和政治制度，以法律的形式确认了党的民族政策，成为新中国成立初期民族立法的基础。《共同纲领》揭开了新中国民族区域自治法制建设的序幕。《共同纲领》在"总纲"中宣示："中华人民共和国境内各民族，均有平等的权利和义务。"在第六章"民族政策"（第50—53 条）中对各民族的平等地位、民族自治地方的建立、自治机关的组成做了更为详尽的规定。《共同纲领》第 51 条规定："各少数民族聚居的地区，应实行民族的区域自治，按照民族聚居的人口多少和区域大小，分别建立各种民族自治机关。凡各民族杂居的地方及民族自治区内，各民族在当地政权机关中均应有相当名额的代表。"我国的少数民族不是实行民族分立或独立，不是建立民族独立政府或民族共和国，而是在统一的中华人民共和国境内，在自己的聚居地区，实行民族的区域自治，建立自治机关，行使自治权。《共同纲领》对民族区域自治的提法也加以规范，此前有时称为"自治"，有时称为"民族自治"，《共同纲领》统一规定为"民族区域自治"，使之在概念上更加准确、明晰，避免了单纯以"民族"为单位实施自治的误解，体现了我国以民族聚居区为基础实施民族自治与区域自治相结合的特点。

《共同纲领》关于民族政策的具体规定充分体现了周恩来在《人民政协共同纲领草案的特点》的说明中所指出的："新民主主义民族政策的基本精神是使中华人民共和国成为各民族友爱合作的大家庭，必须反对各民族的内部的公敌和外部的帝国主义。而在各民族的大家庭中，又必须经常反对大民族主义和狭隘民族主义的倾向。各少数民族的区域自治、武装权利及其宗教信仰之被尊

①　张尔驹：《中国民族区域自治的理论与实践》，中国社会科学出版社 1988 年版，第 62—63 页。

重，均在条文中加以明确的规定。"①

民族区域自治由党的民族政策确立为现实的政治制度并取得宪法性地位以后，全面开始了相应的制度建构。②1952 年 2 月政务院通过、1952 年 8 月中央人民政府委员会批准施行的《民族区域自治实施纲要》，以《共同纲领》所确立的原则为依据，就民族区域自治问题做了详细规定。该实施纲要分为总则、自治区、自治机关、自治权利、自治区内的民族关系、上级人民政府的领导原则和附则共 7 章、40 条。其中，第 2 条规定："各民族自治区统为中华人民共和国领土的不可分离的一部分。各民族自治区的自治机关统为中央人民政府统一领导下的一级地方政权，并受上级人民政府的领导。"这就明确了自治地方和自治地方政权的法律地位，自治不是独立和分立的自治，而是中央统一领导下的自治。第 4 条确定了各种自治区的设立标准：各少数民族聚居的地区，依据当地民族关系，经济发展条件，并参酌历史情况，得分别建立下列各种自治区：（1）以一个少数民族聚居区为基础而建立的自治区。（2）以一个大的少数民族聚居区为基础，并包括个别人口很少的其他少数民族聚居区所建立的自治区。包括在此种自治区内的各个人口很少的其他少数民族聚居区，均应实行区域自治。（3）以两个或多个少数民族聚居区为基础联合建立的自治区。此种自治区内各少数民族聚居区是否需要单独建立民族自治区，应视具体情况及有关民族的志愿而决定。在《共同纲领》和《民族区域自治实施纲要》基础上，1954 年宪法总结了民族区域自治实践的经验，以国家根本大法的形式进一步肯定了民族区域自治制度。其中，总纲中第 3 条规定："中华人民共和国是统一的多民族的国家。各民族一律平等。禁止对任何民族的歧视和压迫，禁止破坏各民族团结的行为。……各少数民族聚居的地方实行区域自治。各民族自治地方都是中华人民共和国不可分离的部分。"1954 年宪法以根本大法的形式，确定了民族区域自治的法律地位。1954 年宪法对民族自治地方的自治机关做了较为详尽的规定，把自治机关确定为自治区、自治州和自治县三级体制，并

---

① 周恩来：《人民政协共同纲领草案的特点》，2004 年 12 月 15 日，见 http://news.xinhuanet.com/ziliao/2004-12/15/content_2336979.html。

② 周平：《民族区域自治制度在中国的形成和演进》，载黄卫平、汪永成主编：《当代中国政治研究报告 V》，社会科学文献出版社 2007 年版。

将民族乡作为民族区域自治的重要补充形式，这比起将民族自治地方笼统地规定为"自治区"，就更为科学合理。同时规定了自治机关的各项自治权力，涉及政治、经济、文化和社会生活等各个方面，主要包括自治立法权、财政管理权、组建公安部队权、民族语言文字权、风俗习惯改革和保持权等内容。

民族区域自治制度正式确立后，中央人民政府根据《共同纲领》和《民族区域自治实施纲要》的规定，在全国范围内积极推行民族区域自治，陆续建立了一批自治州、自治县（旗）以及民族乡（镇）。20世纪五六十年代，我国开始在少数民族聚居的地方全面推行民族区域自治。1955年10月，新疆维吾尔自治区成立。1958年3月，"广西僮族自治区"成立；1965年10月，经国务院批准，"广西僮族自治区"更名为"广西壮族自治区"。1958年10月，宁夏回族自治区成立。1965年9月，西藏自治区成立。截至2003年年底，中国共建立了155个民族自治地方，其中包括5个自治区、30个自治州、120个自治县（旗）。根据2000年第五次全国人口普查，在55个少数民族中，有44个建立了自治地方，实行区域自治的少数民族人口占少数民族总人口的71%，民族自治地方的面积占全国国土总面积的64%左右。①

在十年动乱期间，我国民族区域自治制度遭到严重破坏。"文化大革命"期间制定的1975年宪法删除了"各少数民族聚居的地方实施区域自治"的规定，关于民族自治地方的自治机关由6条缩减至1条，民族自治地方和少数民族的自治权利无法得到切实保障，民族区域自治制度也形同虚设，有名无实了。1978年年底，党的十一届三中全会提出把党和国家工作重心转到经济建设上来的根本指导方针，从此我国进入了一个崭新的历史时期。相应的，民族工作也进入了新的发展时期。1981年4月，党的十一届六中全会通过的《关于建国以来党的若干历史问题的决议》提出："必须坚持实行民族区域自治，加强民族区域自治的法制建设，保障各少数民族地区根据本地实际情况贯彻执行党和国家政策的自主权。"

1982年，宪法不仅重新确立了我国的民族方针政策，而且在深刻总结我国实行民族区域自治制度以来经验教训的基础上，全面恢复了1954年宪法有

---

① 国务院新闻办公室：《中国的民族区域自治》，《人民日报》2005年3月1日。

关民族区域自治制度的原则和主要内容，并根据国家情况的变化增加新的内容，对民族区域自治制度进行了新的、更为完善的规定。1984 年 5 月 31 日六届全国人大二次会议于审议通过的民族区域自治法，是我国第一部关于民族区域自治的专门法律。这部法律全面总结了我国实行民族区域自治制度 30 多年的经验和教训，确认民族区域自治是解决我国民族问题的基本政策，是国家的一项基本政治制度。民族区域自治法的颁布实施标志着我国的民族区域自治制度进入到了新的发展阶段，也标志着民族问题治理模式的进一步法律化、制度化。

民族区域自治制度在国家统一和民族团结中起到了巨大作用。民族区域自治这种制度安排，在将少数民族的地方政权转化为国家直接领导下的地方政权的同时，通过保留直接掌控这些政权的少数民族领袖和上层人士的政治地位的方式，在最大限度地减少矛盾的情况下，将少数民族的地方政权纳入国家政权体系中，实现了少数民族当家做主的权利。它通过有效的制度供给，调节并从根本上理顺了国内的民族关系，构筑了国内民族关系的新秩序；为在少数民族地区建立人民政权创造了条件，把国家权力直接深入到少数民族地区，有效地提升了国内各民族政治整合的程度，增进了民族认同；促进了少数民族地区的社会变革，促进了少数民族地区的发展，为边疆的稳定、国家的统一及民族的融合和团结奠定了坚实的政治基础。① 民族区域自治政策、民族区域自治制度和民族区域自治法，是在中国土地上生长起来的解决民族问题的基本政策、基本政治制度和基本法律，符合我国国情和多民族的实际，体现了社会主义国家性质，保障了各少数民族当家做主，维护了国家统一、民族团结和社会稳定，因而具有强大的生命力。民族区域自治法将民族区域自治确定为基本政策、基本政治制度和基本法律，三者是有机联系、不可分割的整体。民族区域自治政策是民族区域自治制度的核心和指针，民族区域自治制度是民族区域自治法的基础和内容，而民族区域自治法是民族区域自治制度的形式和保证。②

① 周平：《民族区域自治制度在中国的形成和演进》，载黄卫平、汪永成主编：《当代中国政治研究报告 V》，社会科学文献出版社 2007 年版。

② 敖俊德：《民族区域自治：从政策到制度再到法律》，《中国民族报》2014 年 9 月 28 日。

二、少数民族差异性权利的法律保障

民族区域自治制度在新中国成立后的奠基，是对少数民族公民人权保障的彰显，是新中国民族治理转型的体现，同时也是新中国作为多民族的社会主义民族国家进行民族国家建构的一个重要内容。民族国家建构，其要旨在于塑造一个具有共同政治认同、基本政治制度一体化的政治、经济、文化共同体。民族区域自治制度在广大少数民族地区的推行，确保了人民民主专政的国体、人民代表大会制度作为根本政治制度这些中华人民共和国宪法所规定的社会主义制度在我国的全面实现。[1]

现代社会绝大多数国家都在法律上承认不同民族、不同性别的平等法律地位，但是却普遍忽略了少数人的差别和特殊性，忽略了实现平等的机制设计，在某种意义上容易导致以形式上的平等掩盖实质的不平等。真正的平等必须重视人的特殊性和差别性，只有充分考虑到少数人的特点和权利需求加以制度设计，保证他们和大多数人的权利一样受到保护，才能逐步实现真正的平等。"作为社会的成员，我们对于特定的弱势群体负有道德上的义务，这种义务应当被转换成法律上的义务，以不同对待的方式满足他们作为人类平等兄弟的共同需求，是与平等的原则相一致的。事实上，完全忽视族群的区别是不可能的，在实践中许多国家都有对于少数人和其他弱势群体的优惠政策和特别措施，没有一个国家从法律上禁止所有这些基于民族或性别之上的特别保护。"[2]

在我国长期的历史演进中，各民族相互影响、相互交融、守望相助，呈现大杂居、小聚居的特点，形成了你中有我、我中有你、密不可分的多元一体格局，共同推动了社会的发展和历史的进步。由于各民族在历史传统、语言文化、风俗习惯、心理认同等方面仍存在一定差异，在自然条件和经济社会发展程度上有着很大的不同。因此，在中国实行单一制的国家结构形式，必须充分尊重和照顾少数民族的特点与利益，必须在制度设计和实施机制方面保证其对

---

[1]　常安：《统一多民族国家的宪制建构——新中国成立初期民族区域自治制度的奠基历程》，《现代法学》2012 年第 1 期。

[2]　周勇：《少数人权利的法理》，社会科学文献出版社 2002 年版，第 21 页。

于文化传统和认同，又有权平等地分享。

民族问题不仅是一个社会问题，也是一个民主政治发展问题。解决民族问题的制度模式，实质上是一个国家民主政治的一种实现形式，体现着一个国家民主政治发展的程度。我国民族区域自治制度确保了少数民族各项权利得以实现，在国家法律框架下，少数民族有实现权利诉求的渠道。我国宪法和民族区域自治法规定，各民族一律平等，国家保障各少数民族的合法权利。在实践中，我国通过设立不同级别的民族自治区域，尽可能使所有少数民族都能享受自治权利，维护本民族的民主权益，真正实现了各族人民群众都能当家做主，都能广泛参与国家和本民族内部事务的管理，这是对民主实现形式的伟大创造。

民族区域自治制度既是党和国家尊重民族情感、尊重各民族主体地位、尊重民族创造精神的体现，又是公平正义、团结互助与共同繁荣在民族发展问题上的反映，得到了各族人民的衷心拥护，符合中国特色社会主义事业的发展要求和全国各族人民的根本利益。六十多年来，党和国家积极推进民族地区经济、政治、文化和社会事业建设，少数民族和民族地区的面貌发生了历史性的巨大变化，民族区域自治制度焕发出蓬勃的生机与活力。①

第二节　我国的立法体制与民族立法体制

一、立法体制概述

立法体制是指关于立法权限划分的制度，它既包括同级的国家权力机关和国家行政机关在横向结构上对立法权限的划分，也包括中央和地方的国家机关在纵向结构上对立法权限的划分。一个国家采取什么样的立法体制，受到该国

---

① 刘延东：《高举中国特色社会主义伟大旗帜　坚持和完善民族区域自治制度》，《求是》2007年第24期。

的国体、政体、国家结构形式、民族状况、历史传统等一系列因素的决定和影响。我国是统一的多民族国家，我们党在解决和处理民族问题上，既没有盲目效仿实行联邦制，也没有简单沿袭和照抄照搬单一制，而是立足中国国情，将民族自治和区域自治有机地结合起来，创造了国家结构的新形式、民族关系的新模式。民族区域自治作为我国解决民族问题和处理民族关系的一项基本政治制度，是根据我国的历史发展、文化特点、民族关系和民族分布等具体情况作出的制度安排。中国是世界上单一制历史最长的国家。"在中央集权的大框架下，中国社会从来带有显著的地区差异和地方自治的特征。如果说中国是一个'单一制'，它必定是一个多元化的单一制。"① 与此相适应，我国的立法体制是统一而又分层次的，形成了一元（全国人大及其常委会）、两级（中央和地方）、两类（国家权力机关和行政机关）、四区（一般地区、民族区域自治地方、经济特区、特别行政区）的多层立法体制。所谓"一元"，是指我国的立法权主要集中在全国人民代表大会及其常务委员会；所谓"二级"是指中央和地方两级国家权力机关；所谓"多层"是指中央和地方共多个不同的立法主体和层次，包含宪法、法律、行政法规、部门规章、地方性法规、地方政府规章以及自治条例、单行条例等多种规范性法律文件。

　　民族自治地方立法作为我国立法体制中的地方性立法，属于二级立法机关中的特殊立法，是国家立法的延伸和补充，对建立和完善我国社会主义法律体系，具有不可缺少和不可替代的重要作用。民族自治地方立法是我国立法体制的重要组成部分。

二、立法自治权是民族区域自治制度在立法体制上的反映

　　从政治意义上来说，民族区域自治制度是解决我国民族问题的一项基本政治制度，是党和国家领导人深刻认识到我国的历史传统和具体国情后，采取的一种国家治理体制和治理方式，是我们国家对于民族问题的一种政治观念和制度设计，但这种制度要在现实中体现出来并发挥作用则需要有具体法律制度作

---

① 张千帆：《宪法学导论》，法律出版社 2008 年版，第 378 页。

为支撑和保障。民族自治地方立法自治权，正是从法律上实现了民族区域自治制度从宏观制度到具体法律规则上的转变。我国现行宪法、民族区域自治法和立法法都分别规定了民族自治地方的立法自治权，使民族区域自治制度在立法上得到真正体现。

三、我国民族法律法规体系的内容

改革开放以来，党和国家高度重视民族法制建设工作。改革开放 30 年，是我国民族法制建设不断发展和完善的 30 年，民族法制建设成就举世瞩目。目前，已初步建立了一个以宪法为基础，以民族区域自治法为主干，包括国务院及其职能部门的行政法规、部门规章、民族自治地方的自治条例、单行条例以及地方性法规和规章等构成的民族法律法规体系，有力地保证了民族区域自治制度的实施。初步形成了具有中国特色的民族法律法规体系，成为我国法制体系中独具特色的一个重要组成部分。

我国民族法律法规体系主要包括以下法律形式：

（一）宪法中关于民族问题的基本规定。宪法具有最高的法律效力，是国家的根本大法，宪法规定的调整民族关系的基本原则和具体规定是其他民族法律规范的原则依据，其他任何民族立法都不能与之相违背。

（二）民族区域自治法是实施宪法规定的民族区域自治制度的基本法律，明确了民族区域自治制度的地位，全面规定了民族自治地方的建立、自治机关的组成、自治机关的自治权、民族自治地方的民族关系、上级国家机关的职责等重要内容。

（三）包含调整民族关系的基本法律和其他法律。根据国家民委相关部门的统计，在我国现有的法律中，除了有关民族问题的专门法律外，其他法律中直接涉及民族问题并有相应规范条款的大约占到五分之一，其中，包括一些基本法律如选举法、刑法、民法通则等，都有关于民族问题的条款。这些法律规范内容广泛，涉及面广，构成了民族法律法规体系的重要内容。[1] 例如，刑法、

---

[1]　席锋宇：《细数三十年民族法制建设大发展》，《法制日报》2008 年 12 月 14 日。

婚姻法、民法通则等规定了变通条款,民事诉讼法、刑事诉讼法、行政诉讼法规定在少数民族聚居或者多民族聚居的地区,人民法院应当用当地民族通用的语言、文字进行审理和发布法律文书。这些包含调整民族关系的法律有力地保障了少数民族的各项权利和利益,促进了民族地区构建和谐社会的进程。

(四)调整民族关系的行政法规。行政法规在现行中国立法权限划分体制中具有承上启下的作用。行政法规在法的形式上或渊源中处于低于宪法、法律而又高于一般地方性法规的地位。行政法规可以使宪法和法律的原则和精神具体化,从而更好地加以落实。行政法规又是连接地方性法规与宪法和法律的重要纽带。2005 年 5 月 11 日,《国务院实施〈中华人民共和国民族区域自治法〉若干规定》由国务院第 89 次常务会议通过,并正式实施。该规定全文共 35 条,围绕着发展主题和建设小康和谐社会的目标,就上级国家机关在加快民族自治地方发展问题上应尽的职责和将采取的具体措施做了规定,重点涉及民族自治地方的基础设施建设、资源开发、生态环境保护、教育发展等内容。《民族乡行政工作条例》《城市民族工作条例》等也都属于行政法规的范围,其效力仅次于法律。

(五)调整民族关系的部门规章。我国立法法规定,国务院各部、委员会、中国人民银行、审计署和具有行政管理职能的直属机构,可以根据法律和国务院的行政法规、决定、命令,在本部门的权限范围内,制定规章。部门规章规定的事项应当属于执行法律或者国务院的行政法规、决定、命令的事项。例如,广电总局 2011 年发布实施的《广电总局关于贯彻〈中华人民共和国民族区域自治法〉的若干意见》,新闻出版署 2012 年发布的新闻出版总署关于印发《国家"十二五"少数民族语言文字出版规划》的通知等。

(六)地方性法规。地方性法规是指各省、自治区、直辖市以及各省、自治区人民政府所在制定的市和经国务院批准的较大的市的人民代表大会及其常务委员会制定的规范性文件,其中关于调整民族关系的法规在民族法的渊源中占有重要的地位。例如,2007 年河北省人大常委会通过的《河北省实施〈中华人民共和国民族区域自治法〉若干规定》,辽宁省人大常委会 2004 年通过的《辽宁省散居少数民族权益保障条例》等。

(七)政府规章。是指省、自治区、直辖市人民政府以及省、自治区、直辖市人民政府所在地的市、经济特区所在地的市和国务院批准的较大的市的人民政府，根据法律、行政法规所制定的规章，其中涉及民族问题的内容也是民族法的一部分。例如，2002 年山东省政府出台的《山东省清真食品管理规定》即为典型的有关民族事务的行政规章。

（八）自治条例和单行条例。自治条例和单行条例都是以处理民族关系和民族自治地方社会发展问题为内容的法规，是民族法律法规体系中最重要的渊源。

（九）国际条约中关于处理民族关系的规定。

四、我国民族法律法规体系初步形成

新中国成立六十多年来特别是改革开放三十多年来，我国的民族法律法规体系建设也从初步建立到基本完善，中国特色民族法律法规体系已经基本形成。中国特色民族法律法规体系，是把民族工作纳入法制化、规范化轨道的必由之路，是贯彻依法治国方略和实施依法行政的重要内容，也是民族工作长期实践的重要经验总结，为丰富和完善中国特色社会主义法律体系，加快少数民族和民族地区经济社会发展，维护社会稳定，巩固和加强平等、团结、互助、和谐的社会主义民族关系，促进各民族共同团结奋斗、共同繁荣发展，提供了重要保障。新中国的民族法制，六十多年来，走过了一条从建立、拓展到削弱、停滞再到恢复发展、繁荣创新的前进道路，既经历了新中国成立初期的创立发展阶段，随后也经历了停滞阶段。改革开放以来，我国民族法制进入了恢复阶段，国家颁布了 1982 年新宪法，1984 年颁布实施了《民族区域自治法》，1993 年，国务院批准颁布了《城市民族工作条例》和《民族乡行政工作条例》。进入新世纪新阶段，民族法制进入了创新发展阶段，2001 年，全国人大重新修订了民族区域自治法；2005 年，国务院颁布了《国务院实施〈民族区域自治法〉若干规定》。各地、各部门也相继制定了一系列法规和规章，截至目前，民族自治地方共制定了自治条例 139 件，单行条例 777 件，根据本地实际对法律和行政法规的规定作出变通和补充规定 75 件，13 个辖有民族自治地方的省都先后制定了实施民族区域自治法的若干规定或意见，少数民族散杂居的 10 个省、直辖市出台了少数民族权益保障条例。

改革开放以来，我国民族法制建设在理论和实践上取得了很大成就，一是初步形成了中国特色的民族法律法规体系，拓展了国家法律体系的实践内涵和理论空间，丰富和发展了社会主义法律体系。二是有力地促进了少数民族和民族地区的发展。通过将国家帮助少数民族发展的各项职责、措施以及经济发达地区的支援制度化、法制化，极大地调动了少数民族和民族地区的积极性和创造性。三是切实保障了少数民族的各项权益。尊重和保障少数民族的合法权益，是我国社会主义政治文明的重要特色，也是民族法律法规的一项重要内容。四是有力地维护了民族团结和祖国统一。国家通过民族区域自治法等有关法律法规，保障在国家统一领导下少数民族当家做主，自主管理本民族内部事务的权利，使各民族在祖国大家庭里平等相处，友好合作，共同发展。五是依法保障了民族区域自治制度的有效实施。国家以基本法的形式，对民族区域自治制度以法律形式固定下来，并规定了民族区域自治的具体内容，对于进一步坚持和完善这项制度，充分发挥这项制度的优越性，具有重大和深远的意义。①

第三节　民族自治地方一般性地方立法与自治立法比较

一、民族自治地方一般性地方立法

何为"地方立法"，我国宪法和法律没有明文规定。地方立法一般是指特定的国家地方政权机关依照一定职权和程序，制定、修改和废止本行政区域内具有普遍约束力的规范性文件的活动，包括省、自治区、直辖市、较大的市的人大及其常委会制定地方性法规活动，省、自治区、直辖市和较大的市的人民

---

① 国家民委政策法规司：《解读〈民族法制体系建设"十二五"规划（2011—2015 年）〉》，2011年 8 月 11 日，http://www.seac.gov.cn/art/2011/8/11/art_3930_133658.html。

政府制定政府规章活动，民族自治地方自治机关制定自治条例和单行条例的活动。前两者属于一般性地方立法，后者属于民族自治地方自治立法。我国著名立法学家周旺生教授认为，一般地方立法是相对于特殊地方立法而言的地方立法，它主要是从立法的特点和性质而不完全是从地理区域上对地方立法加以区分的一种概念。民族自治地方自治立法是中国地方立法的一种特殊形式。①

　　我国的行政区域划分如下：全国分为省、自治区、直辖市，省、自治区分为自治州、县、自治县、市，县、自治县分为乡、民族乡、镇，直辖市和较大的市分为区、县，自治州分为县、自治县、市。自治区、自治州、自治县都是民族自治地方。民族自治地方的自治机关是自治区、自治州、自治县的人民代表大会和人民政府。我国宪法第 100 条规定："省、直辖市的人民代表大会和它们的常务委员会，在不同宪法、法律、行政法规相抵触的前提下，可以制定地方性法规，报全国人民代表大会常务委员会备案。"该条款是宪法第三章第五节"地方各级人民代表大会和地方各级人民政府"规定的地方国家机构的职权之一，即地方国家机构的地方性立法权。宪法第 115 条规定："自治区、自治州、自治县的自治机关行使宪法第三章第五节规定的地方国家机关的职权，同时依照宪法、民族区域自治法和其他法律规定的权限行使自治权，根据本地方实际情况贯彻执行国家的法律、政策。"民族区域自治法重申了宪法的该条规定。立法法第 63 条规定："省、自治区、直辖市的人民代表大会及其常务委员会根据本行政区域的具体情况和实际需要，在不同宪法、法律、行政法规相抵触的前提下，可以制定地方性法规。较大的市的人民代表大会及其常务委员会根据本市的具体情况和实际需要，在不同宪法、法律、行政法规和本省、自治区的地方性法规相抵触的前提下，可以制定地方性法规，报省、自治区的人民代表大会常务委员会批准后施行。省、自治区的人民代表大会常务委员会对报请批准的地方性法规，应当对其合法性进行审查，同宪法、法律、行政法规和本省、自治区的地方性法规不抵触的，应当在四个月内予以批准。省、自治区的人民代表大会常务委员会在对报请批准的较大的市的地方性法规进行审查时，发现其同本省、自治区的人民政府的规章相抵触的，应当作出处理决定。

---

① 　周旺生：《立法学》，法律出版社 2004 年版，第 224、231 页。

本法所称较大的市是指省、自治区的人民政府所在地的市，经济特区所在地的市和经国务院批准的较大的市。"地方各级人民代表大会和地方各级人民政府组织法也对地方立法的主体、权限做了明确规定。

民族自治地方自治机关作为与中央相对应的地方行政区划，一方面行使普通行政区域地方国家机关的职权；另一方面，作为自治机关，行使普通的地方国家机关不能享有的自治权。因而，民族自治地方存在着双重职权。自治区、自治州、自治县是民族区域自治地方，同时又是我国行政区划管理体系中的一级行政区域；自治机关是民族区域自治地方的自治机关，依法行使自治权，同时又是一级地方国家机关，依法行使地方国家机关的职权；自治权是自治机关依法行使的职权，同时又因其适用范围及于整个民族区域自治地方，所以这种自治权同时也就是地方国家机关行使的职权。① 在立法权方面，民族自治地方与非自治地方的立法机关一样，享有地方性立法权。

二、民族自治地方自治立法的概念与特点

民族自治地方享有广泛的自治权。立法自治权是其中最重要的自治权。立法自治权的正确和及时行使，既是落实民族区域自治制度的体现，同时也是其他自治权得以实现的基础和保障，为其他自治权的行使提供完善的法制环境。民族自治地方的立法自治权是指民族自治地方的人民代表大会根据宪法和法律的规定，依照当地的政治、经济和文化的特点，制定自治法规的权力。

民族自治地方自治立法具有以下几个特点：

（一）民族自治地方自治立法是基于宪法和法律规定的民族区域自治制度这个基本的政治制度的安排而产生的，是民族区域自治制度法制化、具体化的表现，属于自治权范畴。

（二）民族自治地方自治立法主体限于自治地方的国家权力机关——人民代表大会，其他的自治机关以及权力机关的常设机关不享有立法自治权。

（三）民族自治地方自治立法的形式是自治条例和单行条例。"在当代中

---

① 王培英：《论自治条例单行条例的法律地位》，《思想战线》2000 年第 6 期。

国法的渊源中，民族自治地方的自治条例和单行条例也是一种重要的法的渊源"。①

（四）民族自治地方自治立法在该民族自治地方优先适用。

（五）民族自治地方自治立法可以依照当地民族的特点，突破法律和行政法规的一定限制，对法律和行政法规作出变通和补充。

三、民族自治地方一般性地方立法与自治立法的区别

从广义上看，相对于中央立法，民族自治地方一般性地方立法与自治立法都属于地方性立法，但存在着较大的差别。民族自治地方的地方性法规与自治条例和单行条例，有着不同的立法依据、立法主体、效力等级和立法程序。这决定了两者在立法事项和立法范围上不能混淆。但是，对于民族自治地方制定的地方性法规与自治条例和单行条例在立法事项、内容和范围上有什么区别，宪法和法律并没有给出明确具体的界定。而且，从目前的实际情况来看，由于一些客观条件的限制，对划清两者的立法范围尚未引起足够的重视。②

（一）立法主体不同

民族自治地方自治立法的主体是人民代表大会，只有人民代表大会才享有立法自治权，即少数民族自治区、自治州、自治县（旗）人民代表大会享有自治立法权，而不包括自治地方的人民代表大会常委会和人民政府。自治区的人民代表大会既有地方性法规制定权，同时又具有立法自治权，即制定自治条例和单行条例的权力，在自治区一级的自治地方，地方性法规和自治法规的立法主体部分是合一的——自治区人大常委会虽不具有自治立法权，但拥有制定地方性法规的权力。按照重要程度，犯罪与刑罚是全国人大及其常委会的专属立法事项，但我国刑法第 90 条规定："民族自治地方不能全部适用本法规定的，可以由自治区或者省的人民代表大会根据当地民族的政治、经济、文化的特点

---

① 张文显：《法理学》，法律出版社 1997 年版，第 81 页。

② 封丽霞：《中央与地方立法关系法治化研究》，北京大学出版社 2008 年版，第 378 页。

和本法规定的基本原则，制定变通或者补充的规定，报请全国人民代表大会常务委员会批准施行。"即把属于犯罪和刑罚的部分事项通过法条授权的方式赋予民族自治地方，该条规定进一步表明，辖有自治州、自治县的省可以制定变通或补充的单行条例。这里存在着的无法克服的问题是，作为非自治地方的省级人大是否有权制定自治法规？刑法超越宪法、立法法和民族区域自治法的特别授权是否有效？显然，从法理和逻辑上讲，省级人大是无权进行自治立法的。

2015年修改的立法法规定"设区的市的人民代表大会及其常务委员会根据本市的具体情况和实际需要，在不同宪法、法律、行政法规和本省、自治区的地方性法规抵触的前提下，可以对城乡建设与管理、环境保护、历史文化保护等方面的事项制定地方性法规"，自治州的人民代表大会及其常务委员会行使设区的市制定地方性法规的职权，自治州人民政府在上述三个方面具有制定政府规章的权力。

（二）立法形式不同

民族自治地方作为一般性行政区划，其自治机关制定的地方性立法的表现形式是地方性法规和地方政府规章；民族自治地方自治立法作为同一般地方立法相对应的特殊地方立法，其特定的表现形式是自治条例和单行条例。自治条例和单行条例是我国社会主义法律体系的重要组成部分，是具有特殊地位和属性的法律渊源。民族自治地方自治立法的形式是自治条例和单行条例。

自治条例是民族自治地方的人民代表大会根据宪法和民族区域自治法，依照当地民族的政治、经济和文化特点制定的报法定机关批准和备案的，调整本地方内的民族关系以及地方与上级国家关系的综合性自治法规。[①] 自治条例调整民族自治地方内政治、经济、文化、社会生活等各个方面，具有调整关系的全局性。

单行条例是民族自治地方的人民代表大会根据民族自治地方的政治经济和文化特点，在遵守宪法和民族区域自治法和其他法律的前提下，就自治条例和

---

① 吴宗金、敖俊德：《中国民族立法理论与实践》，中国民主法制出版社1998年版，第395页。

国家有关法律在自治地区具体实施的问题所制定的一种自治法规。①

单行条例与自治条例都属于自治法规，都是民族自治地方自治权的具体体现，法律适用的空间和立法机关亦相同，但两者也存在许多差别。首先，单行条例所规定的事项往往只涉及某一方面或几个相关方面的问题，具有特殊性；自治条例则是自治地方的基本法规，具有总纲的性质，它的内容涉及自治地方的政治、经济、文化等各个方面的问题，具有综合性。其次，单行条例从法律效力上也低于自治条例，一旦单行条例的规定违反了自治条例，则其规定不具有法律效力。而自治条例在民族自治地方则具有较高的法律效力，其他一切自治法规都必须服从于、服务于自治条例。再次，一个自治地方只能有一部自治条例；而一个自治地方则可有许多单行条例。最后，自治条例的稳定性较高，时效性较长，而单行条例中一部分规定则仅仅是针对一件事、一个方面所做的规定。相比较而言，单行条例的稳定性和时效性都比自治条例要弱。

（三）立法权限和范围不同

自治条例和单行条例可以依照当地民族的特点，对法律和行政法规的规定作出变通规定，但不得违背法律或者行政法规的基本原则，不得对宪法和民族区域自治法的规定以及其他有关法律、行政法规专门就民族自治地方所做的规定作出变通规定。民族自治地方立法权是特定的立法权，它属于民族自治地方的自治权范畴，同时它又是其他自治权得以有效行使的非常重要的权力。民族自治地方的自治权十分广泛，它可以根据本地区发展的需要，在不与国家法律法规基本原则相违背的情况下，在政治、经济、文化等各方面进行立法，对不适合民族自治地方的法律法规进行适度变通，突破法律法规的现有规定。例如，民族自治地方根据当地民族特点，只要不违背婚姻法一夫一妻原则、不违背刑法的罪刑法定原则、不违背民法的诚实信用原则等，可以改变或补充这些具体部门法的一些具体规定以适应特定民族和地区的现实要求，它可以与法律、行政法规的某些规定不一致，而不受"不抵触"原则的限制。自治立法权是基于宪法和法律规定的自治权，民族自治地方享有广泛的自治权，自治立法

---

① 陈云东：《论民族自治地方的单行条例》，《思想战线》1995 年第 1 期。

涉及自治的方方面面。主要包括以下几个方面：规定自治地方的名称、辖区；根据宪法和法律对自治机关具体化；自治地方的经济建设和财政管理；自治地方的教育、科学、文化、卫生、体育事业；自治地方的民族关系；对法律、行政法规不适于民族自治地方的部分进行变通，但不得违背法律或者行政法规的基本原则，不得对宪法和民族区域自治法的规定以及其他有关法律、行政法规专门就民族自治地方所做的规定作出变通规定。

地方性法规的制定不能与宪法、法律、行政法规相抵触，它只能在上位法规定的基础上作出更加具体的规定，不能超越上位法规定的行为种类、幅度和范围。是否具有立法变通权是民族自治地方自治立法与一般性地方立法最显著最本质的差别。民族自治地方一般性立法主要是根据本行政区域的具体情况和实际需要，为执行法律、行政法规的需要，或者是对于属于地方性事务事项立法。

（四）效力不同

我国行政诉讼法第 63 条第 2 款规定："人民法院审理民族自治地方的行政案件，并以该民族自治地方的自治条例和单行条例为依据。"1985 年最高人民法院在《关于加强经济审判工作的通知》中规定："对这些民族自治地方的自治条例和单行条例，人民法院在审理属于民族自治地方当地的经济纠纷案件时，可作为一种依据，认真研究，正确运用。"民族法学专家史筠认为，必须报经全国人大常委会批准后才能生效的自治区的自治条例在我国法制体系中的地位，属于必须由全国人大常委会审议通过的这一类法律的范畴。自治区的自治条例，同国务院提请全国人大常委会审议通过的法律，在我国法制体系中居于同等地位。经全国人大常委会批准生效的自治区的自治条例，同其他法律一样，一切国家机关，包括国务院及其有关部委在内，都必须遵守，国务院的行政法规也不得同它相抵触。①

立法法第 90 条规定，自治条例和单行条例依法对法律、行政法规、地方性法规作变通规定的，在本自治地方适用自治条例和单行条例的规定。因而，

---

① 史筠：《关于制定自治区自治条例的几个问题》，《民族研究》1993 年第 6 期。

自治条例和单行条例在其效力范围内的民族自治地方，与法律的效力相当，而一般地方性立法的效力，则在宪法、法律、行政法规之下。

（五）制定程序不同

自治区的自治条例和单行条例，报全国人民代表大会常务委员会批准后生效。自治州、自治县的自治条例和单行条例，报省、自治区、直辖市的人民代表大会常务委员会批准后生效。省、自治区、直辖市的地方性法规无须上级权力机关批准，较大的市的人民代表大会及其常务委员会制定的地方性法规，报省、自治区的人民代表大会常务委员会批准后施行。

在我国民族自治地方立法的实践中，对自治条例和单行条例的批准主要由省、自治区人大常委会进行，这些自治州和自治县所在地的省、自治区人大常委会都依法通过批准自治条例和单行条例的形式行使了立法监督权；另外，全国人大常委会则通过不批准的形式行使立法监督权。[①]

我国的民族区域自治是民族自治与区域自治的结合，民族自治地方的权力机关具有自治立法和地方性立法双重立法权。两种立法权虽然存在着种种区别，但是在理论和实践中如何区分二者的权限、内容和事项，仍需要进一步探讨。"中国民族区域自治制度在其对群体权利的宣告与具体制度设计和安排中对可能导致的各种利益冲突的认识上还有不足之处"，[②] 如果以一般性地方立法代替自治立法或者以自治立法覆盖一般地方性立法，不能合理配置民族自治地方的立法权力，对民族自治地方的立法自治权和一般性地方立法权在内容、事项、功能和权限等方面加以区别并付诸立法实践，那么民族区域自治作为我国处理民族问题的一项基本政策和国家基本政治制度，其价值目标则难以很好地实现，自治制度便有可能失去其存在的权威性和合法性基础。民族自治地方自治立法应更加注重民族特色与地方特色，通过立法手段合理保障各民族的特殊合理利益，它是民族区域自治法律制度的逻辑基础及实践目标。

---

① 秦前红、姜琦：《论我国民族区域自治的立法监督》，《浙江学刊》2003 年第 6 期。

② 周勇：《探究中国"区域自治"与"民族自治"结合之路》，载王铁志、沙伯力主编：《国际视野中的民族区域自治》，民族出版社 2005 年版，第 177 页。

第二章 民族自治地方法律变通的基本问题

第一节 法律变通概述

一、法律变通释义及历史沿革

《现代汉语词典》对于"变通"的解释是:"依据不同情况,作非原则性的变动。"《辞海》的解释是:"灵活运用、不拘常规。"《易·系辞上》中说:"广大配天地,变通配四时,阴阳之义配日月,易简之善配四德","变通莫大乎四时"。孔颖达疏曰:"谓四时以变得通,是变中最大也。"《易·系辞下》曰:"易穷则变,变则通,通则久。是以自天佑之,吉无不利","刚柔者,立本者也。变通者,趣时者也"。趣即趋,刚柔相推而生变化,趋于时就是符合自然规律,遵循四时的变化发展。朱震解释说:"爻有刚柔,不有两则一不立,所以立本也。刚柔相变,通其变以尽其利者,趣时也。趣时,时中也。"① 因此,"变通"从一般的字面意思来讲,即不拘泥于常规和惯常的做法,突破既有的一些规制,在不改变事物存在的基础和根本原则的前提下,依据不同情况,实事求是地采取的灵活变动措施。"变"是变化、变动、改变,意味着在一定范围和尺

---

① 邓球柏:《白话易经》,岳麓书社1993年版,第435—438页。

度内对既有的、既定的制度、规则、章程、惯例的突破,"变"是手段,"通"是目的,即改变原有规则和做法使之适应新的情况和新问题,达致通达、畅通之目的。

法律变通,其关键词为变通。在一般的意义上说,法律变通就是民族自治地方的立法机关依据我国宪法、民族区域自治法和立法法的基本原则及相关规定,根据当地民族的政治、经济和文化特点,对于法律、行政法规不适合于民族自治地方的部分作出适当变更或补充使之符合民族自治地方的立法活动。变通立法是民族区域自治法规的重要组成部分,是行使自治权的重要内容。

立法法第90条规定:"自治条例和单行条例依法对法律、行政法规、地方性法规作变通规定的,在本自治地方适用自治条例和单行条例的规定。经济特区法规根据授权对法律、行政法规、地方性法规作变通规定的,在本经济特区适用经济特区法规的规定。"在研究法律变通的时候,我们不能忽略立法法关于经济特区根据授权变通国家法律、行政法规和地方性法规的内容。因此,我国的法律变通应包含两个方面的内容:民族自治地方法律变通、经济特区法律变通。

"变通"一词出现在我国具体立法中的历史并不长,但"变通"法律的内涵却一直与我国的民族区域自治制度相始终,民族自治地方在事实上享有变通立法的权力。早在1954年宪法确定民族自治制度为国家制度之前,新中国就开始了民族区域自治的法制建设。中华人民共和国政务院于1952年2月22日第一百二十五次政务会议通过了《中华人民共和国民族区域自治实施纲要》,并于同年8月8日经中央人民政府第十八次会议批准颁布,这是新中国成立以来我国制定的关于民族区域自治制度的重要法律。① 该纲要第23条规定:"各民族自治区自治机关在中央人民政府或上级人民政府法令所规定的范围内,依其自治权限,得制定本自治区单行法规,层报上两级人民政府核准。凡经各级人民政府核准的各民族自治区单行法规,均须层报中央人民政府政务院备案。"1954年宪法扩大了民族自治地方的立法权限,规

---

① 史筠:《民族法律法规概述》,民族出版社1988年版,第103页。

定自治区、自治州、自治县的自治机关可以依照当地民族的政治、经济和文化的特点，制定自治条例和单行条例，报请全国人民代表大会常务委员会批准。还规定各民族都有使用和发展自己的语言文字的自由，都有保持或者改革自己的风俗习惯的自由。该部宪法虽然没有直接写明民族自治地方可以变通国家法律，但上述规定蕴含着民族自治地方通过自治法规、自治条例和单行条例确认和保护本民族权利的可能。

"文化大革命"中制定的 1975 年宪法，删去了 1954 年宪法规定的"各少数民族聚居的地方实行区域自治"，将"民族自治地方的自治机关"一节的 6 条删减为 1 条，还删去了各民族"都有保持或者改革自己风俗习惯的自由"的规定，只保留了"自治区、自治州、自治县都是民族自治地方，它的自治机关是人民代表大会和革命委员会。民族自治地方的自治机关除行使宪法第二章第三节规定的地方国家机关的职权外，可以依照法律规定的权限行使自治权"等规定。虽然一些民族自治地方保留了下来，但已经变得有名无实，形同虚设了，真正意义上的民族区域自治制度已经不复存在。[①]1978 年，宪法恢复了民族自治地方制定自治条例和单行条例的自治权。

1982 年 12 月 4 日，第五届全国人民代表大会第五次会议通过的宪法，不仅在总纲中规定"各少数民族聚居的地方实行民族区域自治，设立自治机关，行使自治权"，而且专设"民族自治地方的自治机关"一章，具体地规定了民族自治机关的设立，规定了自治权的主要内容，确立了民族区域自治的宪法地位，为民族区域自治提供了具体的根本的法律依据，凸显了民族区域自治作为一项国家制度的意义。

1984 年颁布实施的民族区域自治法不仅对民族区域自治的各个方面作出了明确的规定，提高了民族区域自治的操作性，增强了民族区域自治的规范性，而且增加了民族区域自治的稳定性，突出了民族区域自治的制度性一面，完成了民族区域自治制度的法制化进程，从而使民族区域自治完全稳定下来，真正成为"稳定的、受到尊重和不断重现的行为模式"，成为国家政治生活的

---

① 周平：《民族区域自治制度在中国的形成和演进》，载黄卫平、汪永成主编：《当代中国政治研究报告》，社会科学文献出版社 2007 年版，第 106 页。

一项基本规范。

　　然而，我国宪法和民族区域自治法的具体条文中并未出现"变通"字眼，没有明确规定民族自治地方可以对法律法规进行变通，但是从民族自治制度的本质内涵以及自治条例和单行条例的立法自治权权中，可以合理地看出"变通"权是当然地属于民族自治地方的一项特定权力。这些规定虽然没有直接规定变通权，但从自治法的原则与精神来看，应当承认自治机关的变通权。否则，变通权的行使就只成了个别部门法的特别授权而失去了宪法依据，这既不符合宪法规定的民族区域自治制度的精神，也不符合基本的法理。随着新中国法制建设的开展，法律变通权在相关的部门法律中被不断地明确和规范。1950 年 4 月 13 日中央人民政府委员会通过了新中国成立后制定的第一部法律——《中华人民共和国婚姻法》，并于同年 5 月 1 日颁布施行。该法第 27 条规定："在少数民族聚居的地区，大行政区人民政府（或军政委员会）或省人民政府得依据当地少数民族婚姻问题的具体情况，对本法制定某些变通的或补充的规定，提请政务院批准施行。"这是我国法律中第一次出现"变通"字样。此后制定颁布的刑法、民法通则、民事诉讼法、继承法、收养法、妇女权益保护法、森林法等多部法律都规定民族自治地方可以依据当地政治、经济和文化的特点，对法律进行变通或补充。而对"变通"进行明确、完整和概括的规定和表述的是立法法。法律、行政法规、地方性法规、自治条例和单行条例的制定、修改和废止，适用立法法。国务院部门规章和地方政府规章的制定、修改和废止，依照该法的有关规定执行。该法第 75 条规定："民族自治地方的人民代表大会有权依照当地民族的政治、经济和文化的特点，制定自治条例和单行条例。自治区的自治条例和单行条例，报全国人民代表大会常务委员会批准后生效。自治州、自治县的自治条例和单行条例，报省、自治区、直辖市的人民代表大会常务委员会批准后生效。自治条例和单行条例可以依照当地民族的特点，对法律和行政法规的规定作出变通规定，但不得违背法律或者行政法规的基本原则，不得对宪法和民族区域自治法的规定以及其他有关法律、行政法规专门就民族自治地方所作的规定作出变通规定。"立法法作为规范国家立法活动的基本法律，对于民族自治地方变通立法的依据、主体、变通对象、程序和范围都做了明确的规定，是指导民族自治地方变通立法的纲领和指南。

二、规定变通条款的法律法规

截至 2014 年年底，在我国现行有效的 242 件法律中，共有 9 件法律直接包含变通或补充规定的条款，占全部现行法律的 3.9%。

（一）包含变通条款的法律

按照这些法律授权制定变通或补充规定的主体不同，可以分为四种情况，分列如下：

1. 只规定民族自治地方人民代表大会具有制定权，分别是我国刑法、民法通则、民事诉讼法、婚姻法、妇女权益保护法、老年人权益保护法、继承法。

2. 规定人民代表大会及其常务委员会均有制定变通或补充规定的权力，如收养法。此外，已废止的 1982 年颁布的民事诉讼法（试行）及 1980 年婚姻法也做了同样的规定。

3. 规定自治机关可以制定变通或者补充规定，如森林法。

此外，第七届全国人民代表大会第一次会议于 1988 年 4 月 13 日通过的《中华人民共和国全民所有制工业企业法》规定，自治区人民代表大会常务委员会可以根据本法和《中华人民共和国民族区域自治法》的原则，结合当地的特点，制定实施办法，报全国人民代表大会常务委员会备案。

（二）规定了变通条款的行政法规

1994 年 3 月 15 日，民政部制定、经国务院批准后发布的《婚姻登记管理条例》（已废止）第 33 条授权民族自治地方人民政府可以依照本条例的原则，结合当地民族婚姻登记管理的具体情况，制定变通的或者补充的规定。这是我国包含变通条款的唯一一部行政法规。

第二节　法律变通的性质

一、法律变通的形式与位阶

法的形式是指法的外在表现形态。认识法的形式，具有重要意义，通过法的形式不仅可以把握具体的法律内容，而且可以依此理解法的效力。"认识法的外在表现形式，其目的并不仅仅在于知道'标签'，其目的并不在于仅仅依照'标签'去寻找'标签对象'。'标签'的意义，当然是重要的。除此之外，其目的也在于认识'立法者'的身份，以及由此而来的'法的效力'的问题。"①然而，民族自治地方法律变通应采取什么样的形式表现自己，其在我国法律体系中的地位如何，却存在着相当大的认识误区，既未对之进行深入的探讨和研究，也没有引起足够的认识。这些基本的问题不明了，法律变通的制定、适用等问题也无从解决。研究民族自治地方法律变通的形式，具有重要意义。第一，不同法的形式由不同国家机关或主体产生，立法者不能产生不属于自己权限范围的法的形式。研究法律变通的形式，有助于解决什么样的机关有权进行变通立法的问题。第二，法的不同表现形式表现法的不同效力等级，具有不同的位阶。研究法律变通的形式，能够明确法律变通的效力。第三，不同法的形式适合于调整不同社会关系，不同法的形式具有不同的技术特点，研究法律变通的形式，有助于立法机关运用特定立法技术进行立法变通。

学界一般将民族自治地方制定自治条例、单行条例、变通与补充规定作为其行使立法自治权的三种表现形式，并将三者并列。较为典型的主张认为民族自治地方变通立法的法律形式有三种：自治条例、单行条例和变通规定，②并且在论述中作进一步的对比分析。有的学者主张，自治区自治条例与变通规定在法律地位上是不相同的，自治条例的法律地位明显高于变通规定，变通规定

---

① 刘星：《法理学导论》，法律出版社 2005 年版，第 103 页。

② 胡启忠：《论民族地区的法律变通》，《西南民族学院学报（哲学社会科学版）》2002 年第 7 期。

是自治条例的下位法，是从属于自治条例的规范性法律文件。而自治条例与补充规定的关系是树干与树枝的关系，补充规定具有显著的从属性。[1] 有的学者认为，虽然变通规定和补充规定与自治条例和单行条例都属于民族区域自治法规，但也是有某种区别的法规，即是有别于自治条例和单行条例的一种特别法规。[2] 也有的学者认为，变通规定和补充规定在我国法律制度体系中是一个极特殊的形式，是在统一的法律制度体系内为维护特殊群体利益的一种法律变通形式，是自治权利在统一法律制度下的延伸，从外延上扩大了自治权行使的空间，也是民族区域自治法配套立法的一种形式，有着其他形式无法替代的功能。[3] 还有的学者认为，变通或者补充规定和单行条例一样，是保证法律在自治地方正确贯彻执行的一种有效的自治方式，单行条例和变通补充规定，有的是互为一体的，但是两者又是有所区别。变通补充规定，必须有法律明文授权才能行使，变通补充的形式，可以以单行条例出现。[4] 学术界还存在着这样的观点，认为单行条例是基于民族地方的政治、经济、文化的特点和特别授权而产生的，其内在性质必然包括变通性，不具有变通性的民族地方的自治条例是不存在的。我国立法中在单行条例前加上"变通"二字做定语，并不是画蛇添足，而是基于我国民族自治地方在立法水平不高的角度考虑的，通过法律的明确规定再次强调单行条例的变通性。因此，变通规定是一个很宽泛的概念，它原本就不应是一种独立的法文件名称，而是一类总称，而变通规定与单行条例之间存在一种包含关系，单行条例应是变通规定的一种。[5]

我们认为，变通规定和补充规定主要是就其内容而言的，是将不适合民族自治地方的法律法规的具体条款加以修改或补充。变通规定和补充规定是以单行条例或自治条例的方式来表现自己的，变通规定和补充规定要么属于自治条例，要么属于单行条例，民族自治地方的自治立法没有除此之外的第三种法律

---

[1]　宋才发：《民族区域自治制度重大问题研究》，人民出版社 2008 年版，第 68—69 页。

[2]　吴宗金：《民族法制的理论与实践》，中国民族法制出版社 1998 年版，第 330 页。

[3]　张文山：《突破传统思维的瓶颈——民族区域自治法配套立法问题研究》，法律出版社 2007 年版，第 240 页。

[4]　宋才发主编：《民族区域自治法通论》，民族出版社 2003 年版，第 146 页。

[5]　陈伯礼、徐信贵：《立法学视野下的民族变通规定问题探析》，《满族研究》2007 年第 3 期。

形式。但绝大多数民族法理论学者至今仍把自治条例、单行条例同变通与补充规定在形式上截然分开，认为三者是民族自治地方享有的不同的立法权力，而且这种观点也牢固地出现在很多教材、专著和论文中。① 即使是近年出台的政府文件及近期的权威报刊中也沿用这种方式。例如，国务院新闻办公室于2005 年 2 月 28 日发布的《中国的民族区域自治》白皮书中披露："截至 2003年年底，我国 155 个民族自治地方共制定自治条例 133 个、单行条例 384 个，对婚姻法、继承法、选举法、土地法、草原法等法律的变通和补充规定有 68件。"2008 年 12 月 5 日《中国民族报》刊载全国人大常委会委员郑法诗撰写的《改革开放与民族法制建设》一文，文章指出："目前全国 155 个民族自治地方出台了自治条例 134 个，单行条例 418 个，对相关法律的变通和补充规定74 件。"2008 年 12 月 14 日，《法制日报》刊载《细数三十年民族法制建设大发展》的记者署名文章，文中国家民委政策法规司负责人也这样介绍了中国民族法制的建设情况，仍将变通与补充规定与自治条例和单行条例分列。这种做法给人们造成的一个错觉是，变通与补充规定是独立于自治条例和单行条例的一种立法形式，民族自治地方自治立法应包括自治条例、单行条例和变通与补充规定三种形式。造成这种认识的最主要的原因在于，法律变通的具体规定首先出现于婚姻法、刑法、民事诉讼法等基本法律中，宪法和民族区域自治法并没有明文规定，而且，规定了变通条款的法律之间在变通的主体、程序等方面存在着差异，并不完全统一，与宪法和民族区域自治法规定的自治条例和单行条例也不尽一致。但我们也注意到，由原全国人大常委会法工委副主任乔晓阳担任主编的《中华人民共和国立法法讲话》一书，即将变通与补充规定归为单行条例之中，认为"从单行条例规定的事项与国家法律的关系方面，可以将单

---

① 据笔者不完全统计，这方面的论著和教材有：宋才发等：《民族区域自治制度的发展与完善》，人民出版社 2008 年版；杨道波：《自治条例立法研究》，人民出版社 2008 年版；康耀坤：《中国民族自治地方立法研究》，民族出版社 2007 年版；张文山等：《自治权理论与自治条例研究》，法律出版社 2005 年版；吴宗金、张晓辉主编：《中国民族法学》（第二版），法律出版社 2004 年版；吴宗金主编：《中国民族区域自治法学》（第二版），法律出版社 2004 年版；吴宗金、敖俊德主编：《中国民族立法的理论与实践》，中国民族法制出版社 1998 年版。此外，在中国知网（WWW.CNKI.NET）搜索到的近二十篇论述民族法制的博士论文以及以"变通"为主题的硕士论文也基本持此观点。

行条例分为两种：一种是单行条例对国家法律作具体实施性的规定以及变通补充规定。……另一种是民族自治地方根据当地实际需要对国家法律尚未作出规定或不需要由国家法律规定的事项作出规定"。① 作为立法实务部门的专家这种观点，是非常值得学界引起认真思考并就相关问题加以反思的。

我们看下面几部明确了变通和补充规定的法律条款：

森林法第 48 条规定："民族自治地方不能全部适用本法规定的，自治机关可以根据本法的原则，结合民族自治地方的特点，制定变通或者补充规定，依照法定程序报省、自治区或者全国人民代表大会常务委员会批准施行。"

收养法第 32 条规定："民族自治地方的人民代表大会及其常务委员会可以根据本法的原则，结合当地情况，制定变通的或者补充的规定。自治区的规定，报全国人民代表大会常务委员会备案。自治州、自治县的规定，报省或者自治区的人民代表大会常务委员会批准后生效，并报全国人民代表大会常务委员会备案。"

继承法第 35 条规定："民族自治地方的人民代表大会可以根据本法的原则，结合当地民族财产继承的具体情况，制定变通的或者补充的规定。自治区的规定，报全国人民代表大会常务委员会备案。自治州、自治县的规定，报省或者自治区的人民代表大会常务委员会批准后生效，并报全国人民代表大会常务委员会备案。"

民法通则第 151 条规定："民族自治地方的人民代表大会可以根据本法规定的原则，结合当地民族的特点，制定变通的或者补充的单行条例或者规定。自治区人民代表大会制定的，依照法律规定报全国人民代表大会常务委员会批准或者备案；自治州，自治县人民代表大会制定的，报省、自治区人民代表大会常务委员会批准。"

民事诉讼法第 17 条规定："民族自治地方的人民代表大会根据宪法和本法的原则，结合当地民族的具体情况，可以制定变通或者补充的规定。自治区的规定，报全国人民代表大会常务委员会批准。自治州、自治县的规定，报省或者自治区的人民代表大会常务委员会批准，并报全国人民代表大会常务委员会

---

① 乔晓阳主编：《中华人民共和国立法法讲话》，中国民主法制出版社 2008 年版，第 267—268 页。

备案。"

刑法第 90 条规定："民族自治地方不能全部适用本法规定的，可以由自治区或者省的人民代表大会根据当地民族的政治、经济、文化的特点和本法规定的基本原则，制定变通或者补充的规定，报请全国人民代表大会常务委员会批准施行。"

婚姻法第 50 条规定："民族自治地方的人民代表大会有权结合当地民族婚姻家庭的具体情况，制定变通规定。自治州、自治县制定的变通规定，报省、自治区、直辖市人民代表大会常务委员会批准后生效。自治区制定的变通规定，报全国人民代表大会常务委员会批准后生效。"

妇女权益保护法第 60 条规定："省、自治区、直辖市人民代表大会常务委员会可以根据本法制定实施办法。民族自治地方的人民代表大会，可以依据本法规定的原则，结合当地民族妇女的具体情况，制定变通的或者补充的规定。自治区的规定，报全国人民代表大会常务委员会批准后生效；自治州、自治县的规定，报省、自治区、直辖市人民代表大会常务委员会批准后生效，并报全国人民代表大会常务委员会备案。"

老年人权益保护法第 49 条规定："民族自治地方的人民代表大会，可以根据本法的原则，结合当地民族风俗习惯的具体情况，依照法定程序制定变通的或者补充的规定。"

以上九部法律，只有 2001 年修正的婚姻法规定的变通条款的主体、程序与我国宪法和民族区域自治法规定的制定自治条例和单行条例的主体和程序完全一致，也符合我国立法法的规定。

按照这些法律的变通条款，从严格的立法程序和立法主体意义上来说，变通与补充规定的确不能归入自治条例或单行条例，但是这并不能改变变通规定或补充规定的实质和形式，这些差异与其说导致了人们对其形式认识的模糊认识并形成了思维定势，毋宁说是立法技术和水平的局限使变通规定和补充规定在我国的法律体系中处于尴尬的位置。内容决定形式，形式反映内容。我们追问变通与补充规定形式属性的意义在于确定它在我国法律体系中的位置，从而进一步确定它的效力和法律适用问题。

一般通说认为，法的渊源指的是法的各种具体表现形式，是法的效力来源，仅指在法律规范的拘束力所产生的渊源意义上使用。例如，沈宗灵认为："我们在法学中通常所说的渊源，就是指法定的国家机关制定的不同地位或效力的法的一种形式。例如，宪法、法律、行政法规、地方性法规、自制条例、单行条例等等"。① 由于法律的产生或创制的机构所拥有的立法权力及权限的不同，法律产生或创制的方式以及其所表现出来的外部直观形式也不同，其所体现出来的相应的法律的实际效力也就有所差别，法律的渊源即在此意义上所做的分类。所以，法律渊源也被称作法律形式。在任何社会，法律的渊源即法律的形式都不是，也不可能是单一的，而是呈现多样化形态。因为法律的渊源或法律的形式要受到该国或社会的政治结构与经济体制的深刻制约，更为深层的原因还在于，法律的渊源或法律的形式要受到该国家或社会的历史传统与文化的制约。多样化的法律渊源通常表现为两种类型，其中之一为正式的法律渊源，即由正式的拥有合法的立法权的国家或其他公共权力机构制定或认可、具有明确而肯定的法律地位和效力的法律的表现形式。德国学者沃尔夫等人指出："法律渊源是指人们得以认识现行有效法律的标志。这种含义的法律渊源实际上就是实在法的认识标志。所谓'实在'是指法律规范以法律条款的形式表现或者表达出来，在特定的地域和时间适用于社会，具有拘束力和执行力，并且借助国家权威予以保障。"② 德国学者魏德士认为："法律渊源是指客观法的（能够为法律适用者所识别的）形式和表现方式。"③ 因为任何规则都有其历史渊源、哲学渊源和形式渊源，但是只有在出自国家认可的形式渊源时，它才具有作为法律的合法有效性、权威性与强制执行性。而法律渊源最一般的含义是指那些对于法律适用者具有约束力的法律规范的总和。我国立法法第 2 条规定："法律、行政法规、地方性法规、自治条例和单行条例的制定、修改和废止，适用本法。国务院部门规章和地方政府规章的制定、修改和废止，依照本法的有关规定执行。"我国目前正式的法律渊源主要包括宪法、法律、行政法规、地方性法规、自治条例和单行条例、部门规章和地方政府规章、国际条约

---

① 沈宗灵主编：《法理学》，北京大学出版社 2002 年版，第 303 页。
② ［德］汉斯·J.沃尔夫：《行政法》第 1 卷，高家伟译，商务印书馆 2002 年版，第 239 页。
③ ［德］伯恩·魏德士：《法理学》，丁小春、吴越译，法律出版社 2003 年版，第 101 页。

和国际惯例等。

只有明确变通与补充规定所采取的形式是自治条例或单行条例，才能进一步明确它的效力和适用。变通法律和行政法规的权力在我国宪法和民族区域自治法没有具体规定，但这一精神已有规定。我国立法法第 75 条明确规定自治条例和单行条例可以变通法律法规，并在该法第 90 条规定，自治条例和单行条例依法对法律、行政法规、地方性法规做变通规定的，在本自治地方适用自治条例和单行条例的规定。由此可见，变通规定的形式只能是自治条例或单行条例，在民族自治地方，自治条例和单行条例具有优先适用的效力。从目前民族自治地方制定的名为"变通规定"和"补充规定"的立法文件来看，绝大部分本质上属于单行条例，只有 1986 年湖南新晃侗族自治县通过《新晃侗族自治县自治条例》将我国婚姻法规定的结婚年龄进行了变通。"变"是手段，"通"为目的，特定的方式是服务于特定目的的。立法变通权源于自治权，没有凌驾于自治权基础上的法律变通权。因而，通过自治条例和单行条例进行的法律变通是我国法律体系中确定有效的法律渊源，自治条例和单行条例是变通立法的表现形式。

二、是否存在法律实施的变通

（一）法律实施的内涵

立法是法律实施的前提。统治阶级意志如果没有上升为国家意志并以规范化的形式出现，就根本不能指涉到法律的实施。正因为立法是法律实施的前提，所以立法时需要严格依据立法程序和立法的原则，严重的"超前立法"和"滞后立法"都会影响法律的实施。法律的生命力在于它在社会生活中的具体实施。法律实施一般包括守法、执法、司法和法律监督。守法是法的实施的一种基本方式，是指国家机关、社会组织和公民个人依照法律规定，行使权利和履行义务的行为。一切国家机关及其工作人员、政党、武装力量、社会团体、企事业单位和全体公民，都应自觉遵守法律的规定，将法律的要求转化为自己的行为，从而使法律得以实现的活动。守法是法律实现的最普遍形式，能真正做到守法，将缩短法律实现的过程，提高法律实现的效率。它包括社会关系主体积极行使权利和认真履行义务两个方面。在现代社会，守法精神的核心是对法治的理解、支持与参与，而不是对法律消极的、被动的遵守与服从。运用法律手段维护自己的权利，根据法律要求履行自己的义务，既实现了自己的利益，又满足了法律规范的目的、要求；既是各社会关系主体的"私"事，也是其社会责任的体现。执法是国家行政机关、法律授权或委托的组织及其公职人员在行使管理职权的过程中，依照法定职权和程序，贯彻实施法律的活动。司法也称为"法的适用"，是国家司法机关依据法定职权和法定程序，具体应用法律处理案件的专门活动。执法，即法律的执行，主要是指国家行政机关依照法定职权和程序实施法律的专门活动，是法律实现的关键。立法的目的需要执法完成，执法是实现政府职能的最主要、最重要的手段。但是目前我国很多法律其作用与价值未能得到切实地实现，根本一点就是执法不力或不当，表现为执法不严、越权执法、选择性执法、执法者素质低下以及影响执法的社会环境受到污染。法律实施要通过执法，而执法人员素质又是法律实现的关键中的关键，"明显失偏""歪曲执行"以及"选择性执法"都不能使法律得到实现。司法，即法律的适用，指国家司法机关依照法定职权和程序具体应用法律处理案件的专门活动。司法是法律实现的保证，法律的外部特征之所以具有规范性与强制性是因为司法的存在，否则法律将显得苍白无力。法律本身具有强制力因素，但是仅仅依靠法律自身的强制力来有效地实现法律所蕴含的全部价值是不现实的，需要司法等纠纷解决机制及时保障法律的实现。在一定意义上讲，民众的眼光是关注着司法来审视法律是否实现的。司法的特点就是有备而用，司法恰好是当执法与守法这类常规渠道遇到障碍、发生阻塞无法实现法的价值时，也就是发生了法律事务纠纷时，专门的国家司法机关依照法定职权和法定程序，依据法律来解决有关法律纠纷，清除法律实现常规渠道中遇到的各种障碍，从而促使法律实现的活动。此外，法律实现作为一个整体运作系统，法制监督成为法律实现的重要一环，法制监督无疑是法律实现的保障和对未实现的补救措施。法制监督主要是指行政法制监督，是维护法律统一实施和行政法制的保障环节，可以促进行政立法、行政执法和行政司法的协调发展。假如没有法律监督的过程或法制监督机制不健全，那么在执法、司法中出现背离法律要求的行为时将没有及时纠偏和补救的措施，法律也不能实现。

(二) 民族自治地方法律实施变通的主要观点

学界有观点认为，民族自治地方的法律变通，从结构上看有两部分组成：一是立法变通；二是法律实施的变通。① 法律实施的变通是指法律在民族自治地方具体贯彻执行中，执行机关可根据当地民族实际情况作出适当的变通处理。因为立法变通不可能包容民族的一切特殊情况，只能就本民族较突出的特点在立法上明确规定，调整范围有限，且立法具有较强的稳定性，不能对本民族出现的新情况和新问题及时作出反应，因此，立法变通不能完全解决法律和民族特点的冲突。法律实施中的变通能弥补立法上的不足，对本民族的具体情况作出及时反应，将立法未规定或规定不充分的，实行变通处理保证法律在民族自治地方的正确实施。立法变通和法律实施的变通同是法律变通不可分割的两个方面，法律变通权的行使不可强调一面而忽视另一面。立法变通是实施变通的基础和前提，实施变通或是代替立法变通，或是立法变通在实施中的补充和发展。②

还有的学者认为，民族地区在实施法律的过程中，执法部门一方面坚持法律面前人人平等的原则，另一方面也从少数民族地区的实际出发，在没有变通立法的情况下，采用比汉族地区更为缓和，更容易被少数民族群众接受的方法来具体实施法律。这是我国长期奉行的区别对待的民族政策在司法中的贯彻，实际就是变通司法。变通司法，是指民族自治地方的执行机关在具体处理法律事务的过程中，根据当地民族实际情况，变通适用国家法律、法规。变通司法也是法律变通的重要组成部分。因为我国民族区域自治法第4条第1款规定："民族自治地方的自治机关行使宪法第三章第五节规定的地方国家机关的职权，同时依照宪法和本法以及其他法律规定的权限行使自治权，根据本地方的实际情况贯彻执行国家的法律、政策。"第6条第2款又规定："民族自治地方的自治机关根据本地方的情况，在不违背宪法和法律的原则下，有权采取特殊政策和灵活措施，加速民族自治地方经济、文化建设事业的发展。"因而，贯彻执行国家的法律、政策时，根据本地方的实际情况采取特殊政策和灵活措施，包

① 张晓辉主编：《中国法律在少数民族地区的实施》，云南大学出版社1994年版，第66页。
② 吴宗金、张晓辉主编：《中国民族法学》，法律出版社2004年版，第394—395页。

括了民族自治地方变通司法。变通司法中通常坚持两个原则：一是只有在立法未作出变通规定或规定不明确的情况下，才能进行实施中的变通。已有变通规定的，在法律实施中严格依法办事，不能再另做变通。二是有变通的必要。只有在立法未变通，而且又需要变通的情况下，才能在实施中变通。对应变通立法而未变通的，司法机关或行政执法机关在执行这些法律的实践中，依法可变通适用。在立法变通不发达的情况下，对基本法律的变通司法，是法律变通的主要方面。①

（三）对法律实施变通的辨正与质疑

三十多年前，中共十一届三中全会公报把"有法可依、有法必依、执法必严、违法必究"作为社会主义法制建设的目标。其核心是依法办事。"有法可依"是依法办事前提，"有法必依"是依法办事的客观要求，"执法必严"是依法办事的中心环节，"违法必究"是依法办事的保障。1997 年召开的中国共产党第十五次全国代表大会，将"依法治国"确立为治国基本方略，将"建设社会主义法治国家"确定为社会主义现代化的重要目标，并提出了建设中国特色社会主义法律体系的重大任务。1999 年九届人大二次会议将这一治国方略载入宪法。依法治国，建设社会主义法治国家既是一个长期的历史过程，又是始于足下的现实要求。法律实施与社会主义法制的基本要求是一致的。有法可依、有法必依、执法必严、违法必究作为一个整体的动态的过程就是一个充分保障法律实现的运作过程。党的十八届三中全会指出要"建设法治中国，必须坚持依法治国、依法执政、依法行政共同推进，坚持法治国家、法治政府、法治社会一体建设"，"要进一步健全宪法实施监督机制和程序，把全面贯彻实施宪法提高到一个新水平。建立健全全社会忠于、遵守、维护、运用宪法法律的制度"，为我国社会转型时期的法制建设提出了新的要求和部署。

由于民族自治地方变通立法的不完善与缺失，国家法在特定民族地区的实施会给个案带来实质的不公正，难以达到社会效果与法律效果的统一。为了适应少数民族案件的具体情况，基层法官往往适当考虑当地的风俗习惯，注重

---

① 胡启忠：《论民族地区的法律变通》，《西南民族学院学报（哲学社会科学版）》2002 年第 7 期。

情、理、法的结合，通过法律解释、价值平衡、类推适用、利益平衡等法律方法弥补事实与法律规范之间的缝隙。或是借助少数民族习惯法的合理因素，积极采取调解方式化解矛盾；或是针对案件的特殊情况，充分挖掘现有法律的弹性空间，如刑法中的酌定情节、但书条款、罪刑法定的出罪机能，民法中的公序良俗原则、公平原则等，在法律的框架内和法律能够回旋的余地处理案件，这在一定程度上弥补了变通立法的不足。但这并非无视法律的基本要求或者合理含义，既没有超越法律的规定，也没有突破法律的底线，使法律随心所欲地服从即时的需要或者特定人的需求，它是司法能动的一种必然结果和现实要求，而不是所谓的"司法变通"。社会效果与法律效果相统一是我国目前一项基本的司法政策，但法律效果不是机械僵化地适用法律，社会效果也不是随意创制和废除规则。法官审判案件不仅是就法律问题裁判执法，也是一种以法律为框架和主线综合考虑政治、经济、文化、心理、社会等诸多因素的高度技术性、专业性和创造性的工作。在没有变通立法的情况下，法官应尊重法律而不是更改法律、颠覆法律、创造规则。法律赋予民族自治地方变通法律、法规自治权，对于上级国家机关的决议、决定、命令和指示有变通执行和停止执行的权力，但这并不是法律实施的变通，而主要是一种行政管理方面的权力。

"实施变通代替立法变通""变通司法"等判断缺乏基本的法律依据，也不符合法理。在我国目前的司法体制下，这些观点和主张在理论上行不通，在实践上也是有害的。上述第二种观点以我国民族区域自治法第4条和第6条作为自己的论据，但恰恰忽略了该法第5条的规定，即"民族自治地方的自治机关必须维护国家的统一，保证宪法和法律在本地方的遵守和执行"，从而割裂了法律作为一个整体的有机联系，有断章取义、削足适履之嫌。国家维护社会主义法制的统一和尊严。在成文法的框架下，法律实施的变通缺少确定统一的标准，也无助于推动变通立法的促进和发展。诚如有学者所言："如果法律法规的某些规定对于民族自治地方的确有不适合之处，完全可以在立法变通程序中来解决（加快立法进度、提高立法技术、增强变通立法的适用性等），而不应将法律的适用因为过于随意的所谓'实施变通'而丧失法律规范的确定性、预见性和稳定性。……正是由于尊重既有规范性制度之重要性，才决定了对之变通实施亦应通过慎重的变通立法，使得一切非立法机关的权力和活动始终在立法机关所'圈定'的范围之内,才能在实质正义与形式正义之间实现某种平衡,而不偏废",因而只存在立法变通,而不存在所谓司法变通和实施变通的问题。①

当然,在司法实践中,也不排除个别情况下的法律变通。最高人民法院副院长江必新认为:"从逻辑上说,社会效果既可以通过法律获得,也可以在法律之外获得,但在司法中寻求社会效果应当主要通过法律或法律之内实现;只有在特殊情况下,并在严格的规则和程序导向下,才可以'变通适用法律'。事实上,在法律之内存在着满足社会效果实现的巨大空间,只要本着良知,充分、正确地运用多种可行的方法,就可以将社会效果最大化,当然,这要具备一定的条件。……在特定的情况下,不排除变通执行法律。变通执行法律必须讲条件、讲范围、讲程序,必须严格控制。任何法官都不能随心所欲地变通法律。至少要符合以下几个条件:1.必须是在特定的情形下。这个特定的情形通常指社会矛盾异常的激化、发生了重大的危机、战争等极其特殊的情形。2.特定情形下变通适用的价值一定要高于法的安定性价值。如果为了维护法的安定性、稳定性,机械地司法最后导致整个国家骚乱、社会动荡,显然得不偿失。因此必须进行利益衡量和价值考量。3.变通适用必须有利于实现法律的最终目的。4.变通适用能够得到社会主流价值观的认同,与社会主流价值观相协调,也就是说能得到大多数人的认同和认可。5.变通适用必须要有一定的法定程序,例如报最高法院核准或报立法机关作出扩大或限缩解释或者确认。只有这五个条件同时具备的情况下,才可以变通适用法律。"②陈兴良教授也针对某个案件一针见血地指出:"司法是以现行法的存在为前提的逻辑演绎,它不能质疑法律,更不能指责法律,而只能将既定的法律适用于个案。如果司法不以法律为依归,而是以司法者的意志为处理个案的依据,定罪量刑出入于法律之外,那么刑事法治必将荡然无存。公民个人的权利与自由也必将因司法权的滥用而遭受侵害。在这个意义上,个案的公正只能是一种法律的公正。尤其是,在对个案进行法律上评判的时候,我们应当严格区分立法论与适用论,而不应把两

---

① 金忠山:《刑事法律变通问题研究》,中央民族大学 2013 年度博士学位论文,第 12 页。
② 江必新:《在法律之内寻求社会效果》,《中国法学》2009 年第 3 期。

者混为一谈。立法论是对法律的价值评判。在一个民主社会，法律当然是可以批评的，并且可以通过立法程序加以完善。在个案处理中，也会暴露出某些法律的缺陷，有待于从立法层面上加以解决。而适用论是一种司法活动，必须以法律规定为出发点，严格地遵循司法的逻辑进行演绎推理。尽管在司法活动中，可以通过法律解释等方法在一定限度内克服法律的缺陷。但受制于司法的本质，司法判决结论不可能完全超越法律规定，更不能置法律于不顾。"①

　　法律变通问题说到底是个民族问题，民族问题是社会总问题的一部分。正确处理民族问题，是建设中国特色社会主义的重要内容。马克思主义认为，民族是一个历史范畴，民族问题是一种社会现象。民族问题与民族的存在相伴生，只要有民族和民族差别存在，就有民族问题存在。法律和行政法规与民族自治地方不相适应的情况不是个别问题，而是一个相对普遍的问题，因此，极端、个别、特殊情况下的司法变通只是不得已而为之的权宜之计，要在民族地区建立良好的法治秩序，解决法律、行政法规个别条款的适用可能会给民族自治地方的矛盾造成的实质不公正的法律效果，还需要健全与完善民族法律体系，加强立法变通工作，真正实现有法可依。亚里士多德曾经说过："法治应包含两重含义：已成立的法律获得普遍的服从，而大家所服从的法律又应该本身是制定得良好的法律。"② 这对于民族自治地方来讲可能更有意义，法治不是单纯的法律秩序，不是任何一种法律秩序都称得上法治秩序。民族立法不仅仅在于形式上的规定性，更需要实质上的正义性。法制统一的价值基础在于法律承认少数民族利益的多元性，并通过变通立法满足少数民族群众的利益欲求，由生活于具体的社会场合和文化背景下的人们通过他们的信念、制度和活动来赋予其新的含义。法律是公开、稳定、明确和可预期的，能给予人们确定有效的指引，而将明确具体的法律规范在司法中加以变通，尽管可能实现了个案的正义，但也容易导致人们无所适从，不利于在少数民族地区形成社会生活秩序。

---

① 《北大博导谈习水嫖幼案：判决结果符合刑法规定》，《贵州日报》2009 年 7 月 27 日。
② ［古希腊］亚里士多德：《政治学》，吴寿彭译，商务印书馆 1983 年版，第 199 页。

三、变通规定与补充规定的关系

"补充"意味着进一步充实或补足所缺之物，是由于因不足或损失而加以添补或在主要事物之外另行追加。在我国九部规定了变通条款的法律条文中，"变通"总是与"补充"一起出现的，即这些法条规定民族自治地方可以制定变通或补充规定。而实际上，各民族自治地方制定的 80 件变通补充规定中，名为"补充规定"为 30 件，占全部 37.5%。但是 2000 年开始实施的我国立法法只规定了变通规定，并没有规定民族自治地方也可以制定补充规定。因而，有学者认为，民族立法由此前的"变通或补充的法律制度"改为"变通法律制度"，补充不再采用，民族自治地方已经没有制定补充规定的立法自治权。有部分法律的施行（比如刑法是 1997 年 10 月 1 日起施行，民法通则是在 1987年 1 月 1 日起施行）是在立法法颁布之前，故规定有"变通或者补充的规定"，按照"新法优于旧法"的原则，只能制定变通的规定。① 另有学者基于变通规定、补充规定是独立于自治条例、单行条例这种认识，认为"变通"这一概念本身在一定程度上对"补充"具有包容性，许多变通规定和补充规定在内容上几乎是一样的，这一点从对婚姻法的变通或补充上可以看得出来。另外，从自治州、自治县两级自治地方的立法实践上看，单行条例可以是变通法律、法规的立法形式，也可以是补充细化法律、法规的立法形式。但在民法通则、刑法等法律未明确去掉"补充"二字前，民族自治地方依然享有补充规定制定权，原因在于立法法第 75 条第 2 款的"变通规定"仅适用于自治条例和单行条例。而变通规定、补充规定与自治条例、单行条例同是民族自治地方自治法规体系的重要组成部分，它们之间既有联系，又有区别。补充规定本身也是一种独立的立法形式，立法法未提到"补充"二字，没有对补充规定作出规定，并不意味着就是取消了民族自治地方的补充规定制定权。② 还有的学者认为，任何民族自治地方，也总有自己的个性问题，这些问题不是全国通行的法律、法规所能解决的。鉴于此，就需要民族自治地方的自治机关根据当地政治、经济、文

① 吴宗金、张晓辉主编：《中国民族法学》，法律出版社 2004 年版，第 392—395 页。
② 康耀坤：《民族自治地方立法权问题研究》，《民族研究》2005 年第 2 期。

化的特点制定变通、补充规定以便于遵守和执行。从狭义上看，补充规定是存在其补充性，但是从广义上看其补充性又将被变通性所覆盖，因为从某种意义上说补充规定是一种特殊的变通规定。① 也有学者认为，尽管从民族自治地方的立法实践来看，的确存在"变通规定"与"补充规定"难以区分的情况，二者在语义上也的确有难以界分的交叉地带，如变通规定既然意味着对既有法律法规进行了变更和突破，则其内容一定是原法律法规所没有的，这些加入进去的文字从"形式上"看也是一种"增加"，其目的对于原规定而言也是一种"完善"，但是，这两个词汇的通常含义仍然是有区别的：最大的区别在于"补充规定"意味着其对已有法律法规尚未规定的事项进行了规范，这就直接关系到设置新的权利义务关系的重大实体问题，同时也涉及该立法主体是否有权限做这样的增加规定的重大程序问题；另一个区别在于，在单独进行"补充规定"时，绝不意味着要改变原有法律法规的规定，即"补充规定"并不当然包含"变通"的含义。所以，从提高立法质量、防止随意立法的角度来看，将"变通规定"与"补充规定"进行相对严格的区分是必要的，严格限制"补充规定"的适用也具有较大的合理性。因为立法法第 75 条第 2 款已经明确规定"自治条例和单行条例可以依照当地民族的特点，对法律和行政法规的规定作出变通规定"，而没有再提"补充规定"，而立法法是我国规范立法行为的基本法，立法法没有规范和认可的任何立法行为、立法形式都是不应存在的。因此，笔者认为法律变通的限度以"变通规定"为限，"补充规定"不宜成为民族自治地方的一种立法形式。②

我们认为，"变通"的字面意思是"依据具体情况，作非原则性的变动"。由于我国幅员辽阔，地区间经济、文化发展不平衡，而国家立法是面向全国的，难以完全照顾到民族自治地方的特殊情况，因此，法律和行政法规规定的具体条款可能存在不完全适合民族自治地方情况的情形，只有根据宪法和法律对之加以必要的更改、删减或补充，才能符合民族自治地方的具体情况。而这些"必要的更改、删减或补充"都是"非原则性的变动"，都是"变通"的应

---

① 陈伯礼、徐信贵：《立法学视野下的民族变通规定问题探析》，《满族研究》2007 年第 3 期。
② 金忠山：《刑事法律变通问题研究》，中央民族大学 2013 年度博士学位论文，第 12—13 页。

有之义，在这个具体的语境下，"补充"自然包含在"变通"中，对于"变通"不能做过于机械和僵化的理解。立法法实施后制定的补充法律、行政法规的单行条例在名称上不应再以"补充规定"为名，但并不意味着民族自治地方因此失去了对法律、行政法规的补充权。

变通规定以需要变通的法律、行政法规的存在为前提，这是变通的基础。变通是对某些不适应民族自治地方的法律法规的具体条款进行更改或删减，这些条款是业已存在了的，是对相关问题已经进行了规定的。而补充则是民族自治地方对有关法律法规没有规定，但是民族自治地方根据本民族本地方的具体特点，又迫切需要规范调整的内容，民族自治地方在原有法律法规基础上增加的内容。实际上，在我国已经制定的单行条例中，有一种是民族自治地方根据当地实际需要对国家法律尚未作出规定或不需要由国家法律规定的事项作出规定。

四、法律变通是职权立法还是授权立法

（一）基本概念与学术主张

国内学界对于何谓授权立法从不同视角进行了概括和定义。李步云教授认为，授权立法"就是指一个立法主体将自己享有的立法权授予另一个能够承担立法责任的机关，该机关根据授权要求进行的立法活动"。① 周旺生教授认为，通常所说的授权立法，就是立法机关授权有关国家机关依据所授予的立法权进行立法的活动。授权立法权则指立法机关的授权或委托使有关国家机关获得的一定的立法权。授权主体只能是享有立法权的立法机关，授权主体既可以是行政机关，也可以是下位阶的立法机关。授权立法具有从属性和受制性。职权立法就是以宪法、法律的形式确定了某种国家机关有制定某种规范性法律文件的权力，根据这一职权制定某种规范性法律文件，就属于职权立法的范畴。② 有学者根据授权方式，将授权立法分为法条授权和特别授权。法条授权是指立法

---

① 李步云、汪永清主编：《中国立法的基本理论和制度》，中国法制出版社 1998 年版，第 306 页。

② 周旺生：《立法学》，法律出版社 2004 年版，第 242—245 页。

机关或其他有权机关在其制定的法律法规中，运用某一条款，将某些立法权授予有关机关的授权。特别授权是立法机关通过作出特别规定，允许行政机关或其他机关在其规定的权限范围内制定法律文件。[①]

由于我国关于民族自治地方变通立法首先是由部门立法的具体条款确定的，现行的变通与补充规定也主要是依据这些法条授权制定的，因而，学术界很多学者认为民族自治地方的立法变通是授权立法，必须有法律法规的明确授权才能行使，"我国民族自治地方的授权立法主要是法条授权"。[②] 民族自治地方如果没有法律、行政法规以具体条文的方式规定民族自治地方的人民代表大会可以做变通性规定，立法变通权是不存在的或者说其存在是非法的。[③] 还有种认识，则不但模糊了变通规定的法律形式和性质，混淆了自治权的基础和来源，而且割裂了自治条例、单行条例与变通补充规定的内在联系。将变通与补充规定人为割裂，得出的"变通规定和补充规定制定权"属于授权性立法，自治条例对法律、行政法规的变通权则属于职权性立法的结论，自然也缺乏说服力，逻辑上难以成立，理论上也站不住脚。为便于讨论，原文照录如下："目前民族自治地方涉及三种类型的变通补充权。其一，变通规定和补充规定制定权。这一类变通权，就是根据宪法、民族区域自治法赋予民族自治地方灵活执行国家法律和法规的总体精神以及相关法律法规的具体规定，变通和补充国家法律法规的权力，也就是我们通常所说的'立法变通权'。……其法律性质为授权性地方立法。其二，自治条例单行条例立法变通权。民族自治地方自治条例单行条例立法既然是根据本自治地方民族的政治、经济和文化特点制定的，那么自治条例和单行条例立法就可以对刚硬的国家立法有所变动，以实现国家立法之刚性和民族自治地方立法之柔性的协调。……其三，上级国家机关决议、决定、命令和指示的变通执行甚至停止执行权。……严格说来，这一变通权属于法律、法规实施上的变通权，而非立法变通权。……自治条例尽管可以对国家法律、行政法规以及地方性法规作出变通，但这种变通条款与专门的变通规

① 陈伯礼：《授权立法研究》，法律出版社 2000 年版，第 31—32 页。
② 康耀坤：《中国民族自治地方立法研究》，民族出版社 2007 年版，第 255 页。
③ 汪全胜：《制度设计与立法公正》，山东人民出版社 2005 年版，第 90 页。

定在法律性质、立法权限上有所不同。自治条例变通权为职权性立法权，而专门变通规定则为授权性立法权；自治条例法律变通权的内容原则上局限于自治权的范畴，而专门变通规定的内容则不受自治权范畴的局限。"①持上述观点的学者还认为："自治条例立法中的变通权与民族自治地方专门性的变通规定和补充规定制定权的属性是不一样的。民族自治地方变通规定和补充规定的制定权因为除了授权法的规定外，并无其他法律根据。所以，它应当属于授权性立法，如无相应的授权法规定，民族自治地方制定变通规定应该属于越权立法，其制定的变通规定和补充规定是无效的。恰恰相反，自治条例对法律、行政法规的变通权则属于职权性的，即使没有其他法律、法规的授权，自治条例的变通立法也当然可以进行。"②

（二）变通立法应为职权立法

1.变通立法权来源于民族区域自治制度

立法变通的本原是民族区域自治制度，民族自治制度是我国的一项基本的政治制度，是解决我国民族问题的一项基本国策，是长期的、稳定的制度安排。民族自治地方已经建立就要保持相对稳定，未经法定程序不得撤销或者合并。实行民族区域自治体现了国家充分尊重和保障各少数民族管理本民族内部事务的权利的精神，体现了国家坚持实行各民族平等、团结和共同繁荣的精神。"自治权是民族区域自治或民族自治共同体的核心。从民族政治的角度来看，任何的民族自治，都是民族共同体获得一定程度的自治权和自治权的行使。没有民族自治权，就无所谓民族自治，也没有民族区域自治或民族地方自治。"③立法自治权是自治权的一个重要方面，对法律、行政法规进行适合于民族自治地方的变通是行使自治权的重要体现，没有法律变通权，自治权也无从谈起。因此，以自治条例或单行条例为具体表现形式的法律变通是由宪法和法律规定的权力，是国家基于民族区域自治制度赋予民族自治地方人民代表大会

---

① 杨道波：《自治条例立法研究》，人民出版社 2008 年版，第 78—79 页。

② 杨道波：《中国民族自治地方自治条例立法研究》，中央民族大学 2007 年度博士学位论文。

③ 周平：《民族政治学》，高等教育出版社 2003 年版，第 102 页。

的一种附加于地方国家机关职权基础上的特殊权力，是一种职权立法。

2.我国立法法没有规定变通立法为授权立法

我国立法法对于授权立法的内容、主体、被授权主体都做了明确规定。授权主体为全国人民代表大会及其常务委员会，被授权主体（受权主体）为国务院、经济特区所在地的省、市的人民代表大会及其常务委员会。被授权机关应当严格按照授权目的和范围行使该项权力，不得将该项权力转授给其他机关。立法法第8条规定："下列事项只能制定法律：（一）国家主权的事项；（二）各级人民代表大会、人民政府、人民法院和人民检察院的产生、组织和职权；（三）民族区域自治制度、特别行政区制度、基层群众自治制度；（四）犯罪和刑罚；（五）对公民政治权利的剥夺、限制人身自由的强制措施和处罚；（六）税种的设立、税率的确定和税收征收管理等税收基本制度；（七）对非国有财产的征收、征用；（八）民事基本制度；（九）基本经济制度以及财政、海关、金融和外贸的基本制度；（十）诉讼和仲裁制度；（十一）必须由全国人民代表大会及其常务委员会制定法律的其他事项。"立法法依据立法事项的重要程度，采取列举的方式规定了必须制定法律的事项内容，即必须是全国人民代表大会或常务委员会的立法事项。

国务院授权立法的内容是立法法第8条规定的事项尚未制定法律的，全国人民代表大会及其常务委员会有权作出决定，授权国务院可以根据实际需要，对其中的部分事项先制定行政法规，但是有关犯罪和刑罚、对公民政治权利的剥夺和限制人身自由的强制措施和处罚、司法制度等事项除外。国务院本来没有制定法律的权限，授权立法的内容是全国人大及其常委会的专属立法事项，将这些法律应该规定的内容授权国务院制定行政法规，主要是因为制定法律的条件不成熟而为之的权宜之策，并非长久之计。为了保证及时立法，避免专属立法权长期由被授权机关掌握，立法法第11条规定："授权立法事项，经过实践检验，制定法律的条件成熟时，由全国人民代表大会及其常务委员会及时制定法律。法律制定后，相应立法事项的授权终止。"

我国立法法规定的第二种授权立法是，经济特区所在地的省、市的人民代表大会及其常务委员会根据全国人民代表大会的授权决定，制定法规，在经济特区范围内实施。其主要目的在于，以地方立法的形式，将中央发展经济特区的特殊政策固定下来。这种授权立法是有时间和范围限制的，随着经济发展，授权立法的条件一旦不复存在，经济特区被授予的立法权也必将丧失。

立法法对于民族自治地方立法权的文字表述是"民族自治地方的人民代表大会有权依照当地民族的政治、经济和文化的特点，制定自治条例和单行条例"。自治条例和单行条例可以依照当地民族的特点，对法律和行政法规的规定作出变通规定。"有权"是与"无权"相对应的，经济特区所在地的省、市的人民代表大会及其常务委员会原本不具备地方性法规制定权，是由于全国人大及其常委会的特别授权才暂时拥有了立法权；而民族自治地方的立法变通权是与民族区域自治这项基本的国家政治制度相始终的，属于职权立法。这也就意味着无论法律、行政法规是否存在着法条授权的情形，只要法律、行政法规的具体规定不符合民族自治地方的政治、经济和文化特点，民族自治地方都可以在不违背法律或者行政法规的基本原则的情况下，对有关法律、行政法规作出变通规定。也就是说，民族自治地方通过自治条例和单行条例变通国家法律法规，不以被变通法律具体法律条文的明确授权为必要前提。

第三节　变通立法的制定

一、变通立法的主体

立法法颁布实施前，各民族自治地方制定的变通与补充规定主要是依据部门法的法条授权。不同法律规定的主体不统一，有的法律规定由民族自治地方的人民代表大会或常委会制定，有的规定由人大常委会制定，有的规定由自治机关制定，也即自治地方的人民政府在特定法律的授权中也可以成为变通立法的主体。从立法实践上看，民族自治地方现行的变通规定和补充规定都是由人民代表大会或其常委会制定的，由人民政府制定变通与补充规定至今还没有。

立法法规定立法变通权的主体是民族自治地方的人民代表大会。一切法律、行政法规、地方性法规、自治条例和单行条例的制定、修改和废止，都适用立法法。根据"后法优于前法""特别法优于普通法"的原则，民族自治地方立法变通权的主体统一为该民族自治地方的人民代表大会，民族自治地方的人大常委会和人民政府不具有行使立法变通的权力。相关立法中与立法法不一致的内容应在修订时保持与立法法相统一。有学者认为，应赋予民族自治地方人大常委会制定变通规定的权力，以此降低立法成本，提高效率。① 同时，对此也有相反的声音。认为这些认识固然有一定道理，能够提高民族自治立法进程，提高立法的效率和效益，但是将立法变通权赋予人大常委会的做法并不可取。从宪法和立法法的有关规定上看，我国主要是按照立法事项的重要程度作为划分人民代表大会与人大常委会、中央与地方立法权限的标准。以自治条例和单行条例为表现形式的变通立法是民族自治地方行使自治权的重要权力，涉及基本法律、其他法律及行政法规的变通，事关民族自治地方人民群众的婚姻、家庭、财产甚至生命健康权利，必须慎之又慎。人民代表大会立法因为代表的广泛性、讨论的充分性、程序的严格性，不同的意见和声音能够充分地表达，集思广益，使变通立法更好地代表少数民族的利益，更符合当地的政治、经济和文化特点。因而，民族自治地方立法变通权只能由民族自治地方的人民代表大会行使，不应扩大到人大常委会。立法法第 76 条规定："规定本行政区域特别重大事项的地方性法规，应当由人民代表大会通过。"自治法规与地方性法规有所不同，但因自治法规往往能够变通法律，故对该权力的行使应予认真对待和加以约束和控制。变通立法是对国家法律法规变动后在民族自治地方

---

① 参见陈洪波、王光萍：《当前我国民族立法工作中存在的主要问题、成因及对策研究》，《民族研究》2001 年第 2 期；王允武、田钒平：《关于完善我国民族区域自治地方立法体制的思考》，中南民族大学学报（人文社会科学版）2004 年第 5 期。其主要观点如下：我国现行的民族区域自治立法体制存在着缺陷。只能由民族自治地方人民代表大会制定单行条例，由于立法主体受限制，制约着单行条例的制定过程，立法效率低下，使之不能适应民族自治地方制定单行条例工作的要求。这在客观上要求赋予民族自治地方人民代表大会常务委员会制定单行条例的自治立法权。另外，赋予民族自治地方人民代表大会常务委员会制定单行条例的权力是节约立法成本，提高立法效益的要求，在理论上具有可行性。受人民代表大会会议的限制和议程的限制，也势必增加立法的体制成本，降低制定单行条例的立法效益。所以，为了完善民族区域自治立法体制，提高自治立法的社会效益，应当赋予民族自治地方的人民代表大会常委会制定单行条例的自治立法权。

实施,应当属于该地方的重要事项,需要由当地最高权力机关慎重行使。如果民族自治地方的人大常委会也有制定自治法规的权力,未免进一步扩大了民族自治地方的立法权,从而不适当地形成民族自治地方立法权力过大,容易分散国家统一的立法权。因此,以自治条例和单行条例形式表现的变通立法只能也必须由民族自治地方的人民代表大会行使。

民族自治地方立法的权力主体与一般地方性法规的立法主体有所不同,一般性地方立法主体具有行政区划的层级限制,省、自治区、直辖市的人民代表大会及其常务委员会根据本行政区域的具体情况和实际需要,可以制定地方性法规。较大的市的人民代表大会及其常务委员会可以制定地方性法规,报省、自治区的人民代表人会常务委员会批准后施行。较大的市是指省、自治区的人民政府所在地的市,经济特区所在地的市和经国务院批准的较大的市。而民族自治地方自治立法没有层级限制,自治区、自治州、自治县(旗)的人民代表大会都具有自治立法的权力,都能够通过制定自治条例和单行条例行使法律变通权。

二、变通立法的对象与范围

民族自治地方法律变通的范围是广泛的,具有一定的深度和广度,民法、刑法、诉讼法这些基本法律都属于变通的范围。但这并不表明对任何法律都可以变通,对任何法律的任何条款都可以变通。为了维护国家法制的统一,变通立法也存在着必要的边界和限度,对其对象、范围和内容有所限制。立法法对此以禁止的方式做了明确规定:"自治条例和单行条例可以依照当地民族的特点,对法律和行政法规的规定作出变通规定,但不得违背法律或者行政法规的基本原则,不得对宪法和民族区域自治法的规定以及其他有关法律、行政法规专门就民族自治地方所作的规定作出变通规定。"

第一,宪法规定不能变通。宪法是一个国家法制统一的保障,一切中央立法、地方立法(包括民族自治地方立法)都必须以宪法为最终依据。宪法以法律的形式确认了中国各族人民奋斗的成果,规定了国家的根本制度和根本任务,是国家的根本法,具有最高的法律效力。全国各族人民、一切国家机关和武装力量、各政党和各社会团体、各企业事业组织，都必须以宪法为根本的活动准则，并且负有维护宪法尊严、保证宪法实施的职责。宪法规定了国家政治制度、经济制度和社会制度的基本原则，是统一国家的重要标志和法律保证，变通宪法的内容，就可能危及我国的国体和政体，侵犯公民的基本权利，变通宪法规定，势必破坏我国法制的统一和民族的团结。

第二，法律或者行政法规的基本原则不能变通。法律变通应当遵循法律、行政法规的基本原则。一部法律或行政法规的基本原则是它们的核心内容最集中和精炼的体现，是统帅和指导整个立法的基础和出发点，也是其全部具体规范的基本精神和指导思想。如果变通立法对法律、行政法规的基本原则作出变通，实际上就是对整个法律或行政法规的否定。试想，如果民族自治地方对刑法的罪刑法定原则、刑法适用人人平等的原则作出了变通，那么变通立法的正当性、合法性及可行性也就可想而知了。宪法和立法法对民族自治地方自治立法未作不得同法律、行政法规相抵触的限制，这意味着变通立法可以超越法律、行政法规具体规范的限制，但法律法规的基本原则不能动摇。

第三，民族区域自治法规定不能变通。民族区域自治法是有关民族区域自治的基本法律，是民族自治地方自治立法的主要依据，全面系统地规定了民族自治地方的建立、民族自治机关的组成，规定了包括立法自治权在内的各项自治权。实践证明，坚持实行民族区域自治，必须切实保障民族自治地方根据本地实际情况贯彻执行国家的法律和政策。如果民族自治地方变通民族区域自治法，那么实施民族区域自治最重要的法律基础也就不完整了，意味着对于民族区域自治这项基本政治制度局部否定。这不仅违背了民族区域自治制度的宗旨，也必然导致民族区域自治制度成了无源之水、无本之木。

第四，其他法律、行政法规就民族自治地方所做的规定不能变通。变通立法的客观依据是当地民族特殊的政治、经济和文化特点，如果法律法规的实施能够促进当地少数民族经济、社会和文化事业健康发展，很好地保障少数民族群众的权利和利益，那么这些法律法规就不需要变通。法律、行政法规中关于民族自治地方的规定已经充分考虑到了少数民族的特点和实际情况，因而不宜再进行变通。

立法法规定变通的对象限于法律、行政法规，那么对于地方性法规能否进行变通呢？地方性法规制定的依据是法律、行政法规及（或）本省、自治区上级国家权力机关制定的地方性法规，这些地方性法规也可能存在着不适合民族自治地方的情形，尤其是可能存在着与下辖的自治州、自治县的特殊情况不相符合的规定，因此，对地方性法规存在着变通的必要。从逻辑上推断，既然对法律、行政法规可以变通，对于效力低于法律法规，适用范围也限于特定地方的地方性法规，民族自治地方也具有变通的当然权力。立法法明确规定了法律、行政法规、地方性法规、部门规章与地方政府规章的效力等级及冲突处理规则，但是没有规定地方性法规与自治条例和单行条例的效力等级孰高孰低，也没有规定冲突的解决机制，这也从另一个侧面间接表明，民族自治地方有权对地方性法规进行变通。从民族自治地方的立法实践上看，也存在着对地方性法规的变通。例如，1991 年 7 月四川峨边彝族自治县人大常委会通过了《峨边彝族自治县施行〈四川省土地管理实施办法〉的变通规定》，1993 年 2 月马边彝族自治县人大常委会通过了《马边彝族自治县施行〈四川省计划生育条例〉的补充规定》，2008 年 9 月四川阿坝藏族羌族自治州第十届人民代表大会通过了《阿坝藏族羌族自治州实施〈四川省旅游条例〉的变通规定》。

三、变通立法的提出与审议

由于自治条例和单行条例的表现形式，因此制定自治条例和单行条例的程序也就是进行变通立法的程序。提出自治条例、单行条例案，是自治条例、单行条例制定程序的正式开始和立法起点。立法法对自治条例和单行条例的制定程序比较原则。根据立法法规定，地方性法规案、自治条例和单行条例案的提出、审议和表决程序，根据中华人民共和国地方各级人民代表大会和地方各级人民政府组织法，参照立法法第二章第二节、第三节、第五节的规定，由本级人民代表大会规定。参照的内容即全国人民代表大会、全国人民代表大会常务委员会的立法程序及法律的签署、公布等具体规定。

按照《中华人民共和国地方各级人民代表大会和地方各级人民政府组织法》

的规定，地方各级人民代表大会举行会议的时候，主席团、常务委员会、各专门委员会、本级人民政府，可以向本级人民代表大会提出属于本级人民代表大会职权范围内的议案，由主席团决定提交人民代表大会会议审议，或者并交有关的专门委员会审议、提出报告，再由主席团审议决定提交大会表决。在人民代表大会闭会期间，县级以上的地方各级人民代表大会代表十人以上联名，可以向本级人民代表大会提出属于本级人民代表大会职权范围内的议案，由主席团决定是否列入大会议程，或者先交有关的专门委员会审议，提出是否列入大会议程的意见，再由主席团决定是否列入大会议程。主任会议可以向常务委员会提出法律案，由常务委员会会议审议。本级地方政府、人大各专门委员会、人民法院、人民检察院，可以向常务委员会提出自治条例、单行条例案，由主任会议决定列入常务委员会会议议程，或者先交有关的专门委员会审议、提出报告，再决定列入常务委员会会议议程进行审议。如果主任会议认为自治条例、单行条例案有重大问题需要进一步研究，可以建议提案人修改完善后再向常务委员会提出。

省、自治区、直辖市、自治州、设区的市的人民代表大会常务委员会组成人员五人以上联名，县级的人民代表大会常务委员会组成人员三人以上联名，可以向本级常务委员会提出属于常务委员会职权范围内的议案，由主任会议决定是否提请常务委员会会议审议，或者先交有关的专门委员会审议、提出报告，再决定是否提请常务委员会会议审议。提出自治条例、单行条例案，应当同时提出草案文本及其说明，并提供必要的资料。自治条例、单行条例案的说明应当包括制定该条例的必要性和主要内容。

"在实践中，地方人大及其常委会通过的地方性法规，主要是本级政府提出的，其次是常委会的工作机构提出的，法院、检察院提出的很少"。[①] 在民族自治地方，法院和检察院是适用法律的主体，比其他机构更熟悉和掌握国家法与民族习惯法的冲突与融合的情况，也更了解具体法律条款如何变通以及变通到何种程度才能更好地适应当地特殊的民族和地域特点，因此，应切实加强民族自治地方法院、检察院提出法律变通案的提议工作。

---

① 乔晓阳：《中华人民共和国立法法讲话》，中国民主法制出版社 2008 年版，第 267—268 页。

四、变通立法的批准与备案

批准是指特定的立法主体对其他某一主体制定的规范性文件进行审查而使该规范性文件生效的制度，是特定立法的一个必要环节。我国设置立法变通的批准制度，目的是确保自治条例和单行条例的合宪性以及与相关法律专门规定不相抵触，这就需要事先将该种变通限制在法制统一所许可的范围内。自治区的自治条例和单行条例，报全国人民代表大会常务委员会批准后生效。自治州、自治县的自治条例和单行条例，报省、自治区、直辖市的人民代表大会常务委员会批准后生效。这也是通常所说的"报批"制度。一般地方性法规无须报批，省、自治区和直辖市制定的地方性法规由制定机关通过后，只需报全国人大常委会和国务院备案。适用报批制度，需要上级国家机关批准的有两类立法，较大的市的人民代表大会及其常务委员会制定的地方性法规，报省、自治区的人民代表大会常务委员会批准后施行；制定自治条例和单行条例，无论是哪一级，均须报上级人大常委会批准，即自治区制定的自治条例和单行条例报全国人大常委会批准，自治州、自治县制定的自治条例，报省、自治区、直辖市的人大常委会批准。报批制度有利于保证立法权的适当集中、保证自治权的正当行使和保证立法质量。[①] 从加强对自治立法监督的角度看，由上级权力机关对变通立法进行批准也是极为必要的，是对自治立法的审议和监督，符合立法精神。

有学者在探讨较大的市的地方性法规立法权时指出，"受批准权制约的立法权"是一种不完整的"半立法权"，这种"批准权"是一种立法生效前的控制，与备案和撤销相比是一种更严格的立法控制手段。"批准权"导致较大的市立法周期长、环节多、效率低，有损于较大的市的人大及其常委会的权威。[②]"批准"制度使得较大的市和民族自治地方制定法规的程序过于烦琐和复杂，导致立法周期过长和地方立法工作的滞后。[③] 而更多的学者对自治法规的报批制度

[①] 李步云、汪永清主编：《中国立法的基本理论和制度》，中国法制出版社1998年版，第380—381页。

[②] 宓雪军：《半立法权探讨》，《中国法学》1991年第6期。

[③] 汪全胜：《制度设计与立法公正》，山东人民出版社2005年版，第351页。

提出了质疑。如有学者认为，由于单行条例批准制度的存在，使得民族区域自治地方立法自治权的自主性大打折扣。因此，有必要改变目前单行条例立法权的运行机制，取消对单行条例的批准程序，对之实行备案审查制度，使民族区域自治地方能够独立行使立法自治权。① 这种观点存在着片面性，对此我们不敢苟同。民族自治地方自治立法尤其是变通立法在我国法律体系中处于一个极特殊的位置，变通立法在其效力范围内的民族自治地方具有相当于法律的效力。通俗地说，变通立法就是将法律、行政法规进行有利于当地民族和地区的局部修改、补充后再适用的过程，而法律、行政法规的制定、修改权限分别专属于全国人大及其常委会、国务院，这也就意味着民族自治地方在特定情况下有修改法律、行政法规的权力，而享有这些权力的不仅包括自治区的人民代表大会，还包括自治州、自治县的人大常委会，因而，为了维护国家法律的统一，使变通立法真正体现少数人民群众的利益和意志，必须对变通立法的生效程序进行必要的限制和约束，以更好地保证变通立法的质量。通过批准程序，可以审查变通立法是否确实符合当地的政治、经济和文化特点，是否存在着变通立法的禁止情形等。同时，各个民族自治地方的立法水平还不平衡，尤其是州和县立法质量在目前的情况下还难以保证，还需要保留报批程序。正如有关机关所阐释的那样："宪法和法律赋予了民族自治地方在制定自治条例和单行条例时较地方性法规更多的灵活性、自主性，所以自治条例和单行条例需要经过全国人大常委会或者省级人大常委会批准后实施，而省级地方性法规只需要颁布后就可以实施。授予的权力越大，相应的监督力度也应该越大，这样才能使权力与权力之间保持制约与平衡。"②

备案制度并不能达到批准这样的目的和效果。备案就是存档备查，是在一定的立法主体制定法规范性文件并且生效后报经特别主体存档备查的制度。批准与备案"适用情形及效果不一样，批准是法规生效前的一种必经程序，属事前监督，法规不经批准不得生效；而备案视登记备查，只是事后监督，它不影

---

① 吉雅、程建：《新时期自治县（旗）单行条例的发展与完善》，《内蒙古大学学报（哲学社会科学版）》2008 年第 6 期。

② 吴高盛主编：《立法法条文释义》，人民法院出版社 2000 年版，第 118 页。

响法规的生效"。① 备案的目的是为了接受备案的机关全面了解变通立法的情况，加强对立法的监督，便于对自治条例、单行条例变通法律和行政法规的法律文件进行审查。立法法规定，行政法规、地方性法规、自治条例和单行条例、规章应当在公布后的三十日内报有关机关备案，自治州、自治县的人民代表大会制定的自治条例和单行条例，由省、自治区、直辖市的人民代表大会常务委员会报全国人民代表大会常务委员会和国务院备案。自治区制定的自治条例和单行条例因需要经过全国人大常委会批准，这是比备案要严格得多的监督程序，故不需要再报全国人大常委会备案。由于全国人大常委会批准的自治条例和单行条例，其效力相当于法律，因此，也不需要报国务院备案。自治州、自治县制定的自治条例和单行条例因需经省、自治区、直辖市人大常委会批准，故不需再向省、自治区、直辖市人大常委会备案，但需要由省、自治区、直辖市人大常委会报全国人大常委会和国务院备案。

五、变通立法的公布

自治条例和单行条例报经批准后，分别由自治区、自治州、自治县的人民代表大会常务委员会发布公告予以公布。公布是自治条例和单行条例制定程序中的一个法定必经程序。无论是国家机关、社会组织还是公民个人，只有充分了解法律法规的内容，才能更好地遵守和执行。自治区的自治条例和单行条例公布后，及时在本级人民代表大会常务委员会公报和在本行政区域范围内发行的报纸上刊登。在常务委员会公报上刊登的自治条例和单行条例文本为标准文本。立法法只规定了自治区自治条例和单行条例的刊登载体和标准文本，对自治州和自治县自治法规的公布载体没有规定。这主要是因为，自治州、自治县的人大常委会不一定都有常委会公报和本地方报纸，即便有也不一定是公开发行，流通范围有限，不易为公众知晓。因此，难以对自治州和自治县自治条例和单行条例的刊登问题作出统一规定。民族自治地方尤其是农村地区，大多地处偏远，交通不便，通信不发达，人们的文化水平普遍不高。为便于民族自治

---

① 汪全胜：《制度设计与立法公正》，山东人民出版社 2005 年版，第 350 页。

地方群众及时了解和运用自治法规，各自治州、自治县应采取多种形式和渠道进行变通立法的普法宣传，可以通过电视、电台宣传、各级政府网站刊登、制作、发放刊登变通立法的宣传册、将其文本制作成布告在公共场所张贴、在街头巷尾普法等使公民和组织了解变通立法的内容，这不仅便于变通立法在较大范围内为公众熟悉，掌握党的民族政策，加强民族团结教育，也更容易变通立法的执行和监督，有利于该自治法规的实施。

以下是巴音郭勒蒙古族自治州关于自治立法的程序规定，包含了上述所有的立法程序与过程。

巴音郭楞蒙古自治州制定自治条例和单行条例程序的规定

第一条　为规范自治州自治条例和单行条例的制定工作，提高立法质量，推进依法治州，根据《中华人民共和国立法法》的规定，结合自治州实际，制定本规定。

第二条　自治州人民代表大会依照自治州民族的政治、经济和文化的特点，在不违背法律、法规基本原则的前提下，制定自治条例和单行条例，并报自治区人大常委会批准。

第三条　自治州人民代表大会制定颁布的自治条例和单行条例在自治州行政区域内具有法律效力。自治州行政区域内的国家机关、社会团体、企事业单位、其他组织和公民必须遵守和执行。

自治州各级人民代表大会及其常务委员会，应当保证自治州自治条例和单行条例在本行政区域内的遵守和执行。

第四条　自治州人民代表大会主席团可以向自治州人民代表大会提出自治条例和单行条例案，由自治州人民代表大会会议审议。

自治州人民代表大会常务委员会、自治州人民政府、中级人民法院、人民检察院、自治州人民代表大会专门委员会，可以向自治州人民代表大会提出自治条例和单行条例案，由主席团决定列入会议议程。

第五条　一个代表团或者10名以上代表联名，可以向自治州人民代表大会提出自治条例和单行条例案，由主席团决定是否列入会议议程，或者先交法制委员会审议，提出是否列入会议议程的意见，再决定是否列入会议议程。

法制委员会审议自治条例和单行条例案，可以邀请提案人列席会议，发表意见，回答询问。

第六条　向自治州人民代表大会提出的自治条例和单行条例案，在自治州人民代表大会闭会期间，可以先向常务委员会提出，经常务委员会会议依照本规定第十二条规定的程序审议后，决定提请自治州人民代表大会审议。

第七条　常务委员会决定提请自治州人民代表大会会议审议的自治条例和单行条例案，应当在会议举行的一个月前将自治条例和单行条例草案发给代表。

第八条　列入自治州人民代表大会会议议程的自治条例和单行条例案，大会全体会议听取提案人的说明后，由各代表团进行审议。

各代表团审议自治条例和单行条例案时，提案人应当派人听取意见，回答询问。

各代表团审议自治条例和单行条例案时，根据代表团的要求，有关机关、组织应当派人介绍情况。

第九条　列入自治州人民代表大会会议议程的自治条例和单行条例案，由法制委员会根据各代表团的审议意见，对自治条例和单行条例案进行统一审议，向主席团提出审议结果的报告及自治条例和单行条例草案修改稿，对重要的不同意见应当在审议结果报告中予以说明，经主席团会议审议通过后，印发会议。

是否将自治条例和单行条例案提交大会表决由主席团决定。

第十条　列入自治州人民代表大会会议议程的自治条例和单行条例案，必要时，主席团常务主席可以召开各代表团团长会议，就自治条例和单行条例案中的重大问题听取各代表团的审议意见，进行讨论，并将讨论的情况和意见向主席团报告。

第十一条　列入自治州人民代表大会会议议程的自治条例和单行条例案，在交付表决前，提案人要求撤回的，应当说明理由，经主席团同意，并向大会报告，对该自治条例和单行条例案的审议即行终止。

第十二条　决定提请自治州人民代表大会审议的自治条例和单行条例案，在自治州人民代表大会闭会期间，应当经两次常务委员会会议审议后，再提交人民代表大会会议审议；部分修改的自治条例和单行条例案，各方面意见比较一致的，也可以经一次常务委员会会议审议后，提交人民代表大会会议审议。

常务委员会会议第一次审议自治条例和单行条例案，在全体会议上听取提案人的说明，由分组会议进行初步审议。

常务委员会会议第二次审议自治条例和单行条例案，在全体会议上听取法制委员会关于自治条例和单行条例草案审议结果的报告，由分组会议对自治条例和单行条例草案修改稿进行审议。

第十三条　常务委员会分组会议审议自治条例和单行条例案时，提案人应当派人听取意见，回答询问。

常务委员会分组会议审议自治条例和单行条例案时，根据小组的要求，有关机关、组织应当派人介绍情况。

第十四条　列入常务委员会会议议程的自治条例和单行条例案，除特殊情况外，应当在会议举行的十日前将自治条例和单行条例草案发给常务委员会组成人员。

第十五条　凡是提请常务委员会审议的自治条例和单行条例案，先由常务委员会有关工作委员会进行审查，向主任会议提出审查意见的报告。

由常务委员会主任会议决定是否列入会议议程。主任会议决定不列入常务委员会会议议程的，应交回常务委员会有关工作委员会或者原提案机关继续研究修改，或者建议原提案机关撤回提案作其他处理。

第十六条　列入常务委员会会议议程的自治条例和单行条例案，应当听取各方面的意见。听取意见可以采取座谈会、论证会、听证会等形式。

常务委员会工作机构，应当将自治条例和单行条例草案发送有关机关、组织和专家征求意见。

对重要的自治条例和单行条例案，经主任会议决定，可以将自治条例和单行条例草案向社会公布征求意见。各机关、组织和公民提出的意见送常务委员会工作机构，工作机构将意见整理后根据需要，印发常务委员会会议。

第十七条　列入自治州人民代表大会及其常务委员会审议的自治条例和单行条例案，因各方面对制定该自治条例和单行条例案的必要性、可行性等重大问题存在较大意见分歧搁置审议满两年的，或者因暂不付表决经过两年没有再次列入会议议程的，由主任会议向常务委员会报告，该自治条例和单行条例案终止审议。

第十八条　自治条例和单行条例草案经常务委员会两次审议，决定提请人民代表大会审议的，由常务委员会或者法制委员会向大会全体会议作说明。

自治条例和单行条例草案修改稿经各代表团审议，由法制委员会根据各代表团的审议意见进行修改，提出自治条例和单行条例草案表决稿，由主席团提请大会全体会议表决，由全体代表的过半数通过，并报自治区人民代表大会常务委员会批准后生效。

第十九条　报经批准的自治州自治条例和单行条例由自治州人民代表大会常务委员会发布公告予以公布。

常务委员会发布的自治条例和单行条例的公告文本为标准文本。

公布自治州自治条例和单行条例一律同时使用蒙、汉、维三种文字。

自治州自治条例和单行条例公布后，及时在本州报纸上刊登。

第二十条　已公布施行的自治条例和单行条例需要修改或者废止的，由原提案单位提出修改、废止案，或者由常务委员会有关工作机构向主任会议提出建议，由主任会议提出修改、废止案；自治条例和单行条例的修改、废止案经常务委员会审议后，提交人民代表大会会议审议决定修改、废止，并报自治区人大常委会批准后生效。

第二十一条　已公布实施的自治州自治条例和单行条例的规定需要进一步明确具体含义的，或者自治条例和单行条例公布后出现的新情况需明确适用自治条例和单行条例的，由自治州人大常委会解释；具体应用中的问题，分别由自治州人民政府、中级人民法院、人民检察院解释，并报自治州人大常委会备案。

第二十二条　本规定自 2009 年 8 月 1 日起施行。

第四节　民族自治地方立法变通与经济特区立法变通比较

立法变通权是我国法律赋予民族自治地方和经济特区特有的权力。在立法法公布实施以前，我国宪法、民族区域自治法以及有关授予经济特区授权立法权的专门决定，对于民族自治地方和经济特区立法变通权的权限范围均未作出规定。①《中华人民共和国立法法》是规范我国立法活动，健全国家立法制度的"立法基本法"。法律、行政法规、地方性法规、自治条例和单行条例的制定、修改和废止适用立法法，国务院部门规章和地方政府规章的制定、修改和废止，依照立法法的有关规定执行。立法法对民族自治区域自治地方变通立法和经济特区变通立法都做了明确规定。法律变通是我国法律制度中极具特色的制度。民族自治地方变通立法与经济特区变通立法最主要的共同点在于，在特定事项和特定范围内，可以突破国家统一立法的规定。因为"我国地域广阔而发展极不平衡，法律适用的对象、情境的差异甚大，法律的普遍性和统一性始终面临着各种差异性要求的挑战"，② 因此，无论是基于民族区域自治制度的民族自治地方变通立法还是由于改革开放以来作为经济发展助推剂与保障的经济特区变通立法，都在我国特定的地方发挥着不可或缺的作用和功能，在我国法律体系中具有特殊的地位。经济特区是改革开放的旗帜和风向标，只有坚持推进改革开放，国家才有光明前途。民族区域自治制度作为我国的一项基本民族政策和基本政治制度，也必将长期存在和不断发展完善。因而，变通立法在我国政治、经济和社会生活中仍然具有巨大的空间和长久的生命力。

一、经济特区变通立法

作为改革的突破口、试验田和开放的窗口，经济特区在中国的改革开放史上书写了浓墨重彩的一笔。1979 年 7 月，党中央决定在深圳、珠海、汕头、厦门建立出口特区，后改名为内涵更丰富的"经济特区"；1980 年 8 月 26 日，五届全国人大第十五次会议宣布中国创办了经济特区。1988 年 4 月，第七届全国人民代表大会第一次会议通过决议，批准海南岛为海南经济特区。1980

---

① 宋方青：《突破与规制：中国立法变通权探讨》，《厦门大学学报（哲学社会科学版）》2004 年第 1 期。

② 顾培东：《能动司法若干问题研究》，《中国法学》2010 年第 4 期。

年以来，我国已先后建立深圳、珠海、汕头、厦门和海南5个经济特区。经济特区实行特殊的经济政策，灵活的经济措施和特殊的经济管理体制。三十多年来，经济特区为中国的改革开放、经济发展和社会进步，作出了重大贡献。

市场经济是法制经济，市场经济中的各种经济关系需要通过法律加以确认和保障，国家通过法律手段可以使经济活动和经济管理规范化，形成统一、开放、竞争、有序的市场。作为改革开放的前沿，经济特区需要采取更加灵活的措施进行探索和实践。为了保证经济特区在法制轨道中健康快速发展，全国人大及其常委会先后通过了一系列授权经济特区制定地方性法规和政府规章的权力。1981年11月26日，第五届全国人大常委会作出《关于授权广东省、福建省人大及其常委会制定所属经济特区的各项单行经济法规的决议》，授权两省人大及其常委会根据有关法律、法令、政策规定的原则，按照各该省经济特区的具体情况和实际需要，制定各项单行经济法规，并报全国人大常委会和国务院备案。1988年4月，第七届全国人大一次会议通过《关于建立海南经济特区的决议》，授权海南省人大及其常委会制定法规在海南经济特区实施的决议。1992年7月1日，全国人大常委会通过《关于深圳市人大及其常委会和深圳市人民政府分别制定法规和规章在深圳经济特区实施的决定》，1994年八届人大二次会议通过《关于授权厦门市人大及其常委会和厦门市人民政府分别制定法规和规章在厦门经济特区实施的决定》，1996年3月，八届全国人大四次会议通过《关于授予汕头市和珠海市人大及其常委会、人民政府分别制定法规和规章在各自的经济特区实施的决定》，分别授权深圳市、厦门市、汕头市和珠海市人大及其常委会根据具体情况和实际需要，遵循宪法的规定以及法律和行政法规的基本原则，制定法规，在深圳、厦门、汕头和珠海经济特区实施，并报全国人大常委会、国务院和各所在省人大常委会备案；授权深圳市、厦门市、汕头市和珠海市人民政府制定规章并在深圳、厦门、汕头和珠海经济特区组织实施。上述全国人大及其常委会对各经济特区的立法授权都发生于2000年立法法颁布实施之前。立法法第72条规定："省、自治区、直辖市的人民代表大会及其常务委员会根据本行政区域的具体情况和实际需要，在不同宪法、法律、行政法规相抵触的前提下，可以制定地方性法规。设区的市的人民代表大会及其常务委员会根据本市的具体情况和实际需要，在不同宪法、法律、行政法规和本省、自治区的地方性法规相抵触的前提下，可以对城乡建设与管理、环境保护、历史文化保护等方面的事项制定地方性法规，法律对设区的市制定地方性法规的事项另有规定的，从其规定。设区的市的地方性法规须报省、自治区的人民代表大会常务委员会批准后施行。省、自治区的人民代表大会常务委员会对报请批准的地方性法规，应当对其合法性进行审查，同宪法、法律、行政法规和本省、自治区的地方性法规不抵触的，应当在四个月内予以批准。省、自治区的人民代表大会常务委员会在对报请批准的设区的市的地方性法规进行审查时，发现其同本省、自治区的人民政府的规章相抵触的，应当作出处理决定。"根据立法法的规定，经济特区所在地的市作为设区的市，享有一般性地方立法权，是一种常规性的职权立法。经济特区制定的地方性法规不得同宪法、法律、行政法规和本省、自治区的地方性法规相抵触，须报经报省、自治区的人民代表大会常务委员会批准后施行。

立法法第74条规定："经济特区所在地的省、市的人民代表大会及其常务委员会根据全国人民代表大会的授权决定，制定法规，在经济特区范围内实施。"第90条第2款规定："经济特区法规根据授权对法律、行政法规、地方性法规作变通规定的，在本经济特区适用经济特区法规的规定。"这就意味着，经济特区除享有一般性地方立法权外，还可以根据国家最高立法机关的授权，结合本地区的实际情况，进行授权范围内的立法，享有立法变通权。经济特区的授权立法只要不违背法律法规的基本原则，可以突破、超越法律的规定，不受"不相抵触"原则的严格限制。

二、经济特区立法变通与民族自治地方立法变通的区别

无论是经济特区立法变通还是民族自治地方的立法变通，相对于单一制国家的中央立法来讲，都属于地方立法的范畴，是我国地方立法体制中的重要组成部分。在维护国家法制统一的前提下，允许经济特区和民族自治地方根据各自经济社会发展的特点，享有一定的立法变通权，最终都是为了更好地发展。经济特区立法变通权与民族自治地方的立法变通权，是我国立法体制独具特色的两种情形，二者既有一定的联系，又存在着较大的差别。

（一）客观依据不同

我国幅员辽阔，民族众多，各地经济社会发展不平衡，一些少数民族地区经济发展水平还很落后。考虑到少数民族的政治、经济和文化特点，尊重其长久保持下来的生产生活习俗与习惯，为了使国家法律更好地在少数民族地区实施，在法制统一的原则下，允许民族自治地方适当地变通法律法规，能够加速民族自治地方经济、社会和文化的发展，建设团结、繁荣的民族自治地方，使少数民族与汉族共同繁荣发展，共同团结进步。经济特区是我国改革开放初期，探寻不拘一格、快速发展我国经济模式和出路的新生事物。作为经济发展的试验田，出现了许多亟待解决的新问题。经济特区所在省的人大及其常委会的相关立法不足以满足经济特区发展的需要。特区的经济发展需要特事特办，新事新办，在立法方面也要打破常规，灵活变通，经济特区改革开放的实践需要立法权，需要与经济特区在改革开放中的地位、作用相适应的特殊立法权，为了满足经济特区这一需求，最高立法机关授权经济特区对法律行政法规和地方性法规进行变通，正是出于经济特区快速发展的现实需求。

（二）法律性质不同

经济特区的立法变通属于授权立法，经济特区的立法权来源于全国人大及其常务委员会的特别授权。无授权则无立法变通权。授权立法所产生的立法权具有暂时性、有条件性等特点，因而，授权立法权的行使具有被动性和不确定性，它以授权决定的有效为行使前提及存续期间。民族自治地方的立法变通权源于宪法及其相关基本法律的规定，属于常规的、稳定的职权立法。相对于授权立法权，职权立法权是一种法定的立法权，具有连续性和稳定性，非经法定程序修改，立法主体持续地享有该项立法权。而且，职权立法可以根据法定权限及法定程序主动行使，不受其他条件的限制。作为职权立法的民族自治地方的立法变通权较之经济特区的立法变通权在行使上更为主动、灵活，也更为稳定和长久。民族自治地方的立法变通权作为民族区域自治制度组成部分是我国作为多民族国家解决民族问题的"自治制度"安排。与此同时，这一制度安排又维护了单一制国家的统一，使国家利益与少数民族利益合理平衡。而政治制度通常由一国的法律尤其是宪法来反映和确认的，受法律强制力的保护。我国的民族区域自治作为政治制度，是由宪法和民族区域自治法加以确认的，是制度化和法制化的形态。因而，民族区域自治地方的自治权亦通过宪法和民族区域自治法加以规定，作为自治权之一的民族自治地方立法变通权具有职权立法权的属性。它将是民族自治地方长期享有的、稳定的地方立法权。民族自治地方变通立法是国家基于民族区域自治制度赋予民族自治地方人民代表大会的一种附加于地方国家机关职权基础上的特殊权力，是一种职权立法。而经济特区立法则是"以授权的方式解决改革中的立法之急"，"就一时难以制定法律的情况，全国人大及其常委会采取了授权立法的形式，授权国务院或者经济特区，在经济体制改革和对外开放方面，制定行政法规、地方性法规和政府规章，以解决立法之急需"。①

（三）立法主体不同

立法法明确规定享有经济特区立法变通权的立法主体为经济特区所在地的省、市的人民代表大会及其常务委员会。经济特区立法变通权享有的主体较之民族自治地方范围较大，根据授权决定，经济特区的人民代表大会、人大常委会都有权进行立法变通，而民族自治地方立法变通权的主体是特定的，只有民族自治地方的人民代表大会享有立法变通权，民族自治地方的人大常委会不享有立法变通权。尽管立法法实施前的多部法律也授权民族自治地方的人大常委会制定变通规定，但是按照"新法优于旧法"的原则，应以立法法的规定为准，这些授权变通条款应以立法法和民族区域自治法为依据，及时作出法律清理，使不同的法律条款协调、统一。

（四）立法权限和范围不同

经济特区立法变通权行使的目的在于以立法促进改革开放及市场经济在经济特区的试验与示范，其立法权限由授权决定作出规定，其必须在授权决定授予的立法权限的范围内立法，其变通立法的主要范围是有关经济、贸易、商事方面的法律法规，一般不涉及民事、刑事及程序法等基本法律的变通。授权立

---

① 刘松山：《国家立法三十年的回顾与展望》，《中国法学》2009 年第 1 期。

法的重点是经济立法，在经济立法方面利用自身的优势开拓创新。虽然经济特区授权立法必然会涉及某些行政管理问题，必然会联系某些行政体制改革的问题，但是我们必须注意到，中国经济特区并不是政治特区，经济特区不能就政治改革进行立法，因此，举凡与经济体制改革、扩大开放有关的一些政治制度方面的事项，经济特区授权立法必须十分谨慎，不得突破上位法的规定。① 民族自治地方的立法变通权具有更大的自主性，变通的范围包括政治、经济和文化的各个方面，对婚姻家庭法、民商法、刑法、诉讼法等部门法都有变通权。

(五) 立法程序不同

经济特区行使立法变通权形成的法律文件可以直接报全国人大常委会及国务院备案，无须经过批准程序。在立法阶段上，需要经过法规草案的提出、审议、通过、公布四个阶段。民族自治地方行使立法变通权所形成的法律文件由全国人大常委会或省、自治区人大常委会批准，经批准后方能生效，自治州和自治县制定的包括变通规定的自治条例和单行条例并报全国人大常委会及国务院备案。民族自治地方立法变通需要经过法规草案的提出、审议、通过、批准、公布五个阶段。民族自治地方的立法变通远比经济特区的立法变通程序要严格。

---

① 宋方青：《突破与规制：中国立法变通权探讨》，《厦门大学学报（哲学社会科学版）》2004 年第 1 期。

第三章　民族自治地方法律变通的价值与基础

关于处理民族问题的一般原则，列宁曾说道：要查明、弄清、找到、揣摩出和把握民族的特点和特征。在运用一些基本原则时，要把这些原则在细节上正确地加以改变，使之正确地适应和运用于民族的和民族国家的差别。① 法律变通就是列宁这一理论的生动体现。现行宪法和民族区域自治法对变通立法做了原则规定，立法法明确规定了自治条例和单行条例可以依照当地民族的特点，对法律和行政法规的规定作出变通规定。刑法、民法通则、民事诉讼法、婚姻法等多部法律规定了变通立法的授权条款。我国初步建立起了较为完备的民族法律法规体系，其中变通补充规定对于少数民族地区的特殊情况"拾遗补缺"，起到了沟通国家法的统一性、普遍性与少数民族政治、经济和文化特点的多样性与特殊性之间的桥梁和纽带作用，是统一的多民族国家实现社会治理的有效手段。

第一节　法律变通的价值蕴含

一、法律变通是对少数民族人权的特殊保护

法律变通对保障少数民族的人权具有不容忽视的作用。人权是一个有

---

① 列宁：《列宁选集》第 4 卷，人民出版社 1995 年版，第 200 页。

着多重含义的概念，但对于人权具有双重属性这一论断人们已经达成基本共识——即人权具有普遍性和特殊性。一方面，人权是人作为人应当享有的自然的权利，即人之所以为人所应当享有的基本权利和自由；另一方面考虑到人的差异性，人权是存在于特定社会关系中的，有其特殊性，是被一定的社会意识、社会规范和社会条件所能给予和认可的人的权利和自由。鉴于人权的双重属性，少数民族所享有的人权相比其他民族自然就有其特殊性，即一方面作为具有普遍特征的人，少数民族与其他民族人民享有同等的普遍的人权，具体体现在宪法和其他法律法规所规定的一国国内公民所普遍享有的无差别且不受歧视的待遇的权利；另一方面考虑到少数民族相对于其他民族所特有的宗教信仰、风俗习惯、社会发展状况，少数民族人民与主体民族相比又享有特殊的人权。对于特定文化背景和历史传统的少数民族而言，仅仅保护普遍性个体权利是远远不够的。"在许多国家日益为人所接受的是，有些文化差异形式只能通过超出一般性公民身份权力的特殊法律或宪法措施来予以包容。只有当一些群体的成员拥有特定的因群体而不同的权利时，某些群体差别形式才能够得以包容。"[①] 美国著名政治哲学家罗尔斯坚信确立正义原则的前提条件是，任何人都不应当因为先天禀赋或后天社会背景的关系而在社会基本权利义务分配时得益或受损。罗尔斯的正义原则和理念落实到制度建设层面上，可以细分为立宪制度的正义与经济社会资源分配的正义两部分。他认为，在所有的正义安排中，首要的考虑是创立一种正义而有效的立宪制度，宪法必须能够提高社会所有成员参与政治的平等权利，必须确保一种参与影响政治过程的公平机会。[②] 法律变通恰恰是为了保护少数民族的特殊权利，基于民族区域自治这一基本政治制度的立宪安排。"在普遍人权中加入少数人权利的主要目的是创造一些条件，在这些条件下，少数人成员在共同领域内享受平等的同时，如果他们愿意，且不背离一般的、普遍的人权，还可以保持、再生产和发展其

---

① [加拿大] 威尔·金里卡：《多元文化公民权：一种关于少数族群权利的自由主义理论》，杨立峰译，上海世纪出版集团2009年版，第34页。

② 齐延平：《论社会基本制度的正义——对罗尔斯正义理论的讨论》，《北方法学》2007年第4期。

作为少数群体的成员的个性"，①"特定的少数人规则是对普遍的个人人权的补充"。②

要实现少数民族人民普遍的和特殊的人权，必须考虑到少数民族地区发展的实际，赋予其一定的自治权和灵活性，法律变通制度就是这种自治权和灵活性的具体体现。允许民族自治地方在遵守宪法和法律原则、维护国家统一的前提下，结合本民族实际情况，对法律法规等进行变通补充，使其适合民族和民族地方实际，既是少数民族人民充分行使立法自治权，维护本民族本地方的切身利益，促进少数民族地区社会发展的切实需要，又是少数民族人民切实实现人权、维护自身利益的制度保障，是我国政府切实尊重和保障人权的生动写照。

二、法律变通是民族平等权的有效保障

变通的法理基础在于法律是平等的，平等包含形式意义上的平等和实质意义上的平等。形式意义上平等主要强调机会的平等，凡属法律调整范围内的公民都有机会进行某种活动，即国家的法律、法规、政策要给予不同民族的人以同等的保护。因此，如果追求形式平等，就应当在全国范围内执行统一的法律制度，不能进行变通。③ 形式平等更加注重法律的统一性。"统一性是法律的一个重要属性；'法律面前人人平等'更是法治理论中最为经典的原则。毫无疑问，中国实行法治也必然包含着对法律统一性以及法律面前人人平等这一原则的承认与维护。但在另一方面，中国区域发展极不平衡以及社会群体高度分化的现实则对法律这一属性的体现以及法治这一原则的贯彻形成了很大的影响。首先，在立法层面上，有限的法律条文以及立法技术难以涵盖不同地区经济、文化以及社会各方面发展的重大

---

① ［瑞典］格德门德尔·阿尔弗雷德松、［挪］阿斯布佐恩·艾德：《世界人权宣言：努力实现的共同目标》，中国人权研究会组织翻译，四川人民出版社 1999 年版，第 742 页。

② 阿斯比约恩·艾德：《序言》，载周勇：《少数人权利的法理》，社会科学文献出版社 2002 年版，第 3 页。

③ 张文山：《自治权理论与自治条例研究》，法律出版社 2005 年版，第 131 页。

差异，也难以反映和顾及各主体均有一定合理性的社会诉求。表面上公平、公正的权利义务配置方式，由于地区发展差异和主体境况的不同，所产生的实际效果则可能既不公平、也不公正。"① 尽管在改革开放和国家现代化建设过程中，国家和民族自治地方已采取多种措施，推进少数民族地区经济和社会的发展，但是，由于受历史基础和地理条件等诸多因素的制约和影响，少数民族分布较集中的西部地区，经济和社会发展水平较东部发达地区还不高，特别是一些偏远地区，还比较落后。不同民族在历史传统、文化上都有着重大差异，要真正实现平等，必须针对少数民族的具体特点，予以特别的保护和帮助，这是在更高层面上实现民族平等的要求。因而，民族平等更多的应该是一种实质意义上的平等，主要是指获利的平等，即少数民族公民与汉族公民所实际享受的法律权利平等。在公平正义原则下，承认事实上的差异，尊重和确认这种差别，是实质平等的体现，是对少数民族的一种保护。因此，承认少数民族人民享有自主、平等、发展的权利，对其独特性和差异性权利给予特别保护，使之采取变通立法的方式针对不适合本民族自治地方的法律法规作出适当改变，不是法律适用性质上的改变，不会导致对法律的违反，更不会对法律严肃性造成破坏，相反是民族立法中原则性和灵活性的具体体现，使国家法律在民族自治地方更好地发挥维护少数民族利益的作用，是实现少数民族实质平等的强大制度保障。"不论是制定新的规则还是认可或改造习俗规则，都应当坚持一个基本的立场，即通过法律变通权将民族关系问题纳入法治轨道，为各民族之间的交往提供一个正当有效的制度平台和维护机制，推动各民族之间平等、团结、互助、和谐局面的形成和发展，进而为具有不同民族身份的公民平等实现其法律权利营造良好的政治、经济、文化和社会环境。这是宪法、民族区域自治法和立法法赋予民族自治地方法律变通权的根本目的之所在。"②

---

① 顾培东：《也论中国法学向何处去》，《中国法学》2009年第1期。

② 田钒平：《民族自治地方法律变通的价值辨正、路径选择与判准甄别——以多民族背景与公民权利的平等维护为分析视角》，《西南民族大学学报（人文社会科学版）》2012年第12期。

三、法律变通能够巩固民族认同基础上的国家认同

民族国家是一种关于身份建构、地缘政治、民族认同及其文化单元的普遍主义的法律结构。现代民族国家就是一个法律共同体。① 多民族国家社会整合的目标和出发点应该是求同存异，在承认差异、尊重差异的基础上，创造一种具有更大包容性的制度空间，使各个民族都可以在不损害他族生存和利益的前提下保持和发展自己的文化和生活方式，并且在保持传统的族裔和文化认同的基础上创造一种新的、更高层次的、具有更大包容性的政治认同。② 多样性是各民族文化认同的基础，同一性是中华民族文化认同的基础。我们既要保护文化多样性，同时也要增强同一性或共同性，以增强中华民族凝聚力，加强国家的认同。少数民族的自我认同是自然的内在需求，认同意味着对于本民族的荣誉感、意味着对于本民族价值观的接受和特定的行为规则的内化。"无论何人，个人身份认同部分地源于其属民族的特殊性。民族的特殊性又是个体个性的一种保证。"③ 从认同的特点来看，民族认同先于国家认同，是国家认同的基础和前提；另外，国家认同认可保护民族认同。民族的价值追求或归宿一定是国家，国家以民族为基础，民族以国家为存在形式，获得了国家形式的民族才具有了现代意义。④ 国家认同则是民族国家形成的基本条件。中国的各个民族在形成并保持着国家认同的同时，又保持着对本民族深厚的认同。这样的民族认同，是民族成员对自己与所属民族的同一性关系的认定或确认，是民族成员与民族群体之间的一种心理过程。⑤ 威尔·金里卡指出："除非对少数群体权利加以补充和制约，否则国家式民族国家就可能是压迫性的、不公正的。另一

---

① 许章润：《论现代民族国家是一个法律共同体》，载《历史法学》第 1 卷，法律出版社 2008 年版，第 25 页。

② 王建娥：《族际政治民主化：多民族国家建设和谐社会的重要课题》，《民族研究》2006 年第 5 期。

③ [法] 吉尔·德拉诺瓦：《民族语民族主义》，郑文彬、洪晖译，生活·读书·新知三联书店 2005 年版，28 页。

④ 贺金瑞、燕继荣：《论从民族认同到国家认同》，《中央民族大学学报（哲学社会科学版）》2008 年第 3 期。

⑤ 周平：《论中国的国家认同建设》，《学术探索》2009 年第 6 期。

方面，如果这些少数群体权利到位，则国家式的民族国家构建政策就能发挥一些合法而又重要的功能。"①多民族国家在建构现代民族国家中所面临的最主要任务，就是怎样做到既能尊重少数民族血缘纽带的历史性同时又能构建起少数民族与其他民族以及国家之间的法律纽带，在尊重并保护少数民族特殊的民族感情的基础上，建构起各少数民族对统一多民族国家的高度自觉认同。民族自治地方通过变通国家法律法规的方式，将少数民族在长期历史发展过程中形成的习惯规则确立下来，这种法律不再是异己的、陌生的、望而生怯的存在，而是他们熟悉的、自愿接受的存在，其中凝结了民族的历史、情感和价值追求。这样的变通立法能够培养少数民族公民自觉地、积极地守法精神，将异己的法律内化为内生性的信仰，从而强化他们的民族认同，累积政治国家合法性的基础。而"合法性意味着，对于某种要求作为正确的和公正的存在物而被认可的政治秩序来说，有着一些好的根据。一个合法的秩序应该得到承认的价值——这个定义强调了合法性乃是某种可争论的有效性要求，统治秩序的稳定性也依赖于自身在事实上的被承认"。② 在此，政治合法性与法律合法性得以统一和协调。民族法律变通是我国基于民族问题的现实状况而采取的特殊形式的制度安排，是对少数民族的独特性和差异性的切实承认，是对少数民族认同和尊严感的切实尊重，它关系到国内民族政治关系的协调和少数民族对国家的政治忠诚，其最终的政治目的是实现少数民族自治之上的国家认同。"但在一般情况下，普通成员的族群认同与权力和秩序无关，以共享的记忆、共同的文化习俗为基础，族群认同更多影响的是私人生活方式；而在理论上，个人对于其私人生活空间拥有相当程度的自主权。也就是说，族群成员往往能够自由地决定是否以及在多大程度上遵从族群的文化习俗。可见，国家认同意味着公民必须接受国家既定的法规，而族群认同则不然。"③"我国的民族自治地方法律变通权正是为此宏大政治目的而设计的，实践也证明该制度作用甚大，和缓了国家法律制度在下渗中不可避免出现的张力，渐进性地完成制度层面的国家认

---

① ［加拿大］威尔·金里卡：《少数的权利：民族主义、多元文化主义和公民》，邓红风译，上海世纪出版集团 2005 年版，第 3 页。

② ［德］哈贝马斯：《交往与社会进化》，张博树译，重庆出版社 1989 年版，第 184 页。

③ 钱雪梅：《从认同的基本特性看族群认同与国家认同的关系》，《民族研究》2006 年第 6 期。

同。"①"政治价值系统是一整套逻辑上相联系的价值观和信念，它提供一套认知系统以及象征符号体系，从而唤起民众'对统治者合法性的信仰'，即培养观众对国家政治体系的认同心理"，②"当个人深信习俗、规则和法律是正当的时候，他们也会服从于它们"。③

变通立法是民族精神的具体体现，是少数民族群众价值的规范载体，反映了少数民族的文化皈依，促进了少数民族群众的法律信仰。而对于这些特定时空的规则的认可则进一步加强了民族认同以及对于民族国家的政治忠诚，奠定了民族国家政治合法性的坚实基础，增强了中华民族多元一体的凝聚力和向心力。

四、法律变通有利于我国法治进程的总体推进

法治是政治文明发展到一定历史阶段的标志，凝结着人类智慧，为各国人民所向往和追求。中国人民为争取民主、自由、平等，建设法治国家，进行了长期不懈的奋斗，深知法治的意义与价值，倍加珍惜自己的法治建设成果。一国的法治总是由一国的国情和社会制度决定并与其相适应。依法治国，建设社会主义法治国家，是中国人民的主张、理念，也是中国人民的实践。法治的完善在很大程度上标志着政治的成熟，随着法治化进程的加快，我国政治会更加趋于平稳理性地向前发展。法治是一种通过"法"来达到"治"的治国方式，它包含着万世太平、国泰民安的理想。巩固和发展平等、团结、互助、和谐的社会主义民族关系，使各族人民和睦相处、和衷共济、和谐发展，需要国家立法和自治地方变通立法的共同推进。

民族地区的法治建设对于我国现代民族国家的建构、多民族国家的社会整合直至法治国家目标的实现具有举足轻重的作用。近年来国家制定法也以前所未有的强力向民族地区推进，但是在某种程度上国家制定法由于法律自身的局

---

① 刘沂江、邓少旭：《二维视域下的民族自治地方立法变通权》，《贵州社会科学》2006 年第 5 期。

② 金太军、姚虎：《国家认同：全球化视野下的结构性分析》，《中国社会科学》2014 年第 6 期。

③ 道格拉斯·C.诺斯：《经济史中的结构和变迁》，陈郁、罗华平等译，上海三联书店 1991 年版，第 12 页。

限性与少数民族地区的特殊社会现实的原因而在民族地区缺乏一定亲和力和融合性，二者之间客观存在一种张力和博弈，表现出一定冲突。如何让国家制定法与具有民族和地方特点的行为规则相互协调，共荣共生，相互促进，是影响民族地区的法制建设进而影响着中国的法治建设的一个关键因素，这就要求在制定法律时充分考虑民族地区发展的特殊情况，为少数民族习惯法进入国家制定法预留一定的制度空间，实现国家制定法与民族习惯法之间的对接和融合。宪法、民族区域自治法、立法法以及其他法律赋予民族自治地方的立法变通权就为民族自治地方的习惯法制度化地进入国家制定法系统提供了制度上的支持，推进了民族地区法律发展的稳定性与变化性之间的相互协调，实现了国家制定法与民族习惯法二者之间的沟通与融合，进而促进了民族地区和全国范围内法治建设的稳步发展，是我国法治国家建设进程中不可或缺的重要组成部分。变通立法是根据自治民族政治、经济和文化特点而对国家法的部分变更和补充，因而会更好地得到少数民族群众的广泛认同和对法律规范的自觉内化，使之知法、信法、守法，最终形成安定有序的法治秩序。1997 年召开的中国共产党第十五次全国代表大会将"依法治国"确立为治国基本方略，将"建设社会主义法治国家"确定为社会主义现代化的重要目标，并提出了到 2010 年形成中国特色社会主义法律体系的重大任务。变通立法是民族自治地方自治立法的重要组成部分，完善法律变通制度，加快变通立法，有助于从总体上推进我国的社会主义法治化进程。

民族区域自治制度是中国处理统一的多民族国家内部民族问题的基本政治制度，是我国社会主义政治文明的重要组成部分。民族区域自治制度与人民代表大会制度、共产党领导的多党合作、政治协商制度一起被列为我国三大政治制度。法律变通制度的有效运用是完善民族区域自治制度的关键环节，而政治制度文明与政治意识文明、政治行为文明是政治文明的主要组成要素和主要形式，是人类社会政治生活的进步状态，它所体现的是社会政治法律制度的发展状况和进步程度。变通立法是民族自治地方行使自治权的一项基本内容，"自治立法的本质就是变通"。①2004 年《中华人民共和国宪法修正案》将"推动

---

① 张文山：《自治权理论与自治条例研究》，法律出版社 2005 年版，第 131 页。

物质文明、政治文明和精神文明协调发展"写进宪法，正式确立了政治文明的价值和地位。完善民族法律变通权是切实完善民族区域自治制度的必经之路，完善法律变通权不仅是我国实质法治实现的积极方式，更是我国政治文明建设的切实体现。

坚持民主原则是民族法律变通在其实践过程中的内在要求。民主原则是现代法治国家立法活动所必须遵循的基本原则，民族自治地方进行法律变通的主要目的即在于结合民族自治地方的民族特点和地区特点，尊重当地民众的首创精神，发挥他们的积极性，化解国家法律与民族自治地方习惯法之间的冲突，进而制定出符合民族自治地方少数民族需求的法律规范。法律变通制度本身内在地蕴含着民主思想性原则，主要体现在以下几个方面：（一）主体广泛性。民族自治地方的人民代表大会代表人民行使法律变通权，权力的真正所有者和行使者是民族自治地方的人民群众。法律变通权的行使具有充分的制度为保障。按照宪法和法律的规定，民族自治地方的人民代表大会常务委员会中应当有实行区域自治的民族的公民担任主任或者副主任；非实行民族区域自治的市、县一般不具有立法权，但自治州、自治县却拥有变通立法的权力，即所有的民族自治地方的人民代表大会都有权依照当地民族的政治、经济和文化的特点，制定自治条例和单行条例，没有一般行政地方的层级限制。（二）内容具有人民性，民族自治地方法律变通的内容是以维护民族区域自治地方少数民族的基本权利为出发和依归，不但实行自治的少数民族的权利可以充分行使自己的权利，而且聚居区内的其他少数民族的权利也能够得到有效保障。选举法规定，有少数民族聚居的地方，每一聚居的少数民族都应有代表参加当地的人民代表大会。因而，法律变通从制度上对自治地方各少数民族的合法权益都予以了充分考量。（三）过程具有民主性。民族自治地方在法律变通实践中必须认真调查民族自治地方政治、经济、文化的发展情况，充分了解和掌握自治民族的价值标准、历史传统、宗教信仰和习惯规则，倾听来自自治民族群众的呼声，拓宽民主立法渠道，健全民族立法民主化机制，真正实现立法民主。

"在一个多民族国家内部，要真正做到'予以同等的关注和尊重'，首先必须在法律上要赋予所有公民不分种族、语言、宗教信仰地平等享有参与政治的权利，这是处理'多数暴政'的一个基础和前提；其次，必须要在权力架构当中设置一个使得少数人拥有集体话语权的机构以制衡乃至否决'多数暴政'的出现"。① 法律变通即是体现这种机能的一个行之有效的民主机制。法律变通是少数民族合理表达利益诉求的集中载体，充分保证了民族区域自治地方人民的政治参与权。经济社会条件的不断发展使得少数民族的利益诉求愈加丰富，这要求有更为合理通畅的表达渠道与之相匹配，以更加准确、及时地将其反映到变通立法中来。作为民族自治地方利益综合载体的公共政策的表现形式是多种多样的，但法律变通是不可或缺且最集中地反映了民族自治地方各民族特殊的政治、经济和文化利益的形式，它与更高的国家政治系统形成一个序列关系，是国家大的政治系统中的子系统，是民族区域自治整体运作的重要基础和有益要素，同时也是民族区域自治地方自治民族和其他少数民族政治参与的重要形式。我国宪法第五条规定，国家维护社会主义法制的统一和尊严。一切法律、行政法规和地方性法规都不得同宪法相抵触。但是，根据立法法的规定，民族自治地方在不违背法律或者行政法规的基本原则的情形下，自治条例和单行条例可以依照当地民族的特点，突破法律和行政法规不适合本民族自治地方的条款，对法律和行政法规的规定作出变通规定，自治条例和单行条例依法对法律、行政法规、地方性法规做变通规定的，在本自治地方适用自治条例和单行条例的规定。法律变通是少数民族群众有效政治参与的必然结果，并以立法的形式确立了他们的利益诉求，而且变通立法具有优先适用的法律效力。因此可以说，法律变通扩大了少数民族的政治参与，促进了民族自治地方的政治发展和政治文明建设。

五、法律变通有助于实现差异性的统一

和谐社会是指社会的各种事物、要素、关系都相互融洽运转协调的社会，但和谐并不代表同质和无差别，也不是没有矛盾和冲突，而是承认差异、尊重差异、包容多样。合而不同，求同存异，异中求和，辨异同，致中和，承认差

---

① 陈建樾：《以制度和法治保护少数民族权利——中国民族区域自治的路径与经验》，《民族研究》2009 年第 4 期。

异性和多样性，在此基础上寻求互补和统一。构建和谐社会，就是要通过有效途径来实现我国社会一致性和多样性的有机统一，多样而又不相互冲突，体谅包容，兼容并蓄。商鞅有云："各当时而立法，因事而制礼。礼法以时而定，制令各顺其宜，兵甲器备各便其用。……治世不一道，便国不必法古。"① 因此，统治者制定政策和法律，应"明世俗之便"，从实际出发，"因世而为之治，度俗而为之法"。② 法律变通因地制宜、因俗而治，符合科学发展观和唯物辩证法。

江泽民曾经精辟地指出："和谐而又不千篇一律，不同而又不相互冲突。和谐以共生共长，不同以相辅相成。和而不同，是社会事物和社会关系发展的一条重要规律，也是人们处世行事应该遵循的准则，是人类各种文明协调发展的真谛。"③国家制定法与民族自治地方变通立法是矛盾的普遍性与特殊性关系，即共性与个性、一般与个别、同和异的关系。国家制定法与变通立法相辅相成、互相配合、互相制约、相互补充，可以更好地建构多元一体、和而不同的民族关系。《中庸》里有句话："万物并育而不相害，道并行而不相悖，小德川流，大德敦化，此天地之所以为大也。"这是将建立在"和而不同"基础上的普遍和谐看作是天地之道的题中应有之义。"中国是多民族的国家，中国的族际政治观秉承了中国传统文化中的'和而不同'精神，千百年来，这种精神对维护国家的统一和完整发挥了积极作用。无论是'异中求和'还是'和而不同'，都力求协调'和'与'不同'之间的相互关系，都认识到了民族平等与和谐对国家政治稳定的重要意义。"④

由于历史渊源、自然地理环境以及社会发展条件的不同和差异，各个少数民族在其生成和发展的历史过程中形成了各具特色的民族传统文化。民族传统文化是一个民族生命中的特质要素和力量之源，因而根深蒂固地包含于民族的价值观念、行为方式、风俗习惯和符号载体中，深刻而又久远地影响和制约着

---

① 《商君书·更法》。

② 《商君书·壹言》。

③ 江泽民：《江泽民在乔治·布什总统图书馆发表演讲》，新体网，2002 年 10 月 25 日，http:// news.xinhuanet.com/newscenter/2002-10/25/content_607461.html。

④ 常士阁：《异中求和：当代族际和谐治理的新理念》，《中国行政管理》2009 年第 7 期。

这个民族成员的思想、观念、习惯和行为，规定和左右着该民族对生计方式的选择，并决定这个民族发生具有自身特色的社会文化变迁。在市场经济迅速发展和现代化进程不断加剧的情况下，中国仍然是一个无法摆脱乡土特征的社会，即便在现代城市、在陌生人社会，大多数中国人依然还主要生活在"乡土中国"。地处偏远、经济欠发达的少数民族地区，不仅富于"地方性"，更极具"民族性"。在中国这样一个幅员辽阔民族众多发展不平衡的国家，注重地方性传统，努力挖掘少数民族习惯法的本土资源，从少数民族社会生活中各种非正式制度中寻找合理的规则与自发的秩序，寻求国家法与少数民族习惯法的良性沟通与互动，对于民族地区建设和谐社会，具有重要意义。各主要民族都具有相对完整的成文化习惯法规则，这些规则在一定程度上凝结和凸显了各民族独特的生存体验和文化品格，是各族人民在长期的社会生活当中逐渐积累、发展和信奉的生活经验与普遍共识。构建和谐社会是一项复杂而艰巨的系统工程。我国法治现代化进程中以西方模式构建的国家强制法，在中国少数民族这个特殊的法治语境中，却有可能因为缺乏对少数民族习惯、传统和现实的关切，而不被少数民族理解、接受和认同，进而影响和制约民族地区和谐社会的建设步伐。变通立法只有更多尊重与考虑少数民族的传统心理和价值情感，合乎民族道德伦理，更多传承优秀的法律文化传统，才能消除与现实社会的隔膜，才能消除人们的排异反应。因而，充分认识少数民族独特的历史传统和社会条件，通过变通立法的方式，尊重少数民族的法律文化，吸收和认同善良的传统习惯，确认少数民族习惯法，保持其独特的个性，有利于加快具有中国特色的法治化进程。

我国过去五十多年来实施的法律变通对于构筑共同民族感情、巩固国家认同、构建现代民族国家起到了积极作用，是一种切实有效的制度安排。它一方面注意到了国家法律的统一性对于现代民族国家的建构的重要意义，另一方面也注意到少数民族的特殊性，通过变通国家法律的形式对少数民族人民特殊的权利和利益给予了特别的保护。法律变通的规定和实践给我国民族区域自治制度的落实和完善提供了有力的工具和广阔的空间，保证了少数民族人民权益的切实实现和机会平等。重视法律变通的价值，加强变通立法的理论研究，完善变通立法，是深入贯彻落实民族区域自治制度，实现民族平等，保证各民族共同团结奋斗、共同繁荣发展的重要途径。

第二节　因俗而治的历史传统

早在公元前 221 年，中国历史上第一个封建王朝秦朝就实现了国家的第一次大统一，建立了秦帝国，随后建立的汉朝进一步发展了统一的局面。秦汉在全国推行郡县制，"法令由一统"，统一了文字、历法、货币和度量衡，促进了各地区各民族的交流，奠定了中国长达两千多年统一的多民族国家在政治、经济、文化等方面的基本格局。此后，历朝历代中央政权，都把建立统一的多民族国家作为最高政治目标。将历代王朝对于政权内部或者其附属政权内部的异族进行因地制宜的措施从"自治"的视角加以考察，具有某种超越概念的意义。民族关系的历史、现状和未来走向，是我们制定民族政策的基本依据。中国古代的边疆治理思想和政策，有很多内容值得关注。历史上民族政策的成败得失，对于我们多民族国家的建设仍有一定的借鉴和启示作用。

一、历代对少数民族的管理制度

（一）秦汉的民族建制

少数民族与中原汉族风俗不同，中央王朝治理边疆的法律因应了这种差异，相应地，中央王朝在制定民族政策和采取的具体措施上也充分考虑到少数民族的特点，制度建构既保证了国家的统一，把少数民族纳入封建王朝的政治体系中，同时又使对少数民族和民族地区的管理行之有效，尽量避免激烈的民族冲突，将矛盾控制在可控而双方又能接受的限度内，即在实现政治统一的前提下，保持少数民族地区原有的社会经济制度和文化形态。中国自古以来就是一个多民族国家，而且是幅员辽阔并基本保持统一的单一制国家，这在世界史上较为罕见的。这一现象的成因是多方面的，但历代中央政权在少数民族聚居区域设置特殊的地方建制——民族区域建制，实行一定程度的民族自治，无疑发挥了重要作用。民族区域建制的发展巩固了秦汉多民族国家的统一和稳定。公元前221年，秦灭六国，建立中国历史上第一个统一的多民族国家。汉继秦兴。秦汉两朝是中华主体民族——汉民族形成和中华统一多民族国家疆域奠基的关键时期。在这一过程中，民族区域建制发挥了重要作用。有学者认为，民族行政区的划分深隐于因俗而治、羁縻怀柔政策背后，"成为统一多民族中国不断整合的制动力量和空间架构，甚至成为向规范政区的一种过渡，对这些地区'因俗而治'体现着王朝政权对其所属居民和区域的统治意志，同时也体现着王朝政权对边疆民族地区的包容与协作的历史进程"。① 为了巩固边疆开拓成果，维护国家的统一和稳定，秦汉两朝在民族问题比较复杂的边疆或边远地区实行和郡县制有别的民族区域建制。秦代的民族区域建制至少有"道"和"属邦"两种，行政地位分别相当于内地的县和郡。汉承秦制，但有发展，其民族区域建制主要有三种类型：一是道。《汉书·地理志》及《后汉书·郡国志》记载，汉代在西南、中南及西北等新开拓或内附农耕少数民族地区先后共设置道三十多个。二是属国（秦属邦改名）。西汉武、昭、宣帝时期（公元前140年—公元前49年），先后北击匈奴，设置7个行政地位相当于郡的属国，用以安置被征服或主动要求内附的匈奴、羌人等游牧少数民族。东汉时期，属国分布区域扩大到东北、西南边疆，如东北的辽东，西南的蜀郡、广汉、犍为等。三是初郡。两汉时期，中央王朝还在新开拓的南方和西南民族地区设置"初郡"，政治上归属汉朝，但不改变原有地方少数民族的生产关系和统治方式。显然，民族区域建制的设置，不但维护了秦汉王朝的稳定，而且也促进了华夏民族与周边少数民族的融合。②

（二）唐以来的羁縻制

中国古代的羁縻政策发端于先秦、秦汉时期，发展完善于唐元，明清时逐渐式微。羁縻即笼络联系和怀柔牵制之意。《史记·司马相如列传》："盖闻

---

① 周竞红：《"因俗而治"行政区：中国历史上"一体"与"多元"的空间互动》，《中央民族大学学报》2006年第5期。

② 苏祖勤：《民族区域建制与中华统一多民族国家》，《人民日报》2007年6月22日。

天子之于夷狄也，其义羁縻勿绝而已。"《索隐》引《汉官仪》解释："羁，马络头也；縻，牛蚓也。《汉官仪》云'马云羁，牛云縻'，言制四夷如牛马之受羁縻。"《后汉书·南蛮西夷列传》中尚书令虞诩独奏曰："自古圣王不臣异俗，非德不能及，威不能加……难率以礼。是故羁縻而绥抚之，服则受而不逆，叛则弃而不追。"《晋书·苻坚载记下》中记载："西戎荒俗，非礼仪之邦。羁縻之道，服而赦之，示以中国之威，道以王化之法，勿极武穷兵，过深残掠。"即对少数民族的治理之道，一则对其示之以威，二是道以王化，与《左转》"德以柔中国，刑以威四夷"有异曲同工之处。《辞海》注曰"笼络使不生异心"。①羁縻制的核心其实就是因俗而治，即在少数民族承认中央王朝统治的前提下，中央王朝允许其进行一定程度的、有限度的自治，保持本民族原有的社会经济制度、文化传统、风俗习惯和宗教信仰。羁縻治策是元代以前的封建王朝应对边疆及其以远地区民族的重要策略。其特点是封建王朝承认边疆及其以远地区与王朝腹地之间存在差别，对其必须施以相对宽松、灵活的方法应对，不能强求形式及策略上的整齐划一，以保证或维系封建王朝对边疆及其以远地区的有效控制。②

　　羁縻制形成了皇权统治下少数民族民族政治制度的二元结构。历代羁縻政策因政治体制的不同和形势的变化，往往也具有不同的表现形式，但万变不离其宗，羁縻制度的价值取向和基本精神是一致的。历代传统羁縻政策可以概括为三个层次：第一，边疆少数民族与中央王朝一定程度的联系，中央王朝对此所采取的措施有贡赐、互市、和亲、通使、朝聘、盟誓等，内容涉及政治、经济、文化等诸方面。第二是以夷治夷，这也是中央王朝对少数民族实行"因俗而治"的核心内容，即间接统治。既包括"不烦华夏之兵，使其同类自相攻击"的乱夷安华的"以夷治夷"，也包括以少数民族原有酋长或当地首领管理其原有部落或部众，以实现少数民族与汉族的同化，并借以逐步实现中央王朝对民族地区的直接有效统治。第三是土流并治或改土归流。历代中央王朝对少数民族采取羁縻政策的最终目的是为了实现更高层次的统治。因此，随着中央王朝

①　《辞海》，上海辞书出版社1979年版，第3860页。

②　方铁：《论羁縻治策向土官土司制度的演变》，《中国边疆史地研究》2011年第2期。

力量的强大和周边少数民族与中原地区联系的加强，"以夷治夷"的土官制向流官制的转变，则是必然之势。①

唐高祖时期制定了"怀柔远人，义在羁縻"的民族政策。据统计，唐王朝先后在东北、北方、西方、西南、南方设置了856个羁縻府州，按地区分别由关内、河北、陇右、剑南、江南、岭南诸道管辖。在设置羁縻府州的民族地区，唐朝"以其首领为都督、刺史，皆得世袭"，保留了原来部落、部族首领酋长的政治地位，不改变原来的政治制度，不触动原有的经济结构。羁縻府州"贡赋版籍多不上户部"，辖区内的居民不直接向国家缴纳赋税，户口不呈送户部，享有高度自治权利。唐代羁縻府州的设置，较好地处理了中央王朝和边疆少数民族的关系，维护了统一多民族国家在少数民族地区的政治统治，羁縻府州的设置进一步巩固了统一多民族国家在民族地区的统治。唐代的羁縻制度上承秦汉的道制和魏晋南北朝的边郡制度，下启元明清时期的土司制度，在中国民族关系史和中国政治制度史上有着重要的作用。②

（三）元明清时期的土官土司制

土官制度是在唐宋时期羁縻州县制的基础上发展而成的，其实质是"以土官治土民"，承认各少数民族的世袭首领地位，给予其官职头衔，以进行间接统治。明清两代的土司制度与元代的土官制度，在完善程度和具体细化方面虽有区别，但其内涵、治理思想和施用范围等大体一致。与羁縻制相比，土官土司制具有以下一些明显的特点：（1）施用范围明确，仅施用于西南边疆及与之情形类似的其他蛮夷地区，对臣属邻邦则另有对策；（2）土官土司制度成本低廉，实现了历朝梦寐以求的"以夷治夷"策略，基本解决了设治地区中下级官吏的来源问题；（3）具有积极进取和注重实效的色彩，体现出元、明、清三朝加强边疆统治与重视开发当地资源的特点；（4）基本上实现了边疆政策的制度化管理，主要表现在将土官土司纳入全国的行政管理系统，以及对土官土司进行规范管理并不断完善等方面。羁縻治策的一个明显弊端是缺少制度化管理；

---

① 彭建英：《中国传统羁縻政策略论》，《西北大学学报》2004年第1期。
② 段红云：《论隋唐时期的民族政策与各民族的大融合》，《云南行政学院学报》2011年第6期。

(5)注重因时制宜与适时改改变。元明清施行土官土司制度均有其针对性，或者说希望通过土官土司制度解决的问题各有不同；(6)重视发展边疆地区的封建教育。①

土官土司制度虽然比羁縻制前进了一大步，但仍存在明显的局限。最主要的问题是：中央政府虽然对土官土司认可和保护，但是由于鞭长莫及，难以对其有效监管。土官土司亦逐渐掌握与朝廷应对的策略，对内残暴统治属民，甚至凭借所掌握的土军分裂割据。土官土司沿用传统的管理方式，客观上保护了落后社会及其旧俗，也使管辖下的土民难以获得国家法制的保护。而王朝与担任各级土司和土官的头人们之间，既有相互利用勾结的一面，又有矛盾冲突和相互排斥的一面，土司和土官之间也常有利害冲突。②为消除土官土司的积弊，清雍正年间在西南一些少数民族地区施行改土归流，即废除土司制度，改行与内地府州县相同的行政管理制度，官员改为朝廷任免选拔流官充任而废除世袭。云南、贵州、广西、四川、广东五省进行了大规模的改土归流，并在这些辖区内设置流官、派军屯戍、修建城池，加强了对这些地区的统治。

（四）蒙藏与回疆、苗疆地区的特别管辖

蒙藏与回疆地区地处边疆，地域辽阔，是蒙古族、藏族、维吾尔族等少数民族的聚居之地。苗疆一般泛指西南三省、两湖、两广等省的少数民族地区。狭义的苗疆仅指贵州东部的苗族聚居区。苗疆乃是一个典型的化外之地，较之北方民族，清代南方诸侯尽管历史上其族源南北、东西混杂，但是由于地处山区，交通不便，人烟稀少，与北方、西北的回族、蒙古族以及西南的藏族相比，有其自身独特的文化和历史传统。由于迥异的文化特点和特殊的地理位置，中央朝廷对这些地区的管理也迥异于其他地区。

我国自秦代以降，历代王朝几乎都设置专门官吏或专职机构，但在中央设立专门机构管理民族事务则是从清代的理藩院开始的，理藩院开创了专管少数民族机构的先河。理藩院初由蒙古衙门转制而来。理藩院所任职官员除少部分

---

① 方铁：《论羁縻治策向土官土司制度的演变》，《中国边疆史地研究》2011 年第 2 期。

② 韦庆远、柏桦：《中国政治制度史》，中国人民大学出版社 2005 年版，第 298 页。

为汉人外，其余皆为蒙古人和满人，形成了以满洲人为主、蒙古人为辅的满蒙联合体制。这种官员配置结构一方面有利于工作的顺利开展，增加蒙古族官员的认同感，使其更为忠诚地为大清国效力；另一方面，满洲官员占主导地位显示了满人的统治地位，蒙古官员的辅助地位显示了一定的自治原则，顺应了王朝的统治需要。理藩院管辖的边疆地区范围从最初的蒙古诸部事务逐渐扩大到西北、西南地区。理藩院的职能范围甚广，涉及民族事务的各个方面，主要有以下内容：(1) 参与军事，对各族上层分子叛乱活动的镇压；(2) 会同刑部制定少数民族刑法，审理少数民族地区发生的刑事诉讼案件；(3) 管理民族宗教事务；(4) 注重对少数民族地区实行轻摇薄赋政策，遇有荒年实行赈灾救济；(5) 办理满蒙联姻事务；(6) 管理少数民族王公朝觐、贡物、封爵和休禄等事务。①

　　清代针对民族地区不同情况实施不同的体制。外藩蒙古实行札萨克制度。按照这种形式，旗是基本行政组织，也是军事单位。每旗设札萨克一人，管理旗务，札萨克拣选本期内授有爵位的封建主担任。旗之上设盟，定期会盟，届时清廷派出钦差大臣亲临盟会参与检阅军队、审阅丁册、审理诉讼等。清朝根据天山南北政治形势以及民族分布格局，在新疆地区实行了"军政合一，以军统政"的军府制，②并根据新疆的实际，不同地区实行了不同的行政管理体制。天山南路实行的是经过改革的伯克制；对归附的部分卫拉特蒙古以及哈密、吐鲁番地区实行了札萨克制；天山东部汉族、回族聚居区实行的是与内地基本相同的府县制。

　　清朝政府对西藏实行政教合一的管理制度。达赖喇嘛（驻前藏）和班禅额尔德尼（驻后藏）是两个最高宗教领袖，同时也掌握政治大权。雍正五年，清廷向西藏派出驻藏大臣两员，代表中央政府负责全藏事务。清政府为了加强对西藏地方的管理，颁布了《钦定西藏章程》，规定驻藏大臣"督办藏内事务"，地位与达赖喇嘛、班禅额尔德尼地位平等，而西藏的行政、财政、军事、对外关系均由驻藏大臣统筹处理，从而确定了驻藏大臣总揽西藏全面政权的政治管

---

① 赵云田：《清代理藩院初探》，《中央民族学院学报》1982 年第 1 期。

② 管守新：《清代新疆军府制度研究》，新疆大学出版社 2002 年版，第 2 页。

理体制。

二、治理民族地区的特殊法律政策

中国是一个由多民族组成的国家，无论是以汉族统治集团为主，还是以其他民族统治集团为主建成的政权，出于对自身控制能力的估计以及对民族地区实际存在的经济结构和传统生活方式的了解，历代统治者大都意识到强行将自己的习惯和现存的制度推行到民族地区，不但难以获得成效，而且还会激化矛盾。因此，历代王朝为了处理现实的民族关系，解决民族矛盾和冲突，加强对边疆民族的直接或间接控制，在确保自己最高尊荣和主权的情况下，往往实行一些特别的制度以实现对这些地区的特殊管辖。从古代民族的政治实践来看，历史上的一些民族或独立建立过政权，或在中央政权的统辖下建立地方政权，或在王朝地方政权的名义下，建立本民族实质的权力系统，或派遣本民族成员到朝廷及地方官衙任职参政，既有独立建立政治实体的经验，又有与其他民族共同建政、参政的经验。古代民族多样化的政治实践和世代累积起来的政权经验，为我们国家在现行的民主政权条件下，让各少数民族广泛地参与国家和地方事务的管理，建立本民族或几个民族联合的区域自治机关，提供了极为宝贵的历史经验。这也是促成中国实行民族区域自治制度的一个历史的、客观的因素。①

秦朝的《属邦律》是我国历史上第一个中央王朝规范民族关系的民族法，对后世影响深远。唐代的《唐律疏议·名例》规定："诸化外人同类自相犯者，各依本俗法；异类相犯者，以法律论。"《唐律疏议》对"化外人"有一个解释："化外人，谓蕃夷之国，别立君长，各有风俗，制法不同。其有同类自相犯者，须问本国之制，依其俗法断之。异类相犯者，若高丽之与百济相犯之类，皆以国家法律论定刑名。"据苏钦教授考证，"化外人"并非如大多数学者认为的那样，是外国人，而主要是各少数民族。"第一，'化外人'只被作为一种法律用

---

① 陈云生：《宪法人类学——基于民族、种族、文化集团的理论建构与实证分析》，北京大学出版社 2005 年版，第 616—619 页。

语。由于'化外人'并不执行国家颁布的法律，而其'本俗法'受本民族经济文化的影响和制约，反映了其特定发展时期的风俗习惯和价值取向，必然与国家的法律存在明显的差异和冲突，这就使国家的法典必须作出调整这些冲突的法律规定。第二，将众多民族泛称为'化外人'作为适用该法律条文的主体，表现了唐朝立法技术的高超，既具有高度的概括性，也便于法律的运用。"①

为了巩固统一的多民族国家，加强中央政府对民族聚居区的司法管辖，清王朝制定了适用于少数民族聚居区的法规，先后颁布了《蒙古律例》《西宁青海番夷成例》《西藏通制》《回疆则例》等，形成了一套具有特色的民族政策与法制。其主要特点是因族制宜，因俗立法，缘俗而治。《蒙古律例》是适用于蒙古族聚居地区的法规，乾隆六年正式颁布，共十二卷，二百零九条，后又改称《理藩院则例》，内容包括蒙地的盟、旗制度以及设官袭爵、职守、边防等，是关于蒙古等北方少数民族的基本法。《西宁青海番夷成例》又称《番例条例》，适用于宁夏、青海、甘肃等少数民族地区。《西藏通制》和《钦定西藏章程》是乾隆时期颁布的适用于西藏地区的民族法规，规定了清朝派出的驻藏大臣的地位与职权以及清朝中央政府对西藏地区的主权等内容。新疆在光绪以前称为回疆，居住在那里的维吾尔族、哈萨克族人民信奉伊斯兰教。嘉庆年间制定了《回疆则例》作为管理回疆地区的特别法规。对于西南地区的苗、彝、瑶等少数民族，清代主要实行"改土归流"政策，逐渐废除土司，改派流官。清代将以贵州为中心的少数民族地区称为"苗疆"，在《大清律例》增加了十余条苗例，主要是对于各地各民族习惯法的总结整理，符合当地民族的生产生活习俗，在定罪量刑和处罚手段上都照顾到了民族特性。不同朝代都注重对民族地区的法律控制，这些立法虽无"变通"之名，但大多存在着"变通"之实，维护了国家统一和多民族国家的巩固与发展。"中国古代统治者在民族地区实行的法律制度虽然形式多样，但要达到的目标却是一致的：不激化矛盾，适应各民族独特的社会经济和文化状况；同时，国家把各民族在政治上纳入一体，法律上则灵活多样地承认少数民族内部'半自治'，即在一定程度上认可少数民族固有

---

① 苏钦：《唐明律"化外人"条辨析——兼论中国古代各民族法律文化的冲突和融合》，《法学研究》1995年第6期。

法。具体运作中，为实现政治上的统一，国家把危害皇权和影响社会稳定的案件最先纳入国家司法管辖中。为实现少数民族地区法律上的相对'自治'，则在具体案件的法律适用上存在各种变通，针对不同民族制定符合各民族习惯的特别立法。"①

第三节　变通立法的文化阐释

一、文化与法律文化

美国人类学家吉尔兹曾说："我与马克斯·韦伯一样认为人是悬挂在由他们自己编织的意义之网上的动物，我把文化看作这些网，因而认为文化的分析不是一种探索规律的实验科学，而是一种探索意义的阐释性科学。"②人们每时每刻都生活在特定的文化中，文化因素每时每刻都在影响、制约决定着人们的行为，但是人们对于文化的规定性却并不是很清楚，关于文化的定义，一直众说纷纭而又丰富多彩。随着文化学和人类学研究的进展，文化范畴的内涵也日益丰富和深化，不同的研究者从不同的侧面揭示文化的内在规定性。被称为人类学之父的英国人类学家泰勒对文化所下的定义被认为是经典性的，他在《原始文化》中说："文化或文明，乃是包括知识、信仰、艺术、道德、法律、习惯以及其他人类作为社会成员而获得的种种能力、习性在内的一种复合整体。"③关于人类学家对文化所作的定义，美国人类学家克莱德·克鲁克洪在《文化与个人》一书中作了一些总结：文化是学而知之的；文化是由构成人类存在的生物学成分、环境科学成分、心理学成分以及历史学成分衍生而来的；文

---

① 胡兴东、朱艳红:《中国历史上少数民族刑事案件法律适用问题研究》,《云南民族大学学报(哲学社会科学版)》2009 年第 5 期。

② [美] 吉尔兹:《文化的解释》,纳日碧力戈等译,上海人民出版社 1999 年版,第 5 页。

③ [英] 泰勒:《文化之定义》,顾晓鸣译,载《多维视野中的文化理论》,浙江人民出版社 1987 年版,第 98 页。

化具有结构；文化分隔为各个方面；文化是动态的；文化是可变的；文化显示出规律性，它可借助科学方法加以分析；文化是个人适应其整个环境的工具，是表达其创造性的手段。他认为："人类学家对文化的描述可以和地图做个比较。地图显然不是一片具体的块，而是特殊地域的抽象表示。地图如果绘制得精确，人们看了它就不会迷失途径。文化如果得到正确的描述，人们就会认识到存在一种具有特殊性质的生活方式，认识这些性质之间的相互关系。"① 社会学家在文化的定义方面与人类学家最为相近，美国社会学家戴维·波普诺在分析文化定义时认为，社会学家与人类学家对文化的共同定义是：文化是人类群体或社会的共享成果，这些共有产物不仅包括价值观、语言、知识，而且包括物质对象。

胡适把文化定义为"人们生活的方式"，梁漱溟则将其界定为"人类生活的样法"，这种理解与很多人类学家强调文化对人的生存的给定的规范作用具有相同的旨趣，"正是从这样的基点出发，学者们从不同角度，例如，从宗教、信仰、给定的地方性知识储备、语言、艺术、仪式、习俗、原始意向、集体无意识等各个方面研究作为给定的和自在的行为规范体系的文化，还个别强调文化的整合力，即文化的各种特质在历史的积淀中整合成某种统一的行为规范体系的特征"，② 因此"文化可以定义为被一个集团所普遍享有的，通过学习得来的观念、价值和行为"。③

法律文化不是抽象的东西，多样性是文明社会法律文化运动的一个显著特征。一定的法律文化现象只能是在一定的时空条件下形成和发展起来的。"造成法律文化多样性的重要原因之一，就在于一定的法律文化圈中存在着独立的文化隔离机制。这种文化的隔离机制是使一定地域或国度的法律文化成为独立形态的基本要素。"④ 在我国广大的民族地区，由于存在着一定程度的地理空间的隔离，不同民族在发展过程中形成了少数民族独特的文化形态，对法律的认知也存在着差异，而且不同地域的民族存在着不同的规则体

① [美] 克莱德·克鲁克洪：《文化与个人》，浙江人民出版社1986年版，第8页。
② 衣俊卿：《文化哲学十五讲》，北京大学出版社2004年版，第11页。
③ C.恩伯、M.恩伯：《文化的变异》，辽宁人民出版社1988年版，第49页。
④ 张文显：《法理学（第二版）》，高等教育出版社、北京大学出版社2003年版，第466页。

系与纠纷处理模式。多民族国家的法律要与各民族传统的法律文化相协调，增强各民族对国家法律的认同。对于法律文化，很多学者从不同的角度加以研究，但至今还未有统一的定义。美国学者埃尔曼的《比较法律文化》[①] 用一个章节的内容讨论法律文化诸问题，但却未能给出法律文化是什么的完整答案。弗里德曼在大量的关于法律文化的讨论中，则从不同的角度揭示了法律文化的特点，如：法律文化"即公众关于法律体系的认识态度以及行为模式"；法律文化是"与人们习惯相关的构成一个文化整体的有机组成部分"或法律文化是文化综合体的组成部分，"它是文化中那些能够使社会按照或偏离法律的要求进行运转的习惯观念以及思维方式和行为方式"。在上述这些看法中，法律文化的重心在于它是一组相互紧密关联的行为模式和观念模式。然而，在后来的论述当中，弗里德曼对法律文化的界定却仅限于观念——前述界定中的行为性因素被排除在外，如："法律文化由社会中与法律及其组成部分有关的态度、价值理念、观点组成"；"法律文化由人们对法律的态度、理念、价值观以及法律信仰组成"；"法律文化即特定社会中人们关于法律的理念态度、期望和观点的总和"。[②] 还有的学者使用"法律传统"这样与法律文化相类似的表述："关于法律的性质、关于法律在社会与政治体中的地位、关于法律制度的专有组织和运行，以及关于法律实际或应该被如何制定、适用、研究、完善，及教授的一整套根治深远、并为历史条件所制约的观念。法律传统将法律制度与它只是其中一部分的文化联系起来。"[③] 文化、法律多元的概念最早都是由人类学家所提供的，人类学家是第一批来到异种文化环境中的人，以研究他种文化为己任的人，正是他们发现了文化的对立、冲突和多样性。回到法律文化问题上来，发现它的深入探讨必然要涉及各种形态的法律，特别是以非国家强制形态存在的民间法。因为一方面，在文化作为人类生存的特有方式的统一性中，同时又存在着文化的多样性，而人类生活

---

① ［美］埃尔曼：《比较法律文化》，贺卫方、高虹钧译，清华大学出版社2002年版。
② ［英］罗杰·科特威尔：《法律文化的概念——以L.M.弗里德曼的相关研究为参照》，周赟译，《山东大学学报（哲学社会科学版）》2005年第3期。
③ J.H.Merryman, *The Civil Law Traditionm*, Standford University Press, 1969, p.2, 转引自［美］埃尔曼：《比较法律文化》，贺卫方、高虹钧译，清华大学出版社2002年版，第12—13页。

在这种多样性中。① 另一方面，文化又往往是人们长期实践中无意识产生的，是在日常生活的需求中，自发自然的经验中点滴积累起来的。法律文化作为一种文化形式，也是一个历史的连续过程。② 正是来到"原始社会"的人类学家发现一种多种文化以及相应的多种法律体系共存的状态。一方面，殖民者带来了现代西方文化和西方的法律制度，将之强加给殖民地人民；另一方面，殖民地人民并未完全接受强加给他们的文化和法律。在许多地方，殖民地人民仍然习惯于他们的法律文化，一旦发生了纠纷，他们并不借助于那些殖民者给他们带来的西方的，据说是更公正完美的法律制度，而更多的借助于被殖民者称为"原始的""低级的"法律制度。这样，在这些殖民地或前殖民地国家就同时存在着并有效地运作着两种或几种完全不同的法律制度。③ 正是从这里他们发现了法律多元。

波斯皮斯尔（L.Pospisil）认为任何一个社会都不是只有一个单独的、一致的法律制度，社会中有多少次群体，就有多少法律制度。"任何人类社会……都不具有单个一致的法律制度，有多少发挥作用的从属集团，便有多少种法律制度。反过来讲，社会中每个发挥作用的从属集团都以其特有的法律制度调整其成员的关系，在不同的从属集团中，各自的法律至少在某些方面是存在着必要的差异的。"④ 这种观点和社会学中的亚文化不谋而合。社会学对于文化的区分有一种"亚文化"（Subculture）的概念，即当一个社会的某一群体形成一种既包括主文化的某些特征，又包括一些其他群体所不具备的文化要素的生活方式时，这种群体文化被称为亚文化。亚文化可以围绕着职业种类发展而成，如医学或军事部门的亚文化。亚文化还可能是基于种族或民族的差异，如美国黑人亚文化。亚文化还可能是源于地区的差异，如美国南部各州的亚文化；也可能基于原来的国籍，如美籍墨西哥人和美籍意大利人亚文化。每一个复杂社会都包括许多亚文化，社会成员常常是在一个以上的亚文化中发挥作用，反过来说，他们在一生中也会经历许多种亚文

---

① [法] 埃尔：《文化概念》，康新文、晓文译，上海人民出版社1988年版，第9页。

② 刘作翔：《法律文化理论》，商务印书馆2004年版，第166页。

③ 苏力：《法治及其本土资源》，中国政法大学出版社2004年版，第49—50页。

④ [美] 埃尔曼：《比较法律文化》，贺卫方、高虹钧译，清华大学出版社2002年版，第84页。

化。① 亚文化作为整体文化的一个分支，它是由各种社会和自然因素造成的各地区、各群体文化特殊性的方面。如因阶级、阶层、民族、宗教以及居住环境的不同，都可以在统一的民族文化之下，形成具有自身特征的群体或地区文化即亚文化。亚文化具有本民族整体文化的基本特征，如语言文字、行为模式等，又具有自己的独特性。亚文化一经形成便是一个相对独立的功能单位，对所属的全体成员都有约束力。亚文化是一个相对的概念，是总体文化的次属文化。一个文化区的文化对于全民族文化来说是亚文化，而对于文化区内的各社区和群体文化来说则是总体文化，而后者又是亚文化。研究亚文化对于深入了解社会结构和社会生活具有重要意义。借用社会学的亚文化概念对于研究民间法极富启示与借鉴意义。不同的文化支持不同的法律意识和观念。与同质性较强的城市结构不同，不同时空下的乡村社会、民族地区形成了特定的亚文化区域与群体，约定俗成的文化理念支配着他们的行为与日常生活。在社会生活里，由于受各种亚文化的影响，往往形成各种各样的亚文化群，主要表现为：第一，群体成员共同享有与主文化不同的某些重要价值观念和行为模式。第二，群体成员具有亚文化群意识，表现出强烈的自我认同感和归属感。第三，亚文化群都具有独特的，为其成员主动接受的价值观念与行为规范。亚文化概念下的法律亚文化与民间法有着内在的默契与暗合。我国已有学者对此作出了初步的探讨，进一步的研究还有待深入。如杨解君认为，我国的"法律亚文化"是与国家制定或正式认可的法律（或者将它称为"国家法律文化"）相对照、在现实生活中实际起到与法律同样作用的社会规则，即所谓"非正式法"或者类似于千叶正士先生所言的"非官方法"。这一概念不仅应包括只存在于某一组织或团体、社区等一定范围或成员内的行为规则，还包括普遍存在于社会中却并未正式纳入国家法律体系中的行为规范。而"法律亚文化关系"则专指受这些非国家的或非正式的行为规则、价值观念等支配而形成的一定社会关系或人际关系。"法律亚文化"如果从一种方法论来看，它关注更多的是支配人们行为或调控一定社会关系的行为规则、准则、价值观念；而"法律亚文化关系"的关注重点在于受之调控而形成的

---

① ［美］戴维·波普诺：《社会学》第 10 版，中国人民大学出版社 1999 年版，第 78 页。

种种次级社会关系。① 法律多元的概念是民间法得以确立的基础和前提，而众多的法律亚文化圈则是民间法所赖以存在和发生作用的土壤。特殊的地理环境，独特的历史传统，民间的乡土正义观和中华礼文化的传承，使中国独有的解决纠纷的亚文化仍有其生生不息的活力空间。"中国传统法律文化历史悠久，根深蒂固，并没有伴随西方法律制度的引进而退出历史舞台，它仍然支配着人们的法律态度，影响着人们的行为模式，这使得外来的法律制度在实践中常常变样走形，甚至完全失效。"② 这种状况的存在和持续，值得我们认真地反思我们以西方模式构建的法律制度，在借鉴和移植"西方样本"的同时，更应具有"本土情怀"，重视我们传统文化的本土资源。

二、文化视野的法律多元

法律具有多元主义特征，任何社会都具有多元性的法律秩序。1975 年日本学者千叶正士《法律多元——从日本法律文化迈向一般理论》一书问世后，法律多元以及相关的问题得到学术界越来越多深入而持久的研究和讨论。力图以多视角透视国家法的生存状态，国家法之外社会规则的可能、实践与价值，纸面表达与实在规则的差异与疏离，沟通与撞击。"随着研究的深入，被统一性'遮蔽'的多元性渐次呈现出来。"③

法律多元主义最早可以追溯到 19 世纪 60 年代。其英文表述为 Legal Pluralism。瑞士法学者巴霍芬的《母权制》（1862）、英国梅因的《古代法》（1861）、美国人类学者摩尔根的《古代社会》（1877）以及恩格斯的《家庭、私有制和国家的起源》（1884）被列为法律人类学的第一批经典文献。这些作者大都是法学者，他们用进化论的观点对原始社会中的法律和现代（西方）社会的法

---

① 杨解君：《法律关系背后的关系——"法律亚文化关系"初探》，《南京大学法律评论》2001 年春季卷，第 167—168 页。

② 高鸿钧：《法律文化的语义语境及其中国问题》，《中国法学》2007 年第 4 期。

③ 徐忠明：《试说中国古代法律制度研究范式之转变》，《北大法律评论》第 4 卷第 1 辑，法律出版社 2001 年版，第 233 页。

律进行比较。① 法律多元是指两种或多种的法律制度在同一社会中并存的状况。一元与多元是对应的。法律多元主义强调法律不只是出自国家，国家法只是法律规则体系中的一部分，而且不必然是最重要的部分，不能只有一个中心。他们把法律与确认和实施规则的权威机关或专门机关相联系，认为只要是由权威机关——国家、教会、学校或其他社会团体确认并保障实施的规则，都是法律。格里菲斯指出："当关注于其权威渊源或管辖范围时，就称做非国家法、非官方法、人民的法、地方性法、部落法等等；反过来，当关注其文化起源时，就叫做习惯法、传统法、固有法、民间法、初民法、本地法等等，……这样一种国家法与非国家法或习惯法的并存，构成了'法律多元'这一概念的基础，一般而言，人们都假定前者优于后者。"②

很多法学家和人类学者从不同的角度对法律多元进行了有益的探讨。千叶正士则把法律的三个层次概括成：官方法、非官方法和法律原理。③ 蒂玛歇弗把"国家法"和"社会法"分开。④ 昂格尔认为法律有习惯法、官僚法和法律秩序三种。⑤ 布律尔认为"只要对社会生活简单地观察一下就可以使我们相信，除了由政权强加的法律规则外，还存在着某些法律规定、或至少是具有法律效力的规定。过去存在，现在仍然存在着一些并非从总体社会的组织权限中产生的法律。"⑥ 埃利希认为法律有两种，一种是国家制定的，即"国家法"，另一种是"社会秩序"本身，即"活法"。⑦

1962 年，英国人类学家斯普林克尔出版了一本名为 *Legal Institution in Manchu China* 的书。该书用大量的篇幅描述和讨论清朝普通的社会组织和日

---

① 高丙中、章邵增：《以法律多元为基础的民族志研究》，《中国社会科学》2005 年第 5 期。

② ［日］千叶正士：《法律多元——从日本法律文化迈向一般理论》，强世功等译，中国政法大学出版社 1997 年版，第 2 页。

③ ［日］千叶正士：《法律多元——从日本法律文化迈向一般理论》，强世功等译，中国政法大学出版社 1997 年版，第 9 页。

④ ［英］科特威尔：《法律社会学导论》，潘大松等译，华夏出版社 1989 年版，第 45 页。

⑤ ［英］昂格尔：《现代社会中的法律》，吴玉章、周汉华译，译林出版社 2001 年版，第 45 页以下。

⑥ ［法］布律尔：《法律社会学》，许钧译，上海人民出版社 1987 年版，第 22 页。

⑦ 沈宗灵：《现代西方法理学》，北京大学出版 1992 年版，第 92 页。

常生活场景，如村社、亲族、家户、市镇、会社、行帮、士绅、农民、商贾、僧道、婚姻、收养、继承、交易、节日、娱乐、纠纷及其解决。如此处理法制史，显然是假定，法律不只是写在国家制定和施行的律例里面，它们也存在于那些普通的社会组织和生活场景之中。它使中国法律史的研究者不再只关注"大传统"，即由士绅所代表的"精英文化"，而将"小传统"，即乡民所代表的日常生活的文化，也纳入研究的视野。① 而大传统和小传统的提法，也成为我国学者研究中国法律多元的另一种表达。在一定意义上说，法律就是特定时空下的特定规则，这些规则的制定，是通过小地方的习俗惯例于大的社会环境中的原则、政策和国家法律之间长期的互动来实现的。这样的互动表现在具体的纠纷解决中，就应当是运用多项原则来作出决策的过程。如此一来，其中就隐含着一个法律多元的过程。② 人类学家马林诺夫斯基认为原始法律强制力的性质是非常复杂和分散的……若以中央权威、法典、法庭和警察来界定法律强制力，我们必然会得出原始社会的法律不需要强制执行，它被人们自发地遵守着的结论。③ 对于法律多元，波斯皮士尔提出了法律制度多重性和一个社会存在法律层次的观点；穆尔则论证了半自治社会领域法的特点；菲茨帕特里克进一步提出了一个不发达国家的结构主义和法律多元主义概念。而梅里认为法律多元主义至少具有五个方面的意义：注意了其他的秩序形式及其与国家法的相互作用；讲求对法的历史理解；促进人们审视法律和规范性秩序体系的文化和意识形态；促进了从专注于纠纷状态向非纠纷状态的秩序分析的转变；对规范性秩序之间关系的辩证分析，为理解、强加法律和抵抗法律的动力提供了一个框架。法律多元理论还认为：在社会中占统治地位的国家法律制度和其他类法律秩序之间的关系，它们的互动关系实际上是法律运行的关系，不能将国家的法律看作是与社会中的其他"类法律规范"完全对立的，也不能只注意国家法律的运行，因为多元规范程序是同一社会环境中的制度组成部分，它们总是混杂

---

① 梁治平：《中国法律史上的民间法——兼论中国古代法律的多元格局》，《中国文化》1997 年第 15—16 合刊。

② 赵旭东：《权力与公正——乡土社会的纠纷解决与权威多元》，天津古籍出版社 2003 年版，第 7 页。

③ [英] 马林诺夫斯基：《原始社会的犯罪与习俗》，原江译，云南人民出版社 2002 年版，第 6 页。

于同一社会的微观的运行过程中。①

在社会中实际上存在着文化的多元，这种文化的多元对社会的法律造成了深刻和广泛的影响。② 如日本，古代受中国传统法律的影响非浅，在明治维新时代先后继受了法、德两国的法律，在第二次世界大战后又深受美国法的影响，法律中诸多因素并存。所以法律多元主义可以宽泛地理解为"实在单一政治共同体中存在不同的法律制度或文化"。③ 这从另一方面说明了法律多元其实是在任何社会都存在的现象，国家法和民间法的共存也非一朝一夕之事，法律多元是我们值得关注和重视的问题。首先这可以挣脱一贯对于法律狭隘的形式主义的理解，仅视法律为国家的产物，仅仅研究国家正式颁布的法典和制度，即法是有国家制定或认可并有国家强制力保证其实施的反映统治阶级意志的规范系统。④ 其次，不仅仅看到法律的形式方面，着力于文化，历史传统对于法律和法律运行产生的影响。最后，承认法律多元和民间法的重要性，这将有助于国家法和民间法的良性互动，理解和利用民间法的合理性。因为法律多元的研究必然涉及国家法（尤其是制定法）和民间法的互动关系和国家制定法有效性的发生领域。⑤ 总之，在极其深奥微妙的法律多元主义的社会学著作中，……常常勾设复杂的法律模式并能获得——从较为狭窄的角度观察所不能获得的——对各种各样规则的新的理解。⑥ 并且由于法律多元针对的是国家法律中心主义的一元论法律，因此它尤其强调，民间法在二元结构中的重要作用以及民间法与国家法之间的互动关系，从而要求国家法尊重和理解地对待民间法与民间法资源。"事实上，国家法在任何社会里都不是唯一的和全部的法律，无论其作用多么重要，它们只能是整个法律秩序的一个部分，在国家法之外、之下，还有各种各样其他类型的法律，它们不但填补国家法遗留的空

---

① 徐晓光：《中国多元法文化的历史与现实》，《贵州民族学院学报》2002 年第 1 期。

② 赵震江主编：《法律社会学》，北京大学出版社 1998 年版，第 366 页。

③ [美] 弗里德曼：《法律制度》，李琼英、林欣译，中国政法大学出版社 1994 年版，第 229 页。

④ 孙国华主编：《法理学教程》，中国人民大学出版社 1994 年版，第 79—80 页。

⑤ 苏力：《法治及其本土资源》，中国政法大学出版社 2004 年版，第 51 页。

⑥ [英] 科特威尔：《法律社会学导论》，潘大松等译，华夏出版社 1989 年版，第 46 页。

隙，甚至构成国家法的基础。"① 而法社会学家埃尔利希更是从国家法的制裁手段出发认为："法律的真正制裁来源于这种事实：一般而言，没人愿意被排除在社团之外，即被排除在公民关系、家庭、朋友、职业、教堂、商业团体之外，拒绝遵守规范就导致维系个人与社会团体之间契约作用的减弱。"②

　　法律多元可以根据不同的标准作各种不同分类。从地域方面来看，我们可以划分外部的法律多元主义与内部的法律多元主义。外部的法律多元主义，主要指主权国家之外的法律多元，包括欧洲联盟、国际组织等；内部的法律多元主义主要指国家内部法律的多元性。从国家法律与其他法律规范的关系上，首先可以划分为国家法律多元主义与深层的法律多元主义，前者坚持国家法律中心主义的前提下法律多元理论，后者认为国家法、习惯法、宗教法等法律规范并不存在必然的联系。换言之，习惯法、宗教法并不必然服从于国家法。其次还可以划分为弱势的法律多元主义与强势的法律多元主义。弱势的法律多元主义表明在一个地方会有两个或两个以上的"法律"存在，但是其他法律规范一般应该统一于国家法，在坚持国家法律中心主义的前提下承认其他法律体或法律规范的存在。也就是说，其他法律规范应受到国家法律的护制，其他法律规范与国家法律之间有服从与被服从的关系。而强势的法律多元主义认为，诸多的法律规范之间不存在服从与被服从的关系，国家法与其他社会规范在统一的社会中都有自己相关的功能。在格里菲斯教授看来，这才是真正意义上的法律多元。这两种法律多元主义之间有着密切的联系。弱势的法律多元主义事实上是国家法律中心主义，它强调国家法的中心地位，其他的法律规范必须通过国家法律才能起作用；而强势的法律多元主义强调各种规范的独立性，这种多元主义也就是上述所谓的深层的法律多元主义。从时间段上，还可以分为古典的法律多元主义与新法律多元主义。古典的法律多元主义是从殖民地时期殖民统治国家的法律与殖民地法律、习惯之间的关系来研究法律多元，这是大多数学者所认为的最初意义上的法律多元；新法律多元主义是指法律多元的研究从殖民地转向国家内部，尤其是西方国家

---

① 梁治平：《清代习惯法：社会与国家》，中国政法大学出版社1996年版，第35页。
② ［英］科特威尔：《法律社会学导论》，潘大松等译，华夏出版社1989年版，第35页。

内部的多元化方面的研究。①

有学者认为，在中国这样一个多民族国家，法律统一会有相当的好处，但也存在着很大的弊端。这也是为什么在追求法律的统一性、确定性、公开性之余，必须要留出一种对多元性和特殊性甚至一定的灵活性的观众或肯定它们的价值。如果片面地强调法律的统一，不仅未必能够带来整个社会现代化的发展，可能在某种程度上带来老百姓对法律的规避而使法律无法实施，或者使效率大打折扣。法律的统一应该与多元并存。② 刘作翔则认为在转型和过渡时期的中国社会是一种"法治秩序"与"礼治秩序""德治秩序""人治秩序""宗法秩序"等组合而成的"多元混合秩序"。③ 与此相适应，"当代中国法律文化的现状，主要表现为'法律文化二元结构'并存。以此为思考点，当代中国法律文化冲突的主要表现形式是：制度性法律文化与观念性法律文化的冲突。这一冲突贯穿在法治产生、形成、运转、实现的全过程，并影响着其他形式的法律文化冲突表现。"④

法律多元的产生有多方面的背景和原因。国家法律的不足或失效，对民间经验主义法则的信守和尊崇，对国家法律的陌生及其行使过程中权力滥用的警惕而导致的对之正当性的怀疑等因素，都在一定程度上使国家法和民间法相互交割、共同作用而又彼此分离。过分倚重国家法律的控制手段，社会控制机制可能会失衡。民间法的存在和良性运作，在一定时期和空间范围内丰富和弥补了国家制定法的不足，成为一种必要的救济手段和协同方式，是国家制定法的延伸和重要支持系统，发挥着国家法的漏洞补充功能，是基层社区尤其是广大的农村社区的维持秩序、处理纠纷、保持和谐的重要保证。中国领土广袤，人口众多，民俗民风各异，社会经济文化发展不平衡。这也决定了法律强制统一可能导致的不良后果。法律多元的概念冲击了长期在我国占主流的正统法学的常识和理论。国家法并不总是唯一有效的规则，西方法学的普适性也只是建在

---

① 肖光辉：《法律多元与法律多元主义问题探析》，《学术论坛》2007 年第 4 期。
② 范愉语，载梁治平主编：《国家、市场、社会：当代中国的法学与发展》，中国政法大学出版社 2006 年版，第 286 页。
③ 刘作翔：《法律文化理论》，商务印书馆 2004 年版，第 244 页。
④ 刘作翔：《法律文化理论》，商务印书馆 2004 年版，第 264 页。

沙滩上的塔，缺乏足够坚实的背景和社会根基。举个简单的例子，我国目前东部沿海发达地区和西部边远地区对于盗窃罪的在数额方面的立案标准不同，就是经济发达程度和贫富差异不同在法律上的真实反映。普通法系国家利用判例法在一定程度上避免了一元法律所带来的弊端，一些联邦制国家通过联邦立法和州立法也可以达到良好的效果。我们国家在宪法、立法法、民族区域自治法中赋予民族自治地方的立法自治权，尊重少数民族习惯法，实际上是国家法认可多元法律理念的一个反映，而不仅仅是统治需要的政治策略，"构成政治上某种不得已的迁就"。①

承认多元法律价值或多元规范价值，也就必然会打破国家法一统天下的简单化的法律理想主义，而向多元化纠纷解决机制的传统复归。多元化纠纷解决机制，是指一个社会中多种多样的纠纷解决方式以其特定的功能相互协调、共同存在，所结成的一种满足社会主体的多样需求的程序体系和动态的调整系统。② 和谐社会背景下的纠纷解决之道和多元化纠纷解决机制的构建，要求解决纠纷的规范也必然是多元的。任何一个社会都存在着多元化的规范体系，在不同层次和不同方面对社会的矛盾和问题加以调控和规制。法律的形式虽然得到一定程度的普遍推崇，然而司法机关的纠纷解决偏重于对事实与纠纷作出非此即彼的严格的是非判断，往往顾及不到当事各方的情感状态和纠纷处理可能导致的其他后果——当事人之间的冲突并未真正化解，在特殊情况下，这种矛盾还可能因为国家法的强行介入而进一步扩大和激化。因此，多元化的纠纷解决不仅应该重视机制的建设、功能的协调，形成公力救济、私立救济和社会救济多元化体系，着眼于协商、调解、裁决等多元化解决方式的构建，更为重要的，是对于不同规范的重视与协调。适度地尊重和宽容无害的民俗习惯和少数民族习惯法，有利于纠纷解决，也有助于培养公民的法律情感，接受法的调整、服从法的解决，消除抵触情绪，从而也间接实现了国家法的目标与价值。如果强行实行国家法的适用和统一，则可能伤害老百姓对法的理解和情感，甚

---

① 杜宇：《重拾一种被放逐的知识传统——刑法视域中"习惯法"的初步考察》，北京大学出版社 2005 年版，第 41 页。

② 沈恒斌主编：《多元化纠纷解决机制原理与实务》，厦门大学出版社 2005 年版，第 428 页。

至造成强烈的抵触情绪，使纠纷更加难以解决。因而在某些时间和场合，它远比国家法更富于效力，国家法规反而会遭到抵制、反感和规避。

单一与多元并不一定互相排斥，而是可以相互依存。法律多元理念打破了法律万能和司法垄断的神话，多元化纠纷解决机制的构建与发展，为法律变通进一步开辟了可能的空间。

三、作为文化的少数民族习惯法

法律是文化的产物，也是文化的重要组成部分，在本质上是一种特定的文化符号。少数民族习惯法作为少数民族法文化的一个链条和环节，其运作依赖于一整套文化定义，将其还原于所赖以生存的社会和文化背景之中，才能正确地认识它。英国人类学家泰勒在 1871 年出版的《原始文化》一书中，首次把"文化"作为一个中心概念提了出来，并做了如下的系统表述："文化就其广泛的民族学意义来说，是作为社会成员的人所习得的包括知识、信仰、艺术、道德、习俗以及任何其他能力和习惯的复合体。"[①] 作为"人类生活样法"（梁漱溟语）的文化，在少数民族习惯法中体现着民族文化的传承、流变与力量。梁治平主张用文化解释法律，用法律来阐释文化。他认为法律"是在不同的时间、地点和场合，由不同的人群根据不同的想法创造出来的。人在创造他自己的法律的时候，命定地在其中贯注了他的想象、信仰、好恶、情感和偏见……发自人心的法律同时表达了特定的文化选择和意向，它从整体上限制着法律（进而社会）的成长，规定着法律发展的方向。"[②] 虽然少数民族习惯法适用的社会结构和经济基础已经发生了根本变化，但是作为民族文化遗存，少数民族习惯法则以内在的、潜移默化的方式制约和规范着特定民族个体的行为，它不像政治经济那样直接和强烈，但更为持久和稳定，可以超越时代、超越政治经济体制左右人的行为。少数民族习惯法深

---

① ［英］泰勒：《原始文化》，转引自林耀华：《民族学通论》，中央民族大学出版社 1997 年版，第 382 页。

② 梁治平主编：《法律的文化解释》，生活·读书·新知三联书店 1998 年版，第 54 页。

深根植于人们的民族精神、传统观念和社会生活之中，是一种"文化无意识""心理习性""塑造习惯的力量"，① 为特定的群体所选择、共享、传承和发扬，经过长时期的积累和实践，形成国家法之外的非正式制度。少数民族习惯法群体认同感强、权威性高，与日常生活场景更为接近和直接，人们耳濡目染地确知它赞成与认可什么、反对与禁止什么，为人们提供了必不可少的指南。作为社会生活的基本规范，它代表了特定地域的特定民族在特定情境下的普遍反应与预期。英国人类学家马林诺夫斯基曾经指出："法学也正逐渐地倾向于不再将法律看作自立自足的话语世界，而是看作几个社会控制系统之一，其中除了由法典、法庭、警察组成的纯正式设置之外，还必须考虑动机、价值、道德和习俗力量的概念。"② 在少数民族这个特殊的语境中，由于传统和文化的巨大差异和阻隔，制定法的规定无法被特定的少数民族认同和吸收，习惯法的正义也不完全符合制定法的理念。他们生活在特有的地域性规则体系、生活场景和知识传统中，行为符合当地社会的伦理和生活秩序就会被人们期待和认同，其正当性与合理性因而也毋庸置疑。因此，对于少数民族地区的违法犯罪行为的处理和认定，也应将其置于特定的民族性、地域性的时空环境下对其行为属性全面考量，考察其是否符合习惯法和日常生活逻辑及其是否具有实质的社会危害性，而不是仅仅依据国家法的框架当然地定罪量刑。美国人类学家吉尔兹认为"法律就是地方性知识"，主张法律多元化，认为法律与事实的对立是相对的，认识法律只能依据地方性知识；只有运用地方性知识系统才能理解地方性事实，外部标准无法作为判断该事实的标准。因为人们生活所凭借的符号系统是特定的、地方化的。同时，事实本身传达的意义是独特的。在《地方性知识——事实与法律的比较透视》一文中，事实并不是通常所谓的纯自然的客观事实，而是一种负载特定地方内涵，经由历史传递的"文化情境论"下的事实，它会因时、因地、因民族而有所不同。同时，法律也不仅是指我们现在意义上的法律，而且是指一

---

① ［美］戴维·斯沃茨：《文化与权力——布尔迪厄的社会学》，上海译文出版社2006年版，第117页。
② ［英］马林诺夫斯基：《科学的文化理论》，黄建波等译，中央民族大学出版社1999年版，第30页。

种规则，或者说是一种人们普遍认可的习惯性做法。"任何地方的'法律'都是对真实进行想象的特定方式的一部分"。而地方性知识中的地方"在此处不只是指空间、时间、阶级和各种问题，而且也指特色，即把对所发生的事件的本地认识与对可能发生的事件的本地想象联系在一起。这种认识与想象的复合体，以及隐含于对原则的形象化描述中的事件叙述，便是我所谓的法律认识"①。吉尔兹还进一步指出："最终，我们所需要的还远不止于地方性知识。我们需要一种将它的各种变异形式转换成其彼此的评注的方法，亦即以彼此的优长评释对方的短处的方法。"②

孟德斯鸠认为："法律应该和国家的自然状态有关系；和寒、热、温的气候有关系；和农、猎、牧各种人民的生活方式有关系。法律应该和政制所能容忍的自由程序有关系；和居民的宗教、性癖、财富、人口、贸易、风俗、习惯相适应。最后，法律和法律之间也有关系，法律和它们的渊源，和立法者的目的，以及和作为法律建立的基础的秩序也有关系。应该从所有这些观点去考察法律。……这些关系综合起来就构成所谓法的精神。"③ 由于各民族所处的自然环境、经济生活、历史遭遇、宗教信仰不同，形成了各自反映本民族政治、经济、文化、传统心理特点的独具特色的风俗习惯和行为模式，进而，形成了少数民族习惯法，即民间法的重要组成部分。从体现民族性来看，每个民族必然有其特有的法文化，相反，不可能有游离于特定民族的、带有一定普遍意义的法律制度，法律是民族精神的体现。"民族不是一个源于血缘的共同体，而是一个由历史命运决定的共同体，一个活的文化共同体。""民族是具有自我特性的民族。这一特性表现在它的文化之中。因此，民族在本质上是文化民族。"④

作为"自生自发"的地方性知识，少数民族习惯法有其特殊的公平正义

① ［美］克利福德·吉尔兹：《地方性知识：事实与法律的比较透视》，邓正来译，载梁治平主编：《法律的文化解释》(增订本)，生活·读书·新知三联书店1998年4月第2版，第94页。
② ［美］克利福德·吉尔兹：《地方性知识：事实与法律的比较透视》，邓正来译，载梁治平主编：《法律的文化解释》(增订本)，生活·读书·新知三联书店1998年4月第2版，第147页。
③ ［法］孟德斯鸠：《论法的精神》，张雁深译，商务印书馆2004年版，第7—8页。
④ ［德］拉德布鲁赫：《法律智慧警句集》，舒国滢译，中国法制出版社2001年版，第56—57页。

观念和分类体系，研究少数民族习惯法不能脱离民族法文化背景。从文化唯物主义立场出发，以"他者的眼光"同情地理解，才能准确把握习惯法的内涵和价值，对之进行合理的解释，避免先入为主的偏见和自我中心主义可能导致的误读。生活于相对封闭的生存环境的少数民族，具有自给自足而又丰富多彩的传统文化。文化的差异巨大而深刻，它根植于民族意识的最底层，可以支配人的行为乃至全部的社会生活，极难改变。各民族群众对少数民族习惯法在精神上、心理上、观念上仍具有强烈的亲切感和认同感，它们来之于生活的内在逻辑，是当地人们熟悉、了解、接受并视为当然的知识，极富实用性。

少数民族习惯法作为少数民族法文化的一个链条和环节，其运作依赖于一整套文化定义。遵守它就如同感应内心的召唤一样，无须理性思考和利害权衡，只需听从自己的良心和道德命令。因此要正确理解和准确把握少数民族习惯法，必须要深入其所存在的整个文化背景中，必须对它的信仰、习俗、思维方式、宗教、社会结构等进行广泛地考察，将其放置在少数民族社会生活的现实之中，研究其与社会、政治和文化层面的关联与互动，这样才可能对形态各异的少数民族习惯法律规范正确地加以理解，了解其在民族地方的实际运作情况。少数民族习惯法的存在与发展与其特定的文化背景密切相关，没有普适性的法律文化和法律制度，只有具体的、适合特定民族和特定文化背景的法律文化和法律制度。传统文化的影响和穿透力是根深蒂固而又潜移默化的，它不仅在少数民族中代代传承，对于整个中华民族的影响也是巨大而深刻的。"乡土中国并非一个如同流行观念那样可以转换为'乡村中国'的地域性概念，而是影响中国人生活方式的文化范畴。即便在现代城市，在陌生人社会，现代中国人依然还主要生活在'乡土中国'。"① 作为民族文化重要组成部分的民族习惯法，仍然强烈地制约和规范族民的社会生活。如彝族同胞在充分尊重本土文化和民族伦理规范的基础上，运用强大的习惯法与仪式、家支制度、信仰与尊严、民俗道德、亲情教化等集合的文化力量，寻找传毒、吸毒的社会文化原因以及民间自救的有效方法，通过"虎日"形式找到了成功的民间禁毒戒毒模

---

① 徐昕：《论私力救济》，中国政法大学出版社 2005 年版，第 183 页。

式。^①据徐晓光的考察，在 20 世纪 80 年代以后，苗族习惯法的强制程度与往日相比大为减弱，死刑和身体刑的执行已不是村里解决的事情。但是一些轻微的刑事案件，村里本着"大事不出村、小事不出组"的原则，仍然由村里解决，解决的方法是依循苗族传统的刑法习惯，包括罚款、罚畜、请全村人吃饭、抄家、拆房等。^②

政府如果真正能够依照习俗的规则来制定与地方社会生活相适应的法律，国家法律与民间习俗之间的冲突便可能会消失。但国家往往会因为现代化建设的总体目标，而试图制定一些只有规条意义的"与世界接轨"的法律，它有可能是外在于人的具体生活世界的，当然也就更与他们风俗习惯乡相去甚远了。^③尊重少数民族的法律本土文化，吸收和认同善良的传统习惯，确认少数民族习惯法，保持其独特的个性，充分认识少数民族独特的历史传统和社会条件，有利于加快具有中国特色的法治化进程。

文化唯物主义的主要代表人物马文·哈里斯认为：由于一般人们习惯于认定，客观就是"科学的"，主观就是"非科学的"，所以，运用"主观"和"客观"这对范畴讨论社会文化现象，经常会导出不恰当的结论甚至是引起人们观念上的混乱。为此，他主张，"应当解决两组不同的区别：第一，思想事件与行为事件之间的区别；第二，主位事件与客位事件的区别。"^④关于第一种区别，即要求研究人类生活时，应注意区分人类行为活动及其对环境的效果，又要注意人类头脑中感受到的所有思想和感觉；对于第二种区别，就是要求研究者应对事件参与者的思想和行为，能够从不同的立场和观点加以考虑和认知，即从参与者本身的立场即"主位立场"以及旁观者的立场即"客位立场"加以衡量与考察。据此，马文·哈里斯提出了"主位文化"和"主位观点"以及"客位文化"

---

① 庄孔韶、杨洪林、富晓星：《小凉山彝族"虎日"民间戒毒行动和人类学的应用实践》，《广西民族学院学报》2005 年第 2 期。
② 徐晓光：《百年来苗族习惯法的遗存、传承与时代性变化》，载谢晖、陈金钊主持：《民间法》第 1 卷，山东人民出版社 2002 年版，第 253 页。
③ 赵旭东：《权利与公正——乡土社会的纠纷解决与权威多元》，天津古籍出版社 2003 年版，第 7 页。
④ [美] 马文·哈里斯：《文化唯物主义》，张海洋等译，华夏出版社 1989 年版，第 36 页。

和"客位观点"的概念与范畴。主位文化的观点，是以事件参与者或文化负荷者的观念和范畴为依据，也即以当地提供消息的人所描述和分析的恰当性为最终的判断标准。对于一项活动或事件，可从两个不同的角度，即参与者和旁观者的立场去观察和分析人们的思想和行为。前者称为"主位研究法"，后者称为"客位研究法"。检验主位研究法的记述和分析是否恰当的标准，是看其是否符合当地人的世界观，是否被当地人认可为正确的、有意义的、恰当的。对于少数民族习惯法的主位研究，即站在族民本身的立场，考察其存在的原因、运作的方式和意义。而不是从法律中心主义、法律万能主义立场出发，给少数民族习惯法先入为主地戴上封建、迷信、野蛮、落后、愚昧的标签。尽管作为"旁观者"的研究人员，无论如何努力去"同情"地"理解"那些"当局者"，也无法达到他们本人对自己的理解程度。但是，对于少数民族习惯法的研究和理解，如果站在局内人的立场，可能会更好地理解少数民族习惯法的意蕴、价值、生存空间。有学者认为，"如果在立法、执法、司法和法学研究中不具有一种主位的思考、研究方式，所制定出来的法律往往是不全面的，执法和司法活动也将是机械的，而研究成果则是缺乏解释力量苍白无力的。……主位的思考方法可以帮助我们克服自我中心主义和法律中心主义带来的封闭和狂妄自大。也只有这样才能在法治秩序建构的努力中找到可行和现实的方法。"①

　　制度经济学认为法律是能够建立确定预期的正式制度，少数民族习惯法不需要也不可能完全制度化。它的存在只需要一种来自"法治"外力的制度性保障。因为运用哪一种规则的主动权掌握在行为人自己手中，具有"意思自治性"。所谓诱致性制度变迁，是指现行制度安排的变更或替代，或者是新制度安排的创造，它由个人或群体在响应获利机会时自发倡导、组织和实行。它在民族习惯法与国家法关系中表现为：当行为在离自己最近的一套规则体系中得不到有效的利益安排，行为主体将以谋求利益为目的，求诸于另外一套规则体系。理性的经济人预设是这种诱致性制度变迁的核心，正是由于这种温性的诱致性制度变迁机制的存在，社会关系的调和才各得其所。也就是说如果少数民

――――――――――

① 张晓辉、方慧主编：《彝族法律文化研究》，民族出版社 2005 年版，第 344 页。

族习惯法依然发挥着它的有效作用和价值，那它就应该合理地存在而不必须被强制废除或由国家法来替代。强制性制度变迁是指通过国家权力的介入，以国家权力机关和政府为主体，自上而下、具有激进性质的制度变迁类型。民族习惯法根植于民族地区人民的传统生活，但传统的生活不一定都是理想的和美好的生活，对于民族习惯法中消极、落后、不人道的因素，应该通过国家立法的形式，予以坚决废除，借以打开民族地区封闭的门槛，走向自由、文明、开放的社会。

第四章　我国民族区域自治地方变通立法实证分析

第一节　变通立法实证分析的相关背景

党的十五大与十六大都提出，到 2010 年形成中国特色社会主义法律体系。民族自治地方变通立法是宪法和法律赋予民族自治地方的立法自治权。逐步健全民族法制体系，制定与民族区域自治法相配套的法律法规，实施民族法制体系建设工程，加强自治州、自治县自治条例的制定或修订工作，推动自治区自治条例的制定是实施《少数民族事业"十一五"规划》一项重要任务。变通立法是贯彻落实民族区域自治，完善民族法律体系的重要内容，民族法律体系的形成和发展，直接关系到党的十五大确立的到 2010 年形成中国特色社会主义法律体系的宏伟目标能否实现。

党的十七大报告充分肯定我国法律制度建设，指出中国特色社会主义法律体系已基本形成。2008 年 3 月 8 日，全国人大常委会委员长吴邦国在第十一届全国人大一次会议第二次全体会议上向大会做工作报告宣布：中国特色社会主义法律体系已经基本形成。至此，我国已经形成了以宪法为核心，以法律为主干，包括行政法规、地方性法规等规范性文件在内的，由七个法律部门、三个层次法律规范构成的法律体系。国家经济、政治、文化、社会生活的各个方面基本做到有法可依，为依法治国、建设社会主义法治国家、实现国家长治久安提供了有力的法制保障。"中国特色民族法律法规体系，是把民族工作纳入法制化、规范化轨道的必由之路，是贯彻依法治国方略和实施依法行政的重要内容，也是民族工作长期实践的重要经验总结，为丰富和完善中国特色社会主义法律体系，加快少数民族和民族地区经济社会发展，维护社会稳定，巩固和加强平等、团结、互助、和谐的社会主义民族关系，促进各民族共同团结奋斗、共同繁荣发展，提供了重要保障。今天，我们完全可以自豪地说，中国特色民族法律法规体系已经基本形成。"① 我国民族法律法规体系是以宪法关于民族区域自治的规定为核心，以民族区域自治法为主干，以国务院及其职能部门制定的关于民族区域自治的行政法规和部门规章以及民族自治地方制定的自治条例和单行条例，自治区和辖有民族自治地方的省（市）制定的地方性法规为主要内容的民族法律法规体系，其中变通立法是自治立法的重要内容。

由于立法法出台前，变通与补充规定散见于不同法律的具体条文中，而且这些规定并不完全统一。因而，对变通立法的研究不仅存在着理论上的困惑，变通立法实践也面临着诸多难题，进而影响变通立法的适用，阻碍了民族自治地方法治化进程。

我们在研究过程中发现，目前并没有官方对外公布的变通与补充规定的确切目录。为了保证变通立法实证研究的准确性和可靠性，我们根据已有的资料，对变通补充立法进行了进一步统计和整理，具体方法和步骤如下：（一）进入国务院法制办公室"法律法规全文检索系统"，对相关的立法文本进行了统计。其方法为：进入该系统，选择地方性法规库，在主题一栏选择"变通"，有 41 项符合选项；在主题一栏选择"补充"，有 63 项符合选项。根据选出的变通补充立法的内容，排除非民族自治地方立法，整理出现行有效的变通补充规定及失效的变通补充规定。（二）根据筛选和整理的结果，与全国人大民族委员会主编、中国民主法制出版社 2008 年出版的《中华人民共和国民族法律法规全书》"民族自治地方变通和补充规定"相互比对。（三）登陆各民族自治地方网站公布的自治条例、单行条例和变通补充规定，并对现行全部的民族区域自治地方自治条例的内容进行了检索和研究。整理出现行有效的变通补充规

---

① 《中国特色民族法律法规体系已基本形成》，《中国民族报》2011 年 9 月 9 日。

定 80 件，含有变通内容的自治条例 1 件，失效的变通补充规定 9 件。

　　本部分梳理了我国法律文本中关于变通的规定，对我国目前法律变通的立法状况进行分析。主要包括我国变通立法的总体状况、立法的主要内容及结构、立法内容在我国整个立法体系中的分布情况、立法技术及其运用、立法时间及修改时间分布情况、变通立法在民族自治地方的分布情况、立法法实施后变通立法的变化、变通立法的主体及表现形式。对有关学者的论著、研究报告、期刊论文等相关资料进行广泛收集，加以整理、归纳、分析，求证取舍。在分析总结的基础上，提出健全和完善我国民族自治地方变通立法的对策建议，为我国民族法的配套建设提供有价值的参考并以此推动变通立法理论研究水平的提升。

第二节　我国民族自治地方变通立法概况与存在的问题

　　随着民族区域自治制度的实施，我国民族法制建设取得了重大成就。目前，已初步建立了一个以宪法为基础，以民族区域自治法为主干，包括国务院及其职能部门的行政法规、部门规章、民族自治地方的自治条例、单行条例以及地方性法规和规章等构成的民族法律法规体系，有力地保证了民族区域自治制度的实施。

一、民族自治地方对变通立法的需求

　　根据我们对不同地区有关立法、司法机关和群众的调查，不同区域、不同经济发达程度、不同汉化程度的少数民族地区，对于变通立法的需求和认识呈现出不同特点。如辽宁省的满族自治县，由于满族和汉族长期融合、接触和交流，满族群众在生产和生活中自身保有的政治、经济、文化上的特点不是十分明显，在语言、习惯方面与汉族大同小异；同时，辽宁省民族自治地方经济整体水平高于西部民族地区，人们的文化水平相对较高，交通、通信较为发达，

法律普及状况也较好，因此，在实践中需要变通立法的情形较为少见。事实上，该省的八个自治县也都没有进行过变通和补充立法。

内蒙古自治区对变通立法在事实上的需求则呈现出从城市到农村、边远牧区依次递增的情形，城市经济发达、城市人口文化水平相对较高，对国家制定法的依赖度高，传统习惯法赖以生存的经济基础和社会结构发生了根本变化，因此需要变通立法的情形也不多。而对于农村尤其是偏远农村来讲，人员流动较少，传统习俗保存良好，人们对传统纠纷解决方式依赖性仍然很强，一些具体案件和纠纷也明显带有民族和地域特点，完全适用法律条文可能有悖于当地的风俗习惯，社会效果也不尽如人意。司法人员遇到此类案件，一般都在政策和法律允许的范围内加以消化。

云南是我国著名的多民族省份，少数民族人口接近全省总人口的三分之一，少数民族遍及全省每一个县，全省一半以上的县一级行政区实行民族区域自治。很多民族的风俗习惯与汉族不同，在人身、财产方面的观念与国家制定法存在较大差异，一些习惯法相对保持较好，因此对于特定领域和范围，完全依靠国家法就不能完满地解决，对于立法变通也比其他民族地区更为迫切。

二、包含变通条款的法律法规

在我国现行有效的 242 件法律中，共有 9 件法律直接包含变通或补充规定的条款，分别为刑法、民法通则、民事诉讼法、婚姻法、妇女权益保护法、老年人权益保护法、继承法、收养法。《全民所有制工业企业法》规定自治区人大常委会结合当地的特点，制定实施办法。1994 年民政部制定、经国务院批准后发布的《婚姻登记管理条例》（已废止）第 33 条授权民族自治地方人民政府可以依照本条例的原则，结合当地民族婚姻登记管理的具体情况，制定变通的或者补充的规定。这是我国包含变通条款的唯一一部行政法规。

按照这些法律授权制定变通或补充规定的主体不同，可以分为四种情况，分列如下：

（一）只规定民族自治地方人民代表大会具有制定权，分别是刑法、民法通则、民事诉讼法、婚姻法、妇女权益保护法、老年人权益保护法、继承法。

（二）规定人民代表大会及其常务委员会均有制定变通或补充规定的权力，即收养法。此外，已废止的 1982 年颁布《中华人民共和国民事诉讼法（试行）》及 1980 年婚姻法也做了同样的规定。

（三）规定自治机关可以制定变通或者补充规定，即森林法，该法第 48 条规定："民族自治地方不能全部适用本法规定的，自治机关可以根据本法的原则，结合民族自治地方的特点，制定变通或者补充规定，依照法定程序报省、自治区或者全国人民代表大会常务委员会批准施行。"

（四）第七届全国人民代表大会第一次会议于 1988 年 4 月 13 日通过的《全民所有制工业企业法》规定，自治区人民代表大会常务委员会可以根据本法和《中华人民共和国民族区域自治法》的原则，结合当地的特点，制定实施办法，报全国人民代表大会常务委员会备案。

三、我国民族自治地方变通立法现状

随着 1980 年婚姻法、1982 年宪法和 1984 年民族区域自治法的颁布实施，民族自治地方变通立法进入了繁荣时期。据不完全统计，1980—2014 年年底，共制定过 89 件变通补充规定，一件包含变通规定的自治条例，其中 9 件变通补充规定已明示废止，现行有效的 81 件（含 1 自治条例）。

（一）变通立法制定时间

我国目前最早的变通立法是 1980 年 12 月 14 日新疆自治区人大第三次会议通过的《新疆维吾尔自治区执行〈中华人民共和国婚姻法〉的补充规定》，该补充规定 1981 年 1 月与婚姻法同时施行。此后若干年内，是我国变通立法的高峰期。1980—1990 年共制定 49 件（以通过时间为准，下同），其中，1980 年 1 件、1980 年 10 件、1982 年 6 件、1983 年 7 件、1984 年 5 件、1985 年 4 件，1986 年 3 件、1987 年 4 件、1988 年 2 件、1989 年 4 件、1990 年 3 件；80 年代以后，民族自治地方的变通立法进入一个较为平稳的时期，1991—2000 年共制定 22 件；2001—2014 年年底，共制定 19 件。从第一件变通立法开始到现在，对于法律的变通呈递减的趋势，而国家法律和行政法规的数量却

呈逐年上升的态势，也就是说，作为变通对象的法律越来越多，而被变通的法律却是越来越少。

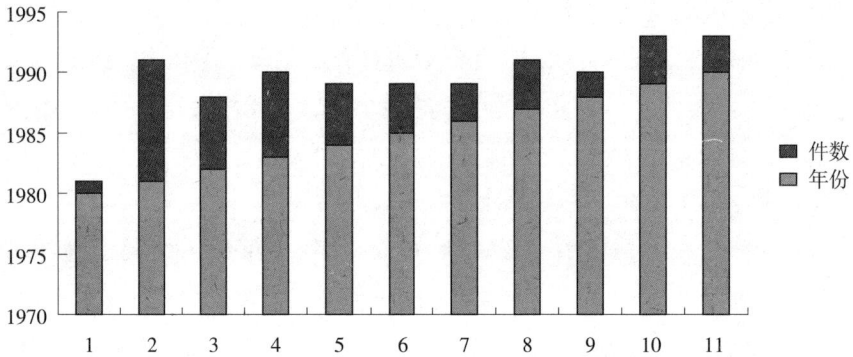

图4—1　1980—1990年变通立法数量示意图

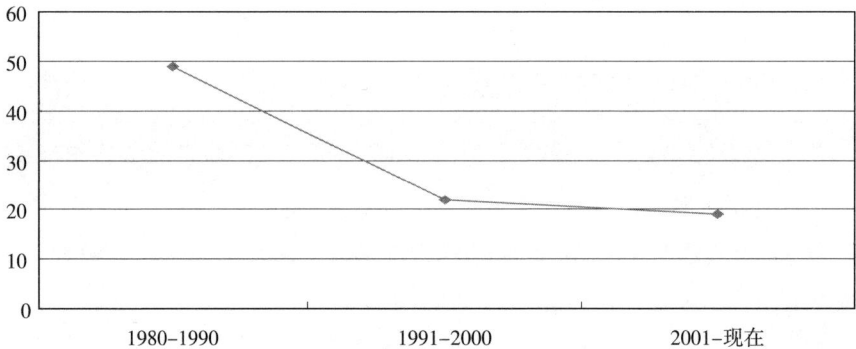

图4—2　1980年以来变通立法数量趋势

（二）变通立法区域分布

我国现行有效的变通补充规定从立法主体的层级上看，即有内蒙古自治区、西藏自治区、宁夏回族自治区、新疆维吾尔自治区4个自治区制定了10件变通补充规定，即4/5的自治区制定了变通补充规定；甘孜藏族自治州、阿坝藏族羌族自治州等14个自治州制定了33件变通补充规定，即46.67%（14/30）的自治州制定了变通补充规定；峨边彝族自治县、木里藏族自治县等27个自治县制定了38件变通补充规定(含1件自治条例)，即22.50%（27/120）的自治县制定了变通补充规定。制定了变通补充规定的民族自治地方45个，占我国 155 个民族自治地方的 29.03%。目前尚有 109 个民族自治地方没有制定任何变通补充规定，占全部民族自治地方的 70.97%。

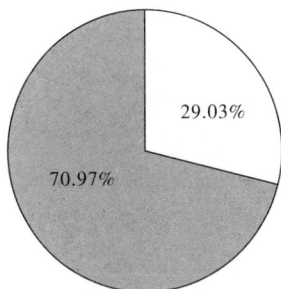

□ 制定了变通补充规定的45个自治地方 ■ 制定了变通补充规定的109个自治地方

图 4—3 制定变通立法与未制定变通立法的民族自治地方

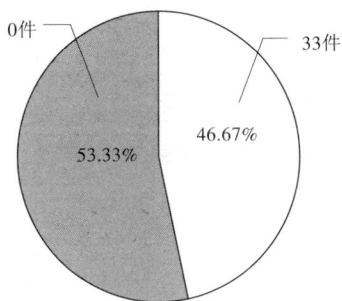

□ 14个自治州 33件 ■ 16个自治州 0件

图 4—4 自治州变通立法简况

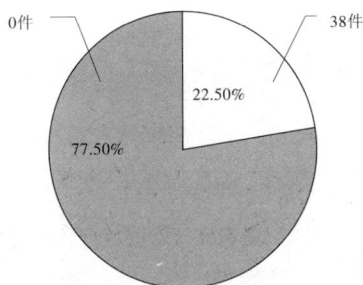

□ 27个自治县 38件 ■ 93个自治县 0件

图 4—5 自治县变通立法简况

我国实行西部大开发计划的西南五省区市（四川、云南、贵州、西藏、重庆）、西北五省区（陕西、甘肃、青海、新疆、宁夏）和内蒙古、广西除重庆直辖市外（陕西省无民族区域自治地方），其他 10 个省、区内皆有民族自治地方制定了变通或补充规定。其中制定变通规定最多的省份是四川，达 32 件之多。云南虽然民族众多，辖有民族自治地方 29 个，但却只有 6 个自治县制定了变通规定。享受西部大开发计划的湖南湘西自治州、湖北恩施自治州、延边朝鲜族自治州尚未制定变通补充规定。

位于我国东北部、东部及南部的民族区域自治地方大都未制定变通补充规定或废除了已经制定的变通补充规定。如辽宁、黑龙江、海南、河北、浙江五省下辖的 22 个自治县都未制定变通补充规定。广东省下辖的三个自治县制定的关于《广东省计划生育条例》的补充规定也都于 2004 年废止。

（三）变通立法的民族分布

我国变通立法覆盖的民族有蒙古族、藏族、回族、维吾尔族、壮族、彝族、羌族、哈萨克族、傣族、侗族、土家族、苗族、布依族、佤族、裕固族、撒拉族、拉祜族、仡佬 18 个少数民族，占全部少数民族的 32.73%。尚有 37 个少数民族未制定任何变通补充规定。

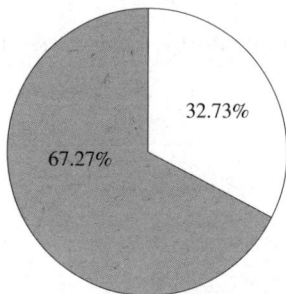

□18个少数民族制定变通补充规定　■37个少数民族未制定变通补充规定

图4—6　变通立法的民族分布状况

（四）变通立法内容分布的领域

我国现行有效的变通立法涉及婚姻、收养、继承、民事诉讼、计划生育、遗产保护、禁毒、动物防疫、野生动物保护、土地管理、义务教育、草原、选举、森林、妇女权益保障、水土保持、旅游管理、国有土地使用 18 个方面内容。共有 8 部法律、1 部行政法规、11 件地方性法规被民族自治地方以立法形式加以变通或补充。变通内容以婚姻法为最，计有 34 件（含 1 件自治条例），占全部变通补充规定的 41.97%。按不同内容的变通立法数量多少排列，依次为计划生育 9 件、选举法 7 件、土地管理 6 件、义务教育 5 件、继承法 3 件、森林法 3 件、草原法 3 件收养和旅游管理 2 件，其他各为 1 件。明确规定了授权条款同时又与人们的生活关系更为密切的民法通则及刑法，至今没有任何 个民族自治地方对其作出变通。1983 年 9 月 17 日，西藏自治区第四届人民代表大会常务委员会第三次会议通过了《西藏自治区实施〈中华人民共和国民事诉讼法（试行）〉的若干变通办法》，这也是唯一对民事诉讼法进行过变通的民族自治地方，但是新的民事诉讼法实施后，该变通办法并未根据新法进行修正。

表 4—1 变通立法的内容及其数量分布

序号	内容	数量	序号	内容	数量	序号	内容	数量
1	婚姻	34	7	森林	3	13	野生动物保护	1
2	计划生育	9	8	草原	3	14	妇女权益	1
3	选举	7	9	收养	2	15	水土保持	1
4	土地管理	5	10	旅游管理	2	16	国有土地	1
5	义务教育	5	11	禁毒	1	17	民事诉讼	1
6	继承	3	12	动物防疫	1	18	遗产保护	1

（五）变通立法的对象

在现行的变通补充规定中，对地方性法规进行变通有 30 件，占全部变通补充规定的 37.04%，对行政法规变通的 1 件，其余 50 件（含 1 件自治条例）为对法律的变通或补充。按照习以为常的认识，对地方性法规的变通或补充也被视为变通立法的范围，但是，依照立法法的规定，地方性法规并非变通立法的对象。

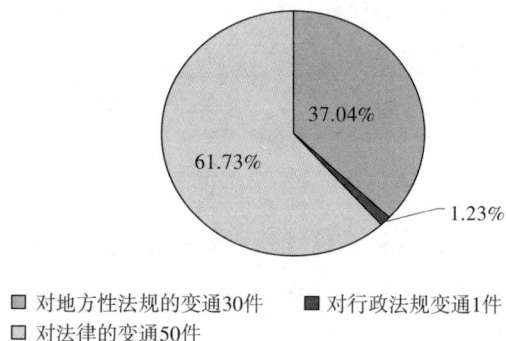

图4—7　被变通的法律、行政法规、地方性法规分布情况

（六）变通立法的主体

从现行的变通立法的立法主体上看，自治地方人民代表大会通过的变通补充规定33件（含1件自治条例），人大常委会通过的变通补充规定40件，其他8件根据现有公布的资料，无法确认立法主体是人大还是常委会。

立法法实施前，对变通立法的主体并没有明确的规定，不同法律的法条授权也不尽相同。立法法规定只有民族自治地方的人民代表大会才有权制定自治条例或单行条例，对法律或行政法规进行变通，人大常委会不具有立法自治权。

（七）变通立法的名称及表现形式

从现行的变通立法的名称上看，以"变通规定"命名的有35件，以"若干变通办法"为名的1件，以"……变通执行……意见"为名的1件，以"补充规定"为名的有35件，以"变通条例"为名的1件，以"条例"为名的1件，以"办法"为名的2件，以"规定"为名的1件，以"细则"为名的1件，以"决议"为名的1件，以"决定"为名的1件，以自治条例的变通条款表现的1件。尽管这些变通立法的名称各异，但若从法律形式上看来，除了以自治条例中的变通条款表现的1件以外，其他80件皆为单行条例，即这些变通补充立法是以单行条例作为其表现形式的。研究民族自治地方法律变通的形式，具有重要意义。第一，不同法的形式有不同国家机关或主体产生，立法者不能产生不属于自己权限范围的法的形式。研究法律变通的形式，有助于解决什么样的机关有权进行变通立法的问题。第二，法的不同表现形式表现法的不同效力等级，具有不同的位阶。研究法律变通的形式，能够明确法律变通的效力。第三，不同法的形式适合于调整不同社会关系，不同法的形式具有不同的技术特点，研究法律变通的形式，有助于立法机关运用特定立法技术进行立法变通。

表4—2　变通立法的名称及表现形式

序号	名称	数量	立法形式	序号	名称	数量	立法形式
1	变通规定	35	单行条例	7	条例	1	单行条例
2	若干变通办法	1	单行条例	8	规定	1	单行条例
3	变通条例	1	单行条例	9	细则	1	单行条例
4	变通执行……意见	1	单行条例	10	决议	1	单行条例
5	补充规定	35	单行条例	11	决定	1	单行条例
6	办法	2	单行条例	12	自治条例条款	1	自治条例

（八）变通立法的修改与废止情况

任何法律规范都会受到时代变迁的影响，而且必须与社会变迁相适应才可能实现规范特定关系的依据。1982年宪法实施以来，已经过4次修改，民族区域自治法于2001年做了修改，被变通的婚姻法等多部法律也进行了进一步完善，尤其是随着2000年立法法的颁布实施，自治条例和单行条例的制定有了更明确的依据。在这种背景下，部分民族自治地方及时修改了变通立法。其中新疆维吾尔自治区于1983年、1988年对婚姻法的补充规定做了两次修正，黔南布依族苗族自治州于1992年、1999年对婚姻法变通规定进行了两次修正。从1980年至今30年时间，共有10件变通立法进行了修正，占现行有效的变通立法的12.5%，见表4—3。

表4—3 已进行修订过的变通补充规定明细

序号	名称	通过时间	修改时间
1	新疆维吾尔自治区执行《中华人民共和国婚姻法》的补充规定	1980年12月14日	1983年9月10 1988年10月15日
2	西藏自治区施行《中华人民共和国婚姻法》的变通条例	1981年4月18日	2002年5月26日
3	内蒙古自治区执行《中华人民共和国婚姻法》的补充规定	1981年9月21日	1988年11月19日 2003年11月30日
4	黔南布依族苗族自治州执行《中华人民共和国婚姻法》变通规定	1982年12月26日	1991年2月7日
5	阿坝藏族自治州施行《中华人民共和国婚姻法》的补充规定	1983年7月12日	1988年9月26日
6	海西蒙古族藏族自治州关于施行《中华人民共和国婚姻法》结婚年龄的变通规定	1983年3月16日	2002年4月27日
7	伊犁哈萨克自治州施行《中华人民共和国婚姻法》的补充规定	1987年1月17日	2005年8月14日
8	宁夏回族自治区实施《选举法》细则	1995年1月23日	1995年9月20日
9	阿坝藏族羌族自治州施行《四川省土地管理实施办法》的变通规定	1995年1月24日	1995年7月28日
10	甘孜藏族自治州实施《四川省〈中华人民共和国草原法〉实施细则》的补充规定	1993年12月4日	2001年6月7日

从以上变通立法修改的具体情况来看，一是变通的母法发生了修改以及立法法出台，原来的变通依据发生了变化，民族自治地方的客观条件也有所改变，因而变通立法相应进行了修改；二是自治地方的名称发生了变化，如海西蒙古族藏族自治州、阿坝藏族羌族自治州等。变通立法实施后，随着时间的推移和条件的变化，一些民族自治地方适时废除了变通立法。废止的变通规定共计9件，见表4—4。

表4—4　已废止的变通补充规定明细

省/区	名称	实施时间	废止时间
贵州	紫云苗族布依族自治县执行《婚姻法》变通规定	1983年7月20日	2003年8月11日
	松桃苗族自治县执行《婚姻法》变通规定	1985年4月23日	2002年5月26日
云南	云南南涧彝族自治县关于婚姻法的变通规定	1982年12月26日	1991年2月7日
四川	马边彝族自治县施行《四川省计划生育条例》的补充规定	1995年1月23日	1995年9月20日
	峨边彝族自治县施行《四川省计划生育条例》的补充规定	1995年1月24日	1995年7月28日
广东	乳源瑶族自治县实施《广东省计划生育条例》第十条的规定	2000年7月1日	2004年6月11日
	连山壮族瑶族自治县实施《广东省计划生育条例》第十条的规定	2000年7月1日	2004年6月11日
	连南瑶自治县实施〈广东省计划生育条例〉补充规定	2000年7月1日	2004年6月11日
广西	广西壮族自治区关于乡、镇人大代表名额的补充规定	1984年5月12日	2001年5月26日

四、我国变通立法存在的主要问题

(一)民族自治地方对变通立法缺乏积极性、主动性和自觉性

由于中国两千多年的封建社会大一统的思想和新中国成立后高度集中的政治体制和传统的计划经济体制的影响，无论是行使自治权的民族地方的立法机关，还是民族自治地方的上级国家机关，对变通权行使的必要性和紧迫性都缺乏足够的认识。特别是在民族自治地方的上级国家机关中，强调统一、稳定的多，重视各民族自治地方特点的少，"一刀切"的思维定式还有着强大的惯性。而民族自治地方则谨小慎微，对变通权的行使缺乏主动性和创造性，导致民族

区域自治法律法规贯彻不力、难以落实，使得《民族区域自治法》配套法规的制定和实施缺乏行之有效的机制做保证。变通立法的缺失，给特定地方的基层司法带来了诸多难题。例如，宪法和法律赋予民族自治地方的刑法变通权一直未得到应有的重视，成为民族立法中的盲区。新中国刑法自 1980 年 1 月 1 日实施以来，尚未有任何一个民族自治地方对不适用本民族和本地方的刑法作出变通规定，刑事变通立法成了束之高阁的纸面上的权力。有些案件中，当事人规避国家法以习惯法的方式解决纠纷，而司法机关仍然以制定法的规则加以处理；或者相反，国家层次的司法救济对纠纷双方没有产生应有的效果，还需恢复民间的、非正式的方式，形成了国家法与民间法的"双重司法"。司法人员由于缺少正式的制度安排，他们也只能凭借经验和感觉，以隐蔽的智慧和迂回的技巧，小心翼翼地游走在制定法的框架和民间规则之间，进而也影响司法效率与权威。

制定了变通补充规定的民族自治地方只有 45 个，目前尚有 109 个民族自治地方没有制定任何变通补充规定，变通立法覆盖的只有 18 个少数民族，仅占全部少数民族的 32.73%，尚有 37 个少数民族未制定任何变通补充规定。

（二）理论研究薄弱

现代法治建设的成功，不仅取决于政治的力量，也有赖于学术的质量。因为无论是总结本国的实践经验把它抽象为普遍适用的规范，还是借鉴外国的成功方法以缩短摸索的过程或减少失误的代价都需要在法律、制度及其社会效果研究上的理论造诣。目前我国民族法学研究比较薄弱，主流法学学者对此问题几乎无人涉足，权威法学期刊也很少刊载民族法学方面的研究论文。已有的研究成果政策性阐释的、宏观的较多，对民族法的有关技术细节和法理问题也少有人关注，因而在理论和实践中都存在着模糊的、甚至错误的认识和做法。没有理论指导的实践是盲目的实践，法学理论研究的深度和广度也会推动立法和司法水平的提高。美国法学家弗里德曼讲道："法典背后有强大的思想运动。"变通立法和司法需要更多的法学专家的研究和关注，以促进民族自治地方的民族法治建设。民族法学和民族法制理论研究对民族法制建设实践具有提供理论依据和进行理论指导的作用。在新的形势下，民族法制建设面临许多新情况、新问题，需要更加重视和加强理论研究工作，使理论研究更好地发挥出先导性、全局性和基础性的作用。现有的理论成果不能为变通立法提供强有力的支撑。

（三）欠缺规范与标准导致相关统计口径不一

目前已公布的文件、报刊和相关的法律法规汇编中，尚无完整、确切与权威的关于民族自治地方变通与补充立法的统计数字。可能由于统计指标取舍不同，也可能存在着对自治立法认识的差异，即便同一时期公布的数字也不尽相同，甚至出现了 2006 年全国人大常委会执法检查组公布的数字反比 2008 年、2009 年的一些统计数还多的情形。这也从一个侧面反映了对变通补充规定与自治条例和单行条例关系的认识不足以及理论研究的薄弱与欠缺。

表 4—5　有关报刊文件及法律法规汇编关于自治立法的统计

序号	资料载体及时间	名称及作者	内容
1	求是 （第 20 期） 2009/10	新中国 60 年民族法制建设 马启智	据统计，截至 2008 年年底，国务院有关部委制定了 22 件配套性文件或规章，四川、海南、重庆等省市出台了 13 个贯彻实施民族区域自治法的地方性法规，民族自治地方制定了 137 个自治条例、510 个单行条例、75 个变通和补充规定，民族区域自治法配套法规建设成绩喜人。（自治条例、单行条例及变通补充规定总数为 722）
2	求是 （第 19 期） 2009/10	光辉的实践　正确的道路——新中国民族工作60 年的成就和经验 杨晶、杨传堂	民族自治地方也先后制定了 637 个自治条例、单行条例以及对有关法律的变通和补充规定，基本形成了中国特色的民族法律体系。（自治条例、单行条例及变通补充规定总数为 637）
3	人民日报 2009/12/22	健全地方政权体制坚持完善人大制度 王兆国	据统计，截至 2008 年年底，全国各地现行有效的地方性法规、自治条例和单行条例 8649 件，其中省级地方性法规 5162 件，较大的市的地方性法规 2534 件，经济特区法规 255 件，自治条例 138 件，单行条例 560 件。（自治条例、单行条例及变通补充规定总数为 698）

序号	资料载体及时间	名称及作者	内容
4	白皮书 2009/09	中国的民族政策与各民族共同繁荣发展 国务院新闻办公室	截至 2008 年年底，民族自治地方共制定了 637 件自治条例、单行条例及对有关法律的变通或补充规定。（自治条例、单行条例及变通补充规定总数为 637）
5	法律汇编 2008/12	中华人民共和国民族法律法规全书 全国人大民族委员会主编	该书为 4 册，收录的自治条例 136 件、单行条例 474 件、变通补充规定 70 件，总计 680 件
6	法制日报 2008/12/14	细数三十年民族法制建设大发展 毛公宁	目前全国 155 个民族自治地方出台了自治条例 134 个，单行条例 418 个，对相关法律的变通和补充规定 74 件。初步形成了贯彻民族区域自治法的法规体系。（自治条例、单行条例及变通补充规定总数为 626）
7	全国人民代表大会常务委员会公报 2006/12/27	关于检查《中华人民共和国民族区域自治法》实施情况的报告 全国人大常委会执法检查组	到目前，已出台部颁规章 3 件；自治条例 135 个，单行条例 447 个，变通或补充规定 75 件。（自治条例、单行条例及变通补充规定总数为 657）

（四）立法内容单一

从整体上看，变通立法在数量和范围上还远远不能适应民族地区和少数民族经济和社会发展的需要，内容较为单一，调整面狭窄，缺乏民族性和地方特色，多数变通立法局限于婚姻方面，而纵观目前我国婚姻法变通补充的内容不难看出，除了结婚年龄变通、个别自治地方对于三代以内旁系血亲的变通等是强制性规则，不允许人们随意更改或选择之外，其他内容大部分是对婚姻法内容的进一步重申或强调，有的甚至是对婚姻法条文的简单重复，不同自治地方的变通规定也大同小异，地方特色与民族特色不强。关于民族地方经济、少数民族传统文化保护等方面的变通立法至今阙如，少数民族地区生态环境保护变通也比较薄弱，与少数民族群众生活关系密切的基本法律民法、刑法、诉讼法也都没有变通。变通立法的缺失给民族自治地方的司法尤其是基层司法带来了很多困难，因为完全以国家法作为裁判依据可能给特定地区的特定案件带来实质的不公正，达不到社会效果和法律效果的统一。在适用法律的过程中，严格执法甚至会带来很大的负面作用和消极影响，基层法院的法官因而灵活地在国家法与少数民族习惯法之间进行某种平衡与妥协，巧妙地将少数民族习惯、乡土正义观与国家制定法结合在一起。事实上，基层法官巧妙地规避了可能运用的制定法而导致其缺席，事实上这更大程度上缘于变通立法本身的不足。特定的民族文化立场和观念对于这种文化环境中的法律发展方向及其运作起着某种程度的决定作用，并顽强地抗拒与其不相适应的法律原则和制度。在民族地区的基层司法实践中，不同形态的习惯法以不同的方式和路径迂回曲折地进入到纠纷解决和刑事司法过程，这虽然不符合制定法的逻辑以及主流和传统的刑法理论，但确是一种真实而有力的存在。

（五）修订工作严重滞后

变通立法 30 多年来，社会经济状况发生了很大变化，宪法、民族区域自治法都进行了修改，立法法也于 2000 年颁布实施，被变通的法律本身也有的进行了修改，但截至目前，只有约 10 件变通补充规定进行过修正。以婚姻法为例，婚姻法于 2001 年 4 月 28 日进行了修正，有关变通的条款也按照立法法的规定相应地进行了修改，但是只有约 1/5 左右的关于婚姻法的变通补充规定做了修订。从法理上讲，如果被变通的法律进行了修改或废止，那么以原来的法律进行的变通也就成了无源之水、无本之木，其效力也应自然终止，皮之不存，毛将焉附？因此，如果被变通的法律进行了修改，相应的变通补充规定必然要适时作出修改。

（六）不同法律授权民族自治地方制定变通补充规定的条款不统一

我国森林法授权自治机关可以制定变通或者补充规定，自治机关包括人大和自治地方政府，而地方政府不是自治立法的主体，不享有立法自治权。收养法规定民族自治地方的人民代表大会及其常务委员会可以制定变通的或者补充的规定，而人大常委会同样无权进行自治立法。刑法第 90 条规定："民族自治地方不能全部适用本法规定的，可以由自治区或者省的人民代表大会根据当地民族的政治、经济、文化的特点和本法规定的基本原则，制定变通或者补充的规定，报请全国人民代表大会常务委员会批准施行。"而省和直辖市没有制定自治条例和单行条例的立法权限，任何不实行民族区域自治的地方人大都无权制定自治条例和单行条例。而刑法变通只能通过自治条例和单行条例两种规范形式来行使，因此，省级人大制定刑法变通规定就成了无法实现的悖论。即便不考虑立法权限，该法也同样遗漏了对于辖有自治地方的重庆直辖市的立法授权。同时，上述几部法律规定的批准和备案机关也不尽一致。森林法规定变通或补充规定应"依照法定程序报省、自治区或者全国人民代表大会常务委员会批准施行"，但未规定备案机关，也未明确区分不同层级自治地方变通与补充立法批准机关的差异。我国收养法、继承法的相关条文是"自治区的规定，报全国人民代表大会常务委员会备案。自治州、自治县的规定，报省或者自治区的人民代表大会常务委员会批准后生效，并报全国人民代表大会常务委员会备案。"对于自治区的变通和补充规定没有规定批准机关，只规定了备案机关。民法通则规定"自治区人民代表大会制定的，依照法律规定报全国人民代表大会常务委员会批准或者备案"，在备案和批准间是个选择关系，而民事诉讼法对于自治区制定的变通或补充规定，则只设定了批准机关。

（七）变通立法质量有待进一步提高

一些变通立法的缺乏地方特色与民族特色，没有更多地考虑和顾及到当地的生产生活习俗，为变通而变通的现象较为突出。变通补充规定主要是对法律行政法规的修改变化或补充，但一些变通立法却不惜笔墨重复法律的原则和内容，照抄法律条文，针对性不强，立法质量不高。

西藏自治区对于婚姻法变通规定的修订则存在着技术性差错，该法于2004年根据修正的婚姻法进行了相应的修改，但是，其变通条例的依据部分还是仍然是"根据中华人民共和国婚姻法第三十六条的规定"，而婚姻法关于变通的规定是修改后的第50条而非第36条，变通条例却没有据此进行修改。

第三节　完善我国民族区域自治地方变通立法的对策建议

一、开展变通补充规定制定与执行情况的专项检查

全国人大常委会执法检查组于 2006 年 7—9 月对《中华人民共和国民族区域自治法》实施情况进行了检查。这是该法颁布实施 22 年来，由全国人大常委会组织的第一次执法检查，有力地促进了民族自治地方加快经济社会发展情况和民族区域自治法的配套法规建设情况。鉴于变通立法在我国民族法体系中的重要地位和立法现状，建议有关国家机关组织立法、司法部门，开展变通立法的专项检查，以进一步摸清情况，找准问题，总结变通立法的经验教训，为民族自治地方变通立法提供借鉴。

二、建立科学的民族法律清理制度

2009 年，全国人大启动了大规模的法律清理并取得了重要成绩。法律清理工作是加强和改进立法工作，保证法律体系自身科学、统一、和谐，如期实现立法目标的一项重要举措。而民族法律体系的形成和发展，直接关系党的十五大确立的到 2010 年形成中国特色社会主义法律体系的宏伟目标能否实现。

建议国家民委及有关部门组织力量进行变通立法的清理工作，对现行变通立法中某些明显不适应不协调的规定进行系统梳理、分析和研究，查找存在的问题，区分不同情况，及时通过修改、废止、解释等方式作出必要的调整和完善。法律清理是一种专门的立法活动，其主体和权限都是特定的。有权制定或批准不同层次民族法律法规的立法机关要在各自的职责范围内，成立专门机构，对现有的法律法规进行分类、整理与审查，考查其合法性、合理性、适用性、操作性等内容，提出对本立法机关制定的法律规范清理的意见或报告，交由本立法机关审议。立法机关最后根据审议的具体结果，进行民族法的立、改、废工作，对需要统筹修改完善的法律法规，列入立法规划或年度计划，加

紧进行修改。由于我国很多民族自治地方的自治条例和单行条例制定的时间比较早，而对其进一步规范的立法法出台相对较晚，其上位法民族区域自治法也进行了修订，再加上自治地方立法技术和水平的局限，自治条例和单行条例与法律矛盾抵触的情形难以避免，通过法律清理使之进一步规范协调，是行之有效的方法。

三、制定《自治条例、单行条例制定程序条例》

立法法实施后，为了保证行政法规、规章的立法质量，国务院制定了《行政法规制定程序条例》《规章制定程序条例》，对行政法规和规章的名称、立项、起草、审查、决定、公布、解释等做了明确完整的规范。享有民族自治地方自治立法权的主体多，区域分布广，立法技术水平参差不齐，不具有地方性立法权的自治州、自治县也具有立法自治权，但不可否认的是，自治州、自治县的立法力量相对薄弱。因而，为了保证自治条例、单行条例的立法质量，建议根据宪法、民族区域自治法和立法法的有关规定，由有关部门制定《自治条例、单行条例制定程序条例》，对变通立法的名称、立项、起草、审查、决定、公布、解释作出明确规定，使自治条例和单行条例立法具有程序上的可操作性规定，以更好地规范民族自治地方自治立法。

四、加强民族立法理论研究和民族自治地方立法队伍建设

加强对民族立法的理论研究工作，改变目前民族法学研究的现状，以成熟的理论指导民族立法工作实践。国家及省、自治区和直辖市的社科规划部门应对民族立法的研究项目予以优先扶持和资助，民族自治地方人大和辖有自治州、自治县的省的人大要重视民族自治地方立法研究，作出民族自治地方立法理论研究的规划和计划，并把它作为一项经常性工作，做到有部署、有检查、有总结。逐步培养一批专门研究民族法的研究团队和群体，力争出品具有较高水平和理论深度的研究成果，面向现实，切实回答民族立法中面临的新问题。

大力加强民族立法队伍建设。自治州、自治县没有地方性法规制定权，立法队伍立法经验不足，因此要加强自治区和辖有自治州、自治县的省以及自治州、自治县的人大和其常委会的立法队伍建设，增加人员编制，健全立法机构，提高立法人员民族法律素质。同时，要提高民族自治地方、上级人大及其常委会工作人员的民族法律素质。他们不仅要熟悉宪法和一般法律，而且要深入研究少数民族和民族地区实际，找准地区特点和民族特色；不仅要学习和弘扬本民族的优秀传统文化，汲取习惯法之精华，而且要学习外省、自治区、自治州和自治县民族立法的经验，还要借鉴国外民族立法的经验和教训。

五、拓展变通立法内容

少数民族习惯法作为我国民族地区少数民族维护社会秩序，解决矛盾和冲突的民间规则，具有深厚的历史传承、文化根基和生存土壤。它是各民族特有的心理、意识的反映，是构成民族特征的重要方面，也是一个民族的重要标志之一。习惯法在少数民族地区保存相对完好，相比汉族地区，其习惯法更加受到民众的支持与信赖，因而更加顽强有力。在现有的制度空间和法治框架下，"国家制定法与民族习惯法完全可以而且必须结合成既一体又多元的文化复合体"，[1] 以变通立法的形式将少数民族习惯法纳入国家法的正式渊源，实现包容与差异的有机统一。采取有效措施清理、改造、接纳和提升少数民族习惯法，将其优秀部分有机地融入到变通立法中，可以缓解国家法与习惯法的紧张关系，赋予习惯法以法律效力，有效地解决国家制定法与少数民族习惯法的冲突。此时的少数民族习惯法被赋予了国家制定法的形式外壳，是国家法的必然组成部分，即由国家认可的习惯法。以单行条例或自治条例为变现形式的变通立法，可以使少数民族习惯法摆脱在司法过程中的尴尬境遇，消除习惯法司法适用的障碍，使基层司法更好地达到社会效果和法律效果的统一。以婚姻法为例，有关婚姻的习惯法是中国少数民族习惯法的重要组成部分，但是这些习惯

---

① 　陈金全：《西南少数民族习惯法研究》，法律出版社 2008 年版，第 350 页。

法并没有被婚姻法的变通补充规定合理地吸收进来，国家法与习惯法在婚姻领域的冲突与紧张关系没有得到有效缓解和合理调适。将少数民族婚姻习惯法纳入婚姻法变通的内容，可以使法律得到更好的认知和信守。根据少数民族习惯法的不同内容，可以分别采取以下措施：一是对与当代法律理念和人文精神相悖，有较大社会危害性的行为和行为规范，在立法中应予以禁止，必要时还可确立相应的制裁措施。二是对与当代法律理念和人文精神相符，具有代表性的优秀文化观念、风俗习惯，在立法中应予以提倡。如苗族尊老爱幼、姨表不婚的习惯等。三是对于与现行法律的具体规定有抵触，但不违背宪法和法律的基本原则的文化观念、风俗习惯，应尊重民族特点，在立法中予以确认。四是对于一些与社会文明不相容的习俗，如果在民间仍有影响力，并未丧失存在条件的，应在不违背宪法原则的前提下，做适当变通，如事实婚姻等。①

六、努力提高立法技术水平

（一）规范民族自治地方立法的形式和名称

立法法规定，变通立法只能通过自治条例或单行条例的形式来进行，为进一步完善民族自治立法，建议今后民族自治地方对法律和行政法规变通和补充的名称按照其内容，统一为"……变通条例"或"……补充条例"。自治州、自治县对地方性法规变通补充的，不再冠以"变通"或"补充"的名称，建议统一为"……实施办法"，需要特别统计变通立法时，也不再将其统计在内。如果被变通的地方性法规是对针对法律制定的具体实施办法，自治州和自治县最好是对该法律进行变通，这样可以避免对地方性法规进行变通可能导致的效力冲突问题。

对目前将变通、补充规定与自治条例和单行条例并列为民族自治地方立法形式的习惯做法应尽快加以纠正。国家和政府有关部门在涉及自治立法的表述

---

① 田钒平、王允武：《善待少数民族传统习俗的法理思考》，《贵州民族学院学报（哲学社会科学版）》2007年第3期。

中需要强调变通立法的，可以在自治条例和单行条例后面加注括号的形式予以特别说明。如"我国目前已制定自治条例××件，单行条例××件（其中变通补充规定××件）"。

（二）不同法律授权民族自治地方立法的条款要彼此协调

民族自治地方自治立法不同于一般的地方性立法，其立法主体是特定的民族自治机关。不是所有的民族自治机关都是民族自治地方自治立法的主体，只有民族自治地方的人民代表大会才能行使立法自治权，而人大常委会和自治地方政府不是自治立法的主体。不同法律规定的被授权立法机关、报批机关和备案不统一，程序上也存在着差异，致使不同的法律对同一问题的规定不一致，有的甚至超出了民族自治地方的立法权限，应进一步规范和清理，按照《立法法》的规定，统一作出修改和部署。加强和改进立法技术，避免与法律规定不一致、不衔接的问题，以保证民族法律体系的和谐统一。

七、及时修订变通立法

2000年颁布实施的立法法以及2001年修订通过的民族区域自治法，为修订自治条例和单行条例提供了法律依据。自治条例和单行条例立法的制定、修改机关和程序要符合立法法的要求，其内容也要根据民族自治地方政治、经济和文化的新特点和新情况，适时作出修改和补充。如1981年西藏自治区人大常务委员会通过的《西藏自治区施行〈中华人民共和国婚姻法〉的变通条例》第7条规定："各县人民代表大会和它的常务委员会，可以依照中华人民共和国婚姻法和本条例的原则，结合当地少数民族婚姻家庭的具体情况，制定某些变通的或补充的规定，报请自治区人民代表大会常务委员会批准后施行。"然而，西藏自治区没有州县两级自治地方的设置，因而该条规定本身就存在着立法缺陷；而修订后的《婚姻法》也将婚姻法变通的机关修改为与立法法相一致，即自治区、自治州、自治县的人民代表大会，不包括人大常委会。如果西藏婚姻法的变通不及时加以修改，既不符合立法法的规定，也与婚姻法相冲突。因此，西藏自治区人大在2004年即通过了变通条例修正案，取消了该条例的第

7条，使单行条例与法律之间达到了和谐统一。

变通立法是宪法、民族区域自治法和立法法赋予民族自治地方的立法权，是充分尊重各自治地方自治权的表现。各自治地方首先应该增强自治立法的主动性和积极性，认真行使法律所赋予的自治权，完善民族区域自治地方变通立法，实施民族法制体系建设工程，逐步健全民族法制体系。

第五章　我国民族自治地方刑法变通的反思与重构

刑法变通实质上是民族自治地方在犯罪与刑罚方面所享有的立法自治权，即在统一适用我国刑法典的基础上，对于不适用于本自治地方的刑法条文，由民族自治地方立法机关通过正式立法程序加以变通后，在民族地方内适用。有学者从刑事法律包含刑事实体法、刑事程序法、刑事执行法的理论出发，将民族自治地方的刑法变通界定为民族自治地方根据宪法、民族区域自治法、立法法、刑法等法律的授权规定，在不能完全适用刑事实体法、刑事程序法有关规定的情况下，根据本民族自治地方的政治、经济、文化等特点，在不违背宪法和刑事法治基本原则、基本制度的前提下，按法定程序制定变通规定的活动。① 我们在此探讨的刑法变通只限于刑事实体法，不包括刑事程序法。

第一节　民族自治地方刑法变通的性质及依据

一、刑法变通的客观依据

"如果不认识矛盾的普遍性，就无从发现事物运动发展的普遍的原因或普

---

① 　金忠山：《刑事变通法律问题研究》，中央民族大学 2013 年度博士论文，第 14 页。

遍的根据；但是如果不研究矛盾的特殊性，就无从发现事物运动发展的特殊原因，或特殊的根据，也就无从辨别事物，无从区分科学研究的领域。"① 因为"无论政治的立法抑或市民的立法，都只是表明和记载经济关系的要求而已"，②"当地民族政治、经济和文化的特点"，是民族区域自治的客观基础，也是刑法变通的客观依据。毛泽东在《关于中华人民共和国宪法草案》一文中指出："少数民族问题，它有共同性，也有特殊性。共同的就适用共同的条文，特殊的就适用特殊的条文。"③ 少数民族问题的共同性是一种客观实际情况，是保证宪法、法律、行政法规在民族自治地方内遵守和执行，保障法制统一的客观基础。我国领土广阔，地理和生态环境复杂，长期生存和繁衍于这块土地上的各民族，自古就形成了类型多样、形态各异的生产方式和经济形态特征。不同民族生产方式、生活方式、思维方式和宗教信仰等的差异，决定了他们纠纷解决方式和据以适用的规则的差异。孟德斯鸠认为："法律应该和国家的自然状态有关系；和寒、热、温的气候有关系；和农、猎、牧各种人民的生活方式有关系。法律应该和政制所能容忍的自由程序有关系；和居民的宗教、性癖、财富、人口、贸易、风俗、习惯相适应。最后，法律和法律之间也有关系，法律和它们的渊源，和立法者的目的，以及和作为法律建立的基础的秩序也有关系。应该从所有这些观点去考察法律。……这些关系综合起来就构成所谓法的精神。"④ 每个民族必然有其特有的法文化，相反，不可能有游离于特定民族的、带有一定普遍意义的法律制度，法律是民族精神的体现。"鉴于各少数民族文化的差异，有必要对统一的国家制定法加以变通，在刑事领域即刑法典部分条款的变通。具体变通内容应充分考虑少数民族的风俗习惯、传统观念、文明程度、宗教信仰、封建迷信等特点"，⑤ 因俗而治，因地制宜，"修其教不易其俗，齐其政不易其宜"，⑥ 少数民族的这种特殊性正是刑法变通的客观依据。

---

① 《毛泽东选集》第一卷，人民出版社 1991 年版，第 309 页。

② 《马克思恩格斯全集》第 4 卷，人民出版社 1995 年版，第 122 页。

③ 《毛泽东文集》第六卷，人民出版社 1999 年版，第 327 页。

④ [法] 孟德斯鸠：《论法的精神》，张雁深译，商务印书馆 2004 年版，第 7—8 页。

⑤ 吴大华：《论少数民族犯罪的立法控制》，《云南大学学报（法学版）》2005 年第 2 期。

⑥ 《后汉书》。

二、刑法变通的法律依据

我国宪法第 116 条规定："民族自治地方的人民代表大会有权依照当地民族的政治、经济和文化的特点，制定自治条例和单行条例。自治区的自治条例和单行条例，报全国人民代表大会常务委员会批准后生效。自治州、自治县的自治条例和单行条例，报省或者自治区的人民代表大会常务委员会批准后生效，并报全国人民代表大会常务委员会备案。"宪法是国家的根本大法，具有最高的法律效力。刑法变通必须以宪法为根本的立法原则，不能与之相抵触。我国民族区域自治法第 19 条的规定与宪法第 116 条的规定几乎相同，只是备案机关增加了国务院。民族区域自治法是贯彻民族区域自治制度的基本法，刑法变通是落实民族区域自治制度的有机组成部分，变通的内容不得与民族区域自治法的基本精神相悖。

我国刑法第 90 条规定："民族自治地方不能全部适用本法规定的，可以由自治区或者省的人民代表大会根据当地民族的政治、经济、文化的特点和本法规定的基本原则，制定变通或者补充的规定，报请全国人民代表大会常务委员会批准施行。"这是刑法变通的直接依据。由于立法法规定的民族自治地方的规范性法律文件形式只有自治条例和单行条例，因此只能采取这两种形式对法律和行政法规的规定作出变通。

三、刑法变通的政策依据

刑事政策是刑事立法与刑事司法的指导，刑法理论的发展也在很大程度上取决于科学的刑事政策观的确立。[①] 民族刑事政策是我国民族政策在刑事立法、司法的具体表现。中共中央 1984 年第 5 号文件提出"对少数民族中的犯罪分子要坚持'少杀少捕'，在处理上一般要从宽"，即通常所说的"两少一宽"，它是我国民族政策在刑事司法中的具体体现，是"惩办与宽大相结合"这项基本形式政策的具体化。其含义是根据少数民族和少数民族地区在整体上的特殊

---

① 陈兴良：《刑事法治视野中的刑事政策》，《江苏社会科学》2004 年第 5 期。

性，比照对汉族犯罪分子类似行为的一般处理上，要从宽掌握，在认定和处罚上，变通执行法律。[①]"少捕、少杀，处理上一般从宽"应当是对与民族特点和民族问题相联系的犯罪包括刑事立法和司法（定罪、量刑和行刑）、实体和程序一体化的从宽处理。"少捕"不仅指向程序上更少使用剥夺人身自由的强制措施，而且指向实体的非犯罪化和轻刑化；"少杀"不仅指向实体上的依法适用轻罪和适用刑罚的从轻、减轻，而且指向适用死刑程序上的更加严格；"处理上一般从宽"是总的原则，应当指向少数民族犯罪刑事立法和司法、实体和程序上的从宽。[②] 司法实践证明，贯彻执行"两少一宽"民族刑事政策，既打击了犯罪，又维护了少数民族地区的团结与稳定。在建设和谐社会的背景下，2006 年 3 月，第十次全国人民代表大会第四次会议上的《最高人民检察院工作报告》和《最高人民法院工作报告》不约而同地提出了要认真贯彻"宽严相济"的刑事政策。2006 年 10 月，中共中央十六届六中全会中共中央关于《构建社会主义和谐社会若干重大问题的决定》明确提出"实施宽严相济的刑事司法政策"。"刑事政策是刑法的灵魂与核心，刑法是刑事政策的条文化与定型。因此，刑事政策对于刑法的制定与适用都有着直接的指导意义。"[③]"宽严相济"刑事司法政策丰富了少数民族刑事政策的内涵，也是刑法变通的政策基础。

四、刑法变通的法理依据

我国刑法理论认为，行为具有严重的社会危害性是犯罪的本质特征。[④] 行为社会危害性的有无及其程度决定着行为是否构成犯罪以及罪行的轻重，而行为社会危害性的有无及其程度，则与社会的政治、经济、文化以及历史传统等有着密切的联系，与社会公众的正义观和价值观相联系。某种行为在一定形势

---

① 黄太云、滕炜：《中华人民共和国刑法释义与适用指南》，红旗出版社 1997 年版，第 345 页。

② 谢望原、季理华：《宽严相济视野中少数民族刑事政策的发展与完善——以西北少数民族地区为视角》，《福建警察学院学报》2008 年第 1 期。

③ 陈兴良：《刑事政策视野中的刑罚结构调整》，《法学研究》1998 年第 6 期。

④ 马克昌主编：《刑法学》，高等教育出版社 2003 年版，第 30 页。

下具有严重的社会危害性，因而被规定为犯罪；而在另一种形势下，可能丧失其严重的社会危害性而不再规定为犯罪。在以中原儒家法律文化为核心的中华法系多元一体的格局中，中国历史上各少数民族在长期的社会生活实践中累积而成的具有不同特色的文化，与华夏族文化之间呈现明显的差别。这种差别决定了某些具有严重社会危害性并为刑法所禁止的行为，在一些民族地区并不具有社会性危害性，而是他们日常生活的一部分。例如，很多少数民族都有穿金戴银的传统，生产、买卖黄金、白银饰品是自然而然的事情，但是如果不考虑到民族特点，这些行为可能就构成了我国刑法第 225 条规定的"非法经营罪"。某些少数民族地区保留有传统的恋爱习俗，广西金秀县的瑶族往往通过唱山歌等方式实现沟通，在民族节日或者传统社交活动中，某些少数民族男青年摸弄、搂抱女青年，甚至采取追赶、撬门等方式追求女青年，对女青年有一定程度的猥亵行为，某些情况下带有强制性。如果不顾及民族特点和习俗，不加变通地一概认定这些行为构成刑法第 237 条规定的"强制猥亵、侮辱妇女罪"，与立法的精神和宗旨也不一定完全契合。因此，同一行为是否为民族自治地方的少数民族公民实施，其社会危害性的有无及大小也不一样。既然民族自治地方的少数民族群众因民族习俗等原因而实施的行为其社会危害性在质与量上与其他地区有着明显的不同，那么，根据定罪量刑必须以行为的社会危害性及其程度为基本依据的刑法原理，就应当允许对那些与少数民族特点直接关联而为刑法所禁止的危害行为区别对待，赋予民族自治地方以刑法变通权。当然，少数民族群众在物质水平全面提升的同时，其精神面貌也焕然一新，少数民族风俗习惯中的陈规陋习逐渐退出历史舞台，随着对党的政策和国家法律也有了较全面的了解，法律意识也逐年提高。在民族自治地方变通立法的过程中，也要善于扬弃，不能将陈规陋习视为想当然的东西，要发挥法律的引导作用，用变通立法引导文明向上、积极健康的生活。

借助文化唯物主义的主位与客位研究方法可以更好地说明这个问题。人类学家哈里斯认为，研究人类社会生活，对于一项活动或事件，可从两个不同的角度，即参与者和旁观者的立场去观察和分析人们的思想和行为。前者称为"主位研究法"，后者称为"客位研究法"。检验主位研究法的记述和分析是否恰当，是看其是否符合当地人的世界观，是否被当地人认为是正确的、有意义的、恰当的。① 对于某个行为是否构成犯罪，是否具有社会危害性，也应站在族民本身的立场，考察其存在的原因、运作的方式和意义。而不是从法律中心主义、法律万能主义立场出发，仅仅依靠法条就作出有罪的判断。有学者认为，"如果在立法、执法、司法和法学研究中不具有一种主位的思考、研究方式，所制定出来的法律往往是不全面的，执法和司法活动也将是机械的，而研究成果则是缺乏解释力量苍白无力的。……主位的思考方法可以帮助我们克服自我中心主义和法律中心主义带来的封闭和狂妄自大。也只有这样才能在法治秩序建构的努力中找到可行和现实的方法。"②

第二节　我国刑事变通立法缺失的深层原因

截至 2003 年年底，我国 155 个民族自治地方共制定自治条例 133 个、单行条例 384 个，对婚姻法、继承法、选举法、土地法、草原法等法律的变通和补充规定有 68 件。③ 然而，我国刑法自 1979 年颁布实施已将近 30 年，迄今为止，尚没有任何一个民族自治地方对刑法做过变通或补充规定，宪法和法律赋予民族自治地方的刑法变通权成了被搁置与虚设的权力。

一、诸法的无序与冲突

（一）刑法第 90 条的规定是否超越立法权限

我国宪法第 62 条规定："全国人民代表大会制定和修改刑事、民事、国家机构和其他的基本法律。"该法第 67 条第（三）项又规定："在全国人民代表大会闭会期间，全国人大常委会有权对全国人民代表大会制定的法律进行部分

---

① 黄淑娉、龚佩华：《文化人类学理论方法研究》，广东高等教育出版社 2004 年版，第 338 页。
② 张晓辉、方慧主编：《彝族法律文化研究》，民族出版社 2005 年版，第 344 页。
③ 国务院新闻办公室：《中国的民族区域自治》白皮书，《人民日报》2005 年 3 月 1 日。

补充和修改，但不得同该法律的基本原则相抵触。我国立法法第8条规定："下列事项只能制定法律：……（四）犯罪和刑罚；（五）对公民政治权利的剥夺、限制人身自由的强制措施和处罚；……"第9条规定："本法第八条规定的事项尚未制定法律的，全国人民代表大会及其常务委员会有权作出决定，授权国务院可以根据实际需要，对其中的部分事项先制定行政法规，但是有关犯罪和刑罚、对公民政治权利的剥夺和限制人身自由的强制措施和处罚、司法制度等事项除外。"宪法和立法法明确规定了制定有关犯罪与刑罚的法律的权力归属，制定和修改刑法等基本法律的权力只能由全国人大及其常委会行使，具有专属性。国务院、各省、自治区和直辖市的人大及其常委会不可能被授权根据地方需要，制定犯罪与刑罚的法规。立法法规定了法律规范的效力等级、制定程序以及冲突解决方式，在某种意义上是"法律的法律"，① 法律、法规法律、行政法规、地方性法规、自治条例和单行条例的制定、修改和废止都必须遵守立法法。而自治条例和单行条例是宪法和法律赋予民族自治地方的立法自治权，在效力上显然低于法律。刑法第90条授权省和自治区的人民代表大会可以制定关于犯罪和刑罚的变通规定，与立法法相冲突，属于下位法违反上位法的情形，超越了法定的立法权限。

但我们仔细考查宪法和立法法的相关规定，却又可能得出相反的结论。宪法第5条规定："国家维护社会主义法制的统一和尊严。一切法律、行政法规和地方性法规都不得同宪法相抵触。"第67条第8项规定："全国人民代表大会常务委员会行使下列职权：……（八）撤销省、自治区、直辖市国家权力机关制定的同宪法、法律和行政法规相抵触的地方性法规和决议；……"立法法第72条第1款规定："省、自治区、直辖市的人民代表大会及其常务委员会根据本行政区域的具体情况和实际需要，在不同宪法、法律、行政法规相抵触的前提下，可以制定地方性法规。"可见，对于地方性法规的限制是"不同宪法、法律、行政法规相抵触"。而立法法第75条对于自治条例、单行条例和变通规定的限定是"不得违背法律或者行政法规的基本原则"，也就是说民族自治地方自治立法不受"不得同宪法、法律、行政法规相抵触"的限制，在不违反上

---

① 张千帆：《宪法学导论》，法律出版社2004年版，第254页。

位法的基本原则的情况下，可以突破现行法律的规定。从这个意义上说，《刑法》赋予民族自治地方刑事立法权符合宪法和法律的规定。

（二）刑法授权的变通机关存在逻辑上的混乱

民族自治地方分为自治区、自治州和自治县三级。立法自治权是民族自治地方的立法机关依照法定程序行使的一种特定权力。我国宪法、立法法和民族区域自治法明确规定，民族自治地方的人民代表大会有权依照当地民族的政治、经济和文化的特点，制定自治条例和单行条例。按照立法法第72条之规定，没有实行民族区域自治的省、直辖市的人民代表大会及其常务委员会根据本行政区域的具体情况和实际需要，在不同宪法、法律、行政法规相抵触的前提下，可以制定地方性法规。此规定排除了省和直辖市制定自治条例和单行条例的立法权限，任何不实行民族区域自治的地方人大都无权制定自治条例和单行条例。而刑法变通只能通过自治条例和单行条例两种规范形式来行使，因此，省级人大制定刑法变通规定就成了无法实现的悖论。根据刑法第90条的表述可以看出，自治区及其所属的自治州、自治县以及省所辖的自治州、自治县，如果不能全部适用刑法的，都可以适用刑法的变通规定。但是，刑法变通的立法权限只限于省和自治区，限制了自治州和自治县的刑法变通权限。在立法法尚未出台的背景下，这样规定似乎考虑到了犯罪与刑罚关系到人民的生命、财产、自由和安全，立法权限不宜过于下放，但却忽略了省级人大无权制定自治条例和单行条例这样一个基本事实，刑法第90条的规定不适当地扩大了省级人大的立法权。即便不考虑制定自治条例和单行条例的权力归属，刑法第90条仍然是不严密的，因为它遗漏了作为与省和自治区平级的另一个立法主体——重庆直辖市。虽然北京、上海和天津这三个直辖市没有下辖的民族自治地方，但1997年3月全国人大批准设立的重庆却有四个自治县。假如重庆酉阳土家族苗族自治县的民族风俗和习惯不能全部适用现行刑法的规定而须作出变通，而重庆市人大却不具备这样的权力，那么就造成了不同的民族自治地方在刑法变通权方面存在着事实上的不平等。

有学者认为，刑法第90条遗漏了自治州和自治县应享有的刑法变通权。因为制定民族刑法的前提条件是民族自治地方不能全部适用刑法，从逻辑上讲，只要不能全部适用刑法的民族自治地方都可以当地民族的政治、经济、文化的特点和刑法规定的基本原则，制定变通或者补充的规定。我国的民族区域自治地方包括自治区、自治州、自治县，自治州、自治县的自治机关享有的自治权与自治区的自治机关所享有的自治权是一样的，没有等级差别，只是自治权的实施范围因行政区域大小不同而有所不同。刑法第 90 条规定只有自治区或省的人民代表大会才能制定变通或补充的民族刑法，实质上剥夺了自治州、自治县作为自治机关所享有的与自治区相同的立法权。[①]

二、历史的惯性和认识上的误区

由于中国两千多年的封建社会大一统的思想和新中国成立后高度集中的政治体制和传统的计划经济体制的影响，无论是行使自治权的民族地方的立法机关，还是民族自治地方的上级国家机关，对变通权行使的必要性和紧迫性都缺乏足够的认识。特别是在民族自治地方的上级国家机关中，强调统一、稳定的多，重视各民族自治地方特点的少，"一刀切"的思维定式还有着强大的惯性。而民族自治地方则谨小慎微，对变通权的行使缺乏主动性和创造性，导致民族区域自治法律法规贯彻不力、难以落实，使得民族区域自治法配套法规的制定和实施缺乏行之有效的机制做保证。[②] 有学者认为刑法第 90 条的规定折射出刑法对于民族文化的认可甚至是某种意义的妥协。制定法对于少数民族习惯法的考虑和尊重包含了强烈的政治动机和治理策略意味。而出于统治和治理策略的规定必然导致其可操作性大打折扣。"主流刑法学者漠视习惯法这一久远的知识传统，不注重挖掘其潜含的理论意义与价值，从而无由形成一套系统的说明性学理和公共话语，是导致这一状况的主要原因。"[③] 这种论断对于我们的民族法治建设具有极强的警示和启发作用。不单单是刑法变通杳无踪影，我国五大自治区的自治条例至今也无一出台。《广西壮族自治区自治条例（草案）》

----

① 　王培英：《析刑法对民族区域自治地方立法变通权的规定》，《法学杂志》2001 年第 5 期。

② 　吴宗金、张晓辉：《中国民族法学》，法律出版社 2004 年版，第 229 页。

③ 　杜宇：《重拾一种被放逐的知识传统——刑法视域中"习惯法"的初步考察》，北京大学出版社 2005 年版，第 41 页。

从 1957 年开始起草至今，历时四十余年，十九次易其稿，经过几代人的努力，始终没有进入审议程序。^① 其他自治区自治条例的制定也大抵如此。民族区域自治并不像一些人所说的是"国家发给民族地区的一封慰问信"，^② 但民族自治地方立法机关疏于充分行使立法自治权的现状也难免让人生出如此感慨。观念需要转变，立法自治权需要落实，变通立法要与民族自治地方的实际相契合，民族法治建设依然任重而道远。

三、性质的纷争及技术操作上的困难

（一）刑法变通的性质

以刑法适用的情况为标准，可将刑法分为普通刑法与特别刑法。普通刑法适用范围广，原则上不论对什么人、什么事（犯罪），在什么时间、什么地域均可能适用。特别刑法仅适用于特别人、特别事（犯罪）或仅在特别时间和特别地域适用。分类很简单，但对于刑法变通的性质仁者见仁、智者见智，仍没有统一的共识。有学者认为少数民族地区刑事变通立法属于全国性单行刑事法规。因为少数民族刑事变通法律的制定虽然没有经过中央国家权力机关的直接授权或者委托，但民族刑事法律的立法权有源于全国人大常委会的性质。民族刑事法律所要解决的是刑法典不便解决或者不宜解决的与少数民族习俗有联系的犯罪与刑罚方面的问题，这是由我国民族分布状况决定的，不是某一个省（自治区）的问题，而是带有全国性的问题。^③ 民族法学专家吴大华教授则认为，从民族地方刑事变通立法的法源上来看，刑法第 90 条要求"变通、补充规定"要根据刑法的基本原则，因此，民族自治地方刑事变通立法的适用需要根据刑法总则关于犯罪、刑事责任和刑罚的一般规定，而非例外情况。民族地

---

① 张文山等：《自治权理论与自治条例研究》，法律出版社 2005 年版，第 148 页。

② 方慧主编：《少数民族地区习俗与法律的调适》，中国社会科学出版社 2006 年版，第 288 页注。作者在云南石林彝族自治县做调查，问及为何该县只有一部自治条例，没有任何一部单行条例时，有关人员说："《民族区域自治法》是国家发给民族地区的一封慰问信。"

③ 石水平：《少数民族地区地方刑事立法问题》，载马克昌、丁慕英主编：《刑法的修改和完善》，人民法院出版社 1995 年版，第 187—188 页。

方刑事变通立法应当理解为一类特别刑法，相对于刑法典而言，它是对地（民族自治地方）和对人（具有少数民族身份的人）的刑法。作为刑法典的变通，仅仅适用于民族自治地方的自治民族居民。① 石玉春也认为刑事变通立法属于特别刑法，在变通规定的问题上排斥刑法典的适用。它以刑法典为基础，是刑法典的派生，与刑法典的内容相互协调、配合适用，是我国刑法规范体系不可分割的组成部分。②

（二）刑法变通的效力空间和适用对象

刑法变通性质的明晰并不会使其效力空间和适用对象问题迎刃而解，宪法和法律的原则规定以及民族自治地方具体情况的复杂多变使得刑法变通立法存在诸多技术性难题，适用范围的确定也难以避免顾此失彼的危险。刑法变通是适用于整个民族自治地方，还是仅适用于本民族自治地方的部分地区，适用于民族自治地方的哪个民族或哪些民族，对于刑法变通是以族籍为单位还是以行政区划为单位等这些问题都存在着较大的争论。有学者认为，刑法变通应以族籍为单位。这是由于民族刑事法规是针对少数民族的特殊性而不是基于少数民族居住地的特点而制定的，也是由于少数民族人口大杂居、小聚居的特点所决定的。我国各民族交错混杂居住在一起，在民族自治地方居住着相当数量的汉族人口，在广大汉族地区也居住着许多少数民族，在全国范围内几乎没有一个少数民族全部聚居于一个地区。全国 55 个少数民族中只有 45 个建立了民族自治地方。民族刑事立法不能像一般地方法规那样以行政区域为单位。否则，必将形成一个少数民族有几部本民族的刑事法规，或有的少数民族没有本民族的刑事法规的局面，导致民族刑事法制陷于紊乱，并给民族刑事法规的适用带来困惑。③ 另有学者认为，以族籍为标准进行刑法变通不可取。若每一少数民族制定一部本民族的刑法变通就有 55 部刑事变通法规。立法上极不经济，同时

---

① 吴大华：《论少数民族犯罪的立法控制》，《云南大学学报（法学版）》2005 年第 2 期。
② 石玉春：《论刑法在少数民族地区变通的若干问题》，中国政法大学 2001 年度硕士学位论文，第 28 页。
③ 韩美秀、王楠高：《民族自治地方刑法变通或补充立法探究》，《法学评论》2001 年第 5 期。

司法适用时将造成许多法律冲突。① 还有人主张刑法变通采用主体立法的形式，即适用民族自治地方特别刑法的主体必须是长期聚居在民族自治地方辖区内的实行民族自治的居民。民族自治地方特别刑法的管辖原则可采用"户籍地＋犯罪地＋自治民族身份"的管辖原则。② 也有人指出变通后的刑法应该适用长期在少数民族自治地方生活的少数民族人民，而且必须犯罪的行为或结果地是在少数民族自治地方。③ 我国宪法、立法法、民族区域自治和刑法对于民族地方自治立法的基本前提和依据采取的表述是"依照当地民族的政治、经济和文化的特点"，那么如何理解当地民族的确切内涵；当地民族仅指实行民族区域自治的民族，还是包括其他民族；政治经济文化的特点又该如何界定和评价。这在理论上和实践中都是一个不能轻而易举解决的难题。民族区域自治法第12条规定："少数民族聚居的地方，根据当地民族关系、经济发展等条件，并参酌历史情况，可以建立以一个或者几个少数民族聚居区为基础的自治地方。民族自治地方内其他少数民族聚居的地方，建立相应的自治地方或者民族乡。民族自治地方依据本地方的实际情况，可以包括一部分汉族或者其他民族的居民区和城镇。"从字面上看，当地民族应包括实行区域自治地方的汉族和其他少数民族。有学者认为，"这里所指的当地民族不仅仅是指实行区域自治的民族，还应该包括其他民族，从某种意义上讲是一个特定区域的政治、经济和文化的特点以及和周边环境的关系。它不仅要考察人文地理环境，还要考察自然生态环境；不仅要考察历史文化传统，还要考察社会发展趋势。"④ 对于当地民族的理解和认识不应仅仅局限于实行民族区域自治的少数民族，要用动态的、发展的眼光来认识。在人口流动逐渐加剧，户籍制度日趋淡化，族际通婚不断增多，城乡差别仍然存在，不同民族间交流、融合与和同化的大背景下，如何确定刑法变通的适用范围，在理论和制度设计中殊非易事。

---

① 向平生、成序：《民族自治地方刑法立法变通或补充探究》，《中山大学学报论丛》2006 年第7 期。

② 竹怀军：《刑法在民族自治地方变通或者补充的几个基本关系》，《法学杂志》2005 年第 2 期。

③ 杨薇、朱雪平：《刑法在少数民族地区变通的若干问题研讨》，《湖北广播电视大学学报》2005 年第 5 期。

④ 张文山等：《自治权理论与自治条例研究》，法律出版社 2005 年版，第 148 页。

四、理论研究的薄弱与欠缺

现代法治建设的成功，不仅取决于政治的力量，也有赖于学术的质量。因为无论是总结本国的实践经验把它抽象为普遍适用的规范，还是借鉴外国的成功方法以缩短摸索的过程或减少失误的代价都需要在法律、制度及其社会效果研究上的理论造诣。然而，对于关涉占国土面积 64% 的民族自治地方刑事法律变通，不仅至今没有纳入立法者的视野，而且相关的理论研究也相当薄弱。一些研究性论文对这一主题有所涉及，但缺乏深入挖掘，更多的只是如蜻蜓点水般浅尝辄止，既没有系统的理论提升，也缺少对现实问题的关注和总结，研究视野也不够宽阔和开放。尤其需要指出的是，目前活跃于我国刑法学界的刑法学权威对刑法变通问题几乎无一关注。没有理论指导的实践是盲目的实践，法学理论研究的深度和广度也会推动立法和司法水平的提高。美国法学家弗里德曼讲道："法典背后有强大的思想运动。"[①] 刑事变通立法和司法需要更多的法学专家的研究和关注，以促进民族自治地方的民族法治建设。

第三节　刑法变通缺失下的基层刑事司法实践

在国家法制统一和罪刑法定日渐深入人心的前提下，少数民族地区基层法院的法官并没有机械、僵化地固守国家法，而是根据案件的具体情况，从实践理性和价值理性出发，巧妙地整合政策、法律和民俗习惯，以求达到法律效果和社会效果的统一。民族地区的司法实践更印证了霍姆斯那句几乎人所共知的名言："法律的生命不在于逻辑，而在于经验。"借用梁治平先生的话就是："虽然总的来说，这些现象发生在同样的政治背景之下，但在少数民族地区，由于

---

① ［美］伦斯·M.弗里德曼：《法律制度——从社会科学角度观察》，李琼英、林欣译，中国政法大学出版社 2004 年版，第 241 页。

特殊的历史和文化背景，也由于国家政权实行的多少具有特殊性的政策，正式制度与非正式制度之间的互动采取了较为特别的方式。"①在少数民族地区特别是偏远地区，纠纷的解决呈现出另外一种图景。

一、刑事政策司法化

资料 1

徐州市位于苏鲁豫皖四省交界处，特殊的地理位置和便利的交通环境，吸引了来自新疆、四川、青海、甘肃、宁夏、云南、西藏等十多个省、市自治区的少数民族。来徐经商、旅游、就学的人数逐年增多。由于风俗习惯和不同语言等原因，涉及外来少数民族的案件时有发生。为了更好地贯彻执行党的民族政策，保障广大少数民族的合法权益，保持民族领域的稳定，徐州市中级人民法院和市民族宗教事务局建立了涉及少数民族人员案件的处理协调机制：法院在涉及少数民族人员的案件处理之前，要向民族工作部门通报情况，征求意见，结合法律法规、民族政策和民族风情分析研究，酌情处理，尽力避免在处理少数民族人员案件时出现偏差和影响社会稳定问题的发生。②

资料 2

河南省洛阳市瀍河回族区人民法院的辖区是全国回族五大聚居地之一。2005 年以来，该院坚持"贯彻民族宗教政策，把握区情特点，促进民族团结"的工作思路，认真审理涉及少数民族及宗教案件，共审理、执结千余起案件，未发生任何不稳定因素，为辖区的稳定、发展作出了贡献。③

---

① 梁治平：《乡土社会中的法律与秩序》，载梁治平：《在边缘处思考》，法律出版社 2003 年版，第 45 页。

② 《徐州市民族工作部门和法院建立涉及少数民族人员案件的协调处理机制》，江苏民族宗教网 2007 年 11 月 9 日，http://www.jsmzzj.gov.cn/newsfiles/9/2007-11/1043.shtml。

③ 《瀍河回族区法院认真审理少数民族案件》，中国法院网 2006 年 1 月 24 日，http://www.chinacourt.org/html/article/200601/24/193398.shtml。

案例 1

2008 年 6 月 27 日晚 21 时许，被告人甲到被告人乙家中，当时自称是某村姓丙的人（在逃）也在场，闲谈中丙说："让你们找点钱，搞红豆杉规格材，每片 600.00 元的价格，背运到某地交货。"于是甲乙两人答应，并与次日两人携带油锯、斧头在丙的带领下到秤杆乡自把村委会亚玛国有林区内，盗伐一株云南红豆杉，加工成两件规格材。6 月 30 日 16 时许，两被告人正准备背运红豆杉规格材时被泸水县森林公安分局查获。经技术鉴定，被盗伐的红豆杉活立木蓄积为 14.4 立方米。

根据《最高人民法院关于审理破坏森林资源刑事案件具体应用法律若干问题的解释》，盗伐国家珍惜植物超过 2 立方米的，就视为情节严重，数额较大。对这样的行为可以判处 3 年以上 10 年以下有期徒刑，两被告人盗伐了 14.4 立方米的珍惜植物红豆杉，应当从重处罚。但是在本案中，合议庭充分考虑到怒江的实际情况和当地老百姓的生活习惯，并且也采纳了检察院提出由于两被告人是在不知情的前提下，为解决生活所需而施行这样行为，故请求法庭酌情从轻处罚的指控意见，经合议庭合议后，决定依法判处两被告人有期徒刑 3 年。①

案例 2

在蒙古族聚居区，参加传统婚葬礼时偷窃主办家人酒席用具被称为"传福"，是接受福赠之意，主办家的人一般不会因为此事而声张，但数额较大时则有所不同。

内蒙古自治区通辽市霍林郭勒市达来胡硕苏木曾经发生过这样的案件，犯罪嫌疑人赵那木吉拉参加朋友布仁女儿的婚礼，在婚礼上带走婚宴专用供奉的传统银质器皿，那木吉拉的朋友布仁发现银质瓷器丢失后向公安机关投案，经当地物价鉴定部门鉴定，该银质器皿价值 1300 余元，已经达到当地盗窃罪的法定数额 800 元，故公安机关移送检察院审查起诉。在案件的处理上，检察机关考虑的民族传统以及被害人不予追究的处理意见，根据宽严相济刑事司法政

---

① 该案例为笔者工作于云南某基层法院的学生所提供。

策的有关规定，最后以情节显著轻微为由作出不起诉决定。①

"对少数民族中的犯罪分子要坚持少捕少杀，在处理上一般从宽"的"两少一宽"政策已成为民族地区司法机关处理少数民族犯罪案件的指导思想。对少数民族中的犯罪分子实行"两少一宽"政策，是党的民族政策的具体化，是统一性和特殊性相结合，原则性和灵活性相结合的具体运用。除了"两少一宽"这个大的原则外，一些基层司法机关还针对本地区实际，提出了具体的实施办法。如云南省德宏傣族景颇族自治州的司法机关在执行刑法时出台了《关于办理刑事案件中的一些具体政策问题时的请示报告》。少数民族地区的刑事司法政策和指示，对于当地社会生活与司法实践产生了极为深刻的影响。刑事政策的准确运用，对于实现个别正义，弥补法律规定的不足，解决民族地区的刑事案件起了重要作用。但是政策再完备也代替不了法律，法律再完备也代替不了政策，二者各有所用。"两少一宽"政策对于刑事立法和司法一般来讲仅具有指导意义，直接以其作为处理案件的具体依据，有违反罪刑法定之虞。在刑法变通缺位的情况下，要妥善处理好政策和法律的关系，坚持具体情况具体分析，兼顾民族特点和地区特点，使"两少一宽"政策的运用逐步规范化、制度化。

二、少数民族习惯法的表达与实践

案例 3

2002 年 7 月，云南省 M 县 F 乡的几位佤族村民到 N 镇 J 村赶街，由于发生口角，F 乡的一位佤族群众被打死在 J 村，按照国家法律的相关规定处理案件后，矛盾并没有平息，J 村的傣族头人认为外村人死在本村不吉利，破坏了该村的禁忌，死者家属必须按照传统习俗"做礼"，即赔偿一头牛，一头下过仔的母猪和 6000 元钱。为了不使矛盾激化，村干部按照传统习俗进行调处，死者家属赔偿了一头牛，一头下过仔的母猪和 200 元钱。纠纷得以平息。

---

① 该案例为笔者工作于内蒙古某基层检察院的学生所提供。

案例 4

　　杨远军（男）于 1992 年与肖元香结婚。后，杨远军发现妻子与同村同族年轻的长辈杨锡鹊通奸，甚为愤怒，并向其索要"保证书"，以绝其往来。1995 年春，杨远军再次向杨锡鹊索要"保证书"，后者不与，遂生争执。其间，杨远军用匕首刺伤杨锡鹊大腿。然而自通奸事发后，肖元香即被认为"勾引长辈，败坏门风"而不断遭受村中人指责和谩骂。杨远军刺伤杨锡鹊后，杨家怨恨愈炽，致肖元香不堪羞辱而自杀。肖死后，村中舆论转而谴责杨锡鹊，后者迫于压力，与杨远军达成书面协议，同意出丧葬费 2800 元，并于当天付了1200 元。同年 2 月 27 口，杨锡鹊以杨远军刺伤其大腿为由，向法院提起刑事诉讼附带民事诉讼，同时否认与肖元香有染，要求杨远军退还被其"勒索"的1200 元钱。法院考虑到杨锡鹊的过错责任、杨远军的激愤心理状态，裁定驳回其诉讼请求。杨锡鹊不服裁定，提出上诉，二审维持原裁定。①

　　"尽管当代中国制定法对于习惯采取了某种贬抑、有时甚至是明确予以拒绝的态度，但在司法实践中，习惯还是会顽强地在法律中体现出来，对司法的结果产生重大影响，实际上置换了或改写了制定法。"② 而国家正式法律制度供给的不足，在客观上抑制了民间对国家法律的需求，从而导致村寨对村规民约等民间规则的依赖性进一步增强。③ 近年来民间法、习惯法的研究已经成为学界关注的热点，司法实务界也对这个问题给予了较多的注意力并付诸实践。④ 但目前民间法和习惯法的理论研究和实践探索多局限于民事领域，用于解决民事纠纷。

　　以罪刑法定为基础的刑法原则，明确排斥习惯法，严格禁止习惯法的适用，因而，在刑事案件中运用习惯法就更为隐蔽、复杂和敏感。国家正式法律文本的缺失，致使民族地方的刑事司法纠纷不得不在很多情形下求助于为当地人们耳熟能详且行之有效的习惯法，习惯法也得以用这样或那样的方式顽强地表现出自己的生机与活力，从而在司法实践中巧妙地完成了事实上的"刑法变

---

①　田建民：《芙蓉溪的悲剧》，《法制日报》1996 年 8 月 15 日。

②　苏力：《送法下乡——中国基层司法制度研究》，中国政法大学出版社 2000 年版，第 240 页。

③　方慧：《少数民族地区习俗与法律的调适》，中国社会科学出版社 2006 年版，第 201 页。

④　江苏省高级人民法院课题组：《民俗习惯司法运用的价值与可能性》，《法律适用》2008 年第5 期。

通"。杜宇博士对习惯法在云南少数民族地区刑事领域的运用做了比较精彩的调查分析和理论阐释。他认为，习惯法的功能与作用，从过程看，体现在刑事纠纷进入正式司法系统之前的调解、公安机关的立案、检察院的起诉及法院的审判等各个阶段，可谓是贯彻整个刑事纠纷解决程序的始终；从范围看，地方习惯法在通奸、闹人命、大义灭亲、及婚内强奸等领域表现得异常活跃，民族习惯法则在自力救济、婚姻家庭、除魔驱鬼、赔偿命价等领域表现得极其有力；从结果看，体现为习惯法对正式刑法制度施加或显或隐的重要影响，甚至在实际上置换和改写了制定法。习惯法不但在刑罚量定上举足轻重，有时甚至对犯罪的成立也发挥致命影响；从方向看，在定罪上，习惯法主要是沿着出罪化的方向发挥影响。换言之，习惯法上的合理性往往成为一种正当理由，逼迫和挤压严格的制定法逻辑，使一起本来意义上的制定法犯罪被转化为非犯罪处理。[1] 司法人员对民间法因素的考量和实质性采纳，并不必定意味着在判决书中直接显现"民间法"如何规定的字眼，相反，他们是凭借自己的经验和精明，发展出某种偷梁换柱的技巧，这种技巧就是通常不会直截了当、明目张胆地放弃制定法的立场和框架，而是将一种民间法上的判断伪装成一种制定法上的判断，小心翼翼、如履薄冰地绕过制定法的书面概念和制度，或者对正式的国家法予以软化和包装，运用所谓的"情节特殊性""事出有因""案情特殊""民意"等模糊语言来进行遮蔽。在这一过程中，司法人员"做工作"的过程显得特别重要，要通过做工作达成基本的"共识"，在司法人员拥有自由裁量权的回旋空间和活动余地内得到消化，使民间法能在"合法"的规则体系中找到自己的依据。从表面上看，制定法的尊严和神圣这一基本的底线在"台面化"的判决中得到了充分的体现，似乎民间法没有对国家法形成某种冲击和挑战，而实质的变化已经在背后偷偷地、巧妙地完成了。[2] 在藏区某县某村发生的一起死亡3人、重伤4人、轻伤8人的草场纠纷案件中，由政府主导的对这起明显具有刑事犯罪性质的案件处置最终采取了经济赔偿的方式，当地官员和群众都认为这种经济赔偿其实与传统习惯法中的"赔命价"和"赔血价"名异实同。

---

[1]　杜宇：《当代刑法实践中的习惯法：一种真实而有力的存在》，《中外法学》2005年第1期。
[2]　田成有：《乡土社会中的民间法》，法律出版社2005年版，第206页。

如果政府部门机械地坚持用国家法处理这起纠纷，虽然在法律上、政治上"正确"，维护了国家法权威，但是难以起到化解矛盾的社会效果，两个村子之间的仇杀将继续；如果采取传统习惯法的调解方式，虽然可以平息纠纷，但在法律上"有误"，违背了国家法的"统一性"要求。更令政法部门担心的是有可能造成骨牌效应，其他法律纠纷中的当事人也纷纷效仿，提出用习惯法方式调处的要求。因此，政法部门尽可能低调处理裁决结果，同时通过制造完美的法律文本给自己留下后路。如在关于处理双方纠纷文本的次要位置强调对于凶手要"继续侦破"，实际上这不过是裁决文本制作上的技巧而非实质性要求，对此双方村民早已心知肚明。[1] 民族习惯法的运用在一定程度上缓解了国家正式法律供给不足的问题。然而，也必须看到的是，习惯法也存在着种种缺陷，有的甚至是侵犯人权的陋俗。有些案件中，当事人规避国家法以习惯法的方式解决纠纷，而司法机关仍然以制定法的规则加以处理；或者相反，国家层次的司法救济对纠纷双方没有产生应有的效果，还需恢复民间的、非正式的方式，形成了国家法与民间法的"双重司法"。司法人员由于缺少正式的制度安排，他们也只能凭借经验和感觉，以隐蔽的智慧和迂回的技巧，小心翼翼地游走在制定法的框架和民间规则之间，进而也影响司法效率与权威。

第四节　现行制度的空间以及刑法变通的规范设计

一、准确理解和运用刑事政策

就刑事政策与刑法之相互的位置而言，在宏观上，政策应优位于法律。刑事政策是法律的制定依据或者说是立法指导方针，刑法应受刑事政策的指导或者说制约，有什么样的刑事政策，就会有什么样的刑法。政策本身不是法律，

---

[1]　扎洛：《社会转型期藏区草场纠纷调解机制研究——对川西、藏东两起草场纠纷的案例分析》，《民族研究》2007年第3期。

所以不能置于法律效力之位阶体系的评价中；刑事政策也不可以直接替代法律，因为政策直接替代法律不符合现代法治社会的本质要求。刑事政策作为决策科学、领导科学，其学科位置在刑法之上。① 宽严相济的刑事政策是惩办与宽大政策的继承与发展，是新的时代背景下对惩办与宽大刑事政策的丰富和完善。"宽严相济并非仅仅是刑事司法政策，它也是刑事立法政策和刑事执行政策。"② 在具体表述上，"惩办与宽大相结合"，"惩办"在前，"宽大"在后，刑事政策的重点体现在"惩办"上；宽严相济的重点则体现在"宽"上。在侧重方面，惩办与宽大相结合政策强调的是犯罪化、刑罚化和重刑化，而"宽严相济"政策强调更多的是非犯罪化、非刑罚化和轻刑化。在司法倾向上，以前在惩办与宽大相结合刑事政策指导下，刑事司法对案件的处理，有明显的倾向，即"可捕可不捕的捕""可诉可不诉的诉""可判可不判的判"，这主要是受"惩办"重心的影响；宽严相济刑事政策在司法倾向上恰好相反，即"可捕可不捕的不捕""可诉可不诉的不诉""可判可不判的不判"，以适当地有利于行为人为出发点，和谐地调和人权保障与法益保护之间的关系，体现了现代法治理念的精神。刑事政策从预防犯罪、改造犯罪和抑制犯罪的目的出发，对各种犯罪现象及其原因进行研究，分析各种刑罚制度及相关制度的功能及缺陷，并且针对不同的犯罪行为和犯罪人，主张采取不同的对策、策略和具体措施，从而对刑事立法和司法活动起到价值导向作用、具体指导作用、具体化和弥补法律缺失的作用。但是刑事政策毕竟属于政策的范畴而不是法律，它更重要的是起宏观指导的作用，不能作为刑事司法定罪处刑的直接依据。它对刑事法制的导向功能只有经过立法对其精神的正确吸收，以及法律在司法活动中的具体运用才能得以充分发挥。

"两少一宽"刑事政策是"惩办与宽大相结合"这一基本刑事政策在民族地区的具体化，其内涵也要随着时代和社会发展的要求，在宽严相济的刑事指导下有所发展，既照顾到民族特点，贯彻"两少一宽"，又要追求宽严有机统一，宽中有严，严中有宽，宽严适度。在刑事立法变通方面，对于少数民族公

---

① 卢建平：《刑事政策与刑法关系的应然追求》，《法学论坛》2007 年第 5 期。
② 马克昌：《论宽严相济刑事政策的定位》，《中国法学》2007 年第 4 期。

民实施的而为刑法所禁止的危害行为，如果同他们本民族的生产、生活方式、宗教信仰、风俗习惯相关或受其文明程度制约，那么对这些行为可以实行定罪从宽、配刑从宽。情节一般的，可不以犯罪论处，其中性质严重需要治罪的，在立法上也应当体现从宽精神，对刑法典分则规定的相关罪名，或提高其定罪的标准，或增设其构成要件，尽量缩小定罪范围。其法定刑也应当在刑法典分则有关条款原定的基础上往下调，或降低其最高刑或最低刑，或增设量刑幅度的最低档次，使国家对少数民族的犯罪分子从宽处理的政策通过刑法变通的方式在立法上得以贯彻。当然，对少数民族的陋俗也一味迁就，片面强调从宽，导致宽严失度，也不利于打击严重刑事犯罪，不利于民族地区的政治稳定和社会安宁。对于严重危害国家和社会利益的恐怖组织犯罪及其他严重危害社会秩序的暴力犯罪则仍应按照刑法典的规定予以严厉打击。在司法方面，要准确把握和运用"两少一宽"的科学内涵，不能因为刑事变通立法的缺失而导致行为上的本本主义和司法上的教条主义。对于少数民族犯罪，从立案、公诉、定罪和量刑诸环节均应考虑到民族在政治、经济和文化上的特点，综合考量案件的基本事实、性质、情节以及对于社会的危害程度；考虑其行为是否与民族的生产生活方式和民族风俗习惯、宗教信仰有直接联系；考虑实施危害行为的少数民族公民是否长期生活居住在民族自治地方的范围内；等等。只有将这些情况综合起来全面研究，具体案件具体分析，才能作出正确判断。如果我们眼里只有卷宗，手中只有法条，那就难以符合民族地方的客观实际，执法的后果往往会背离立法的精神，司法的社会效果也会大打折扣。在刑罚执行过程中，对少数民族罪犯的减刑、假释也应当适当从宽掌握。很多民族问题非常敏感，在对少数民族罪犯进行改造过程中尤其要注重贯彻民族政策，强调慎重处理，区别对待。尊重民族宗教信仰，利用民族情感强化改造效果，适应少数民族罪犯的语言与文化习惯，为他们回归社会提供一个良好的改造环境。

二、开辟现有法律的可能空间

刑法变通的基础在于民族自治地方政治、经济和文化的特点。现行相关法律的规定一些具体规定，可以契合少数民族地区刑事司法的特定要求，与刑法

第 90 条在价值和功能方面具有内在的一致性。而法官在适用法律的过程中，"至少很多时候不是为了创造新规则，而是为了找到一些检验标准，以便确定应如何使用某些既定的规则"。[1] 我国刑法第 13 条明文规定："但是情节显著轻微危害不大的，不认为是犯罪。"[2] 第 37 条规定："对于犯罪情节轻微不需要判处刑罚的，可以免予刑事处罚，但是可以根据案件的不同情况，予以训诫或者责令具结悔过、赔礼道歉、赔偿损失，或者由主管部门予以行政处罚或者行政处分。"第 61 条规定："对于犯罪分子决定刑罚的时候，应当根据犯罪的事实、犯罪的性质、情节和对于社会的危害程度，依照本法的有关规定判处。"第 63 条规定："犯罪分子具有本法规定的减轻处罚情节的，应当在法定刑以下判处刑罚。犯罪分子虽然不具有本法规定的减轻处罚情节，但是根据案件的特殊情况，经最高人民法院核准，也可以在法定刑以下判处刑罚。"我国刑事诉讼法第 142 条第 2 款规定："对于犯罪情节轻微，依照刑法规定不需要判处刑罚或者免除刑罚的，人民检察院可以作出不起诉决定。"某一行为的社会危害性及其大小，随着时间、空间的转换而发生变化。法律作为一种"地方性知识"，[3]在一定意义上说，就是特定时空下的特定规则，这些规则的制定，是通过小地方的习俗惯例与大的社会环境中的原则、政策和国家法律之间长期的互动来实现的。[4] 少数民族特殊的风土人情和文化背景，致使某些国家制定法规定的犯罪行为，在这些地方没有社会危害性或者社会危害性达不到严重程度或者具有其他特殊情况。此处的"特殊情况"，应是一种不确定的情况，如某些可能影响我国政治、民族、宗教的案件情况。在少数民族自治地方，识别某一行为是

---

[1] [美] 本杰明·卡多佐：《司法过程的性质》，苏力译，商务印书馆 1998 年版，第 36 页。

[2] 1997 年刑法第 13 条是犯罪的立法定义，其中"但是情节显著轻微危害不大的，不认为是犯罪"的规定，从刑法条文的结构而言，在学理上被称为"但书"。刑法学界比较一致地认为，但书是刑法总则犯罪概念的有机部分，从什么情况下不认为是犯罪的角度，补充说明什么是犯罪，对于划清罪与非罪的界限，具有重要的意义。参见储槐植、张永红：《刑法第 13 条但书的价值蕴涵》，《江苏警官学院学报》2003 年第 3 期。

[3] [美] 克利福德·吉尔兹：《地方性知识：从比较的观点看事实和法律》，载《地方性知识——阐释人类学论文集》，王海龙、张家瑄译，中央编译出版社 2004 年版，第 273 页。

[4] 赵旭东：《权力与公正——乡土社会的纠纷解决与权威多元》，天津古籍出版社 2003 年版，第 7 页。

否构成制定法上的犯罪，必须将其置于少数民族社会生活的现实之中，对少数民族的信仰、习俗、思维方式、宗教、社会结构等进行全方位的考察。"在许多案件中，案件事实所拟归向的法规范本身须先经解释，质言之，须先确定，该法规范就该案件之精确意义为何。"① 我国刑法第 13 条的但书具有一定范围和程度的出罪机能，且刑法分则中有较多与但书相对应的如"情节、数额、损失、影响"等条款。但书规定及其他相关条款的司法适用可以沟通情理与法理的冲突，保证实质合理性的实现。刑法的适用离不开刑法解释，对于民族自治地方的特定刑事案件，司法人员"心中当永远充满正义，目光得不断往返于规范与事实之间。唯此，才能实现刑法的正义性、安定性与合目的性"。② 所以说，"不管对刑法的正义理念做何理解，也不论刑法体系内部是否存在极个别立法的不公平，只要存在合理的解释空间，对刑法的解释结果就应该符合法律人或一般人的正义观念。"③ 正义只有在个案中才更具有实际意义，民族地方基层司法应充分挖掘上述条款的空间，在保障人权的前提下追求公正与效率的主动性和积极性，根据案件的不同情况加以区别处理。对于确实具有民族特殊性的案件，可以按照不认为是犯罪、不起诉或者经高院核准在法定刑以下判处刑罚，这样可以减轻或避免由于刑法变通缺位所导致的法律适用的困难，既做到法律适用的统一，又能充分照顾到民族地方的特殊性，同时也一定程度上消解基层法官在刑事司法实践中的"暗箱操作"，使之符合制定法上的正式制度安排，以正确地引导民族地区基层刑事司法实践。

三、可能的选择——对相关法律条款的重新设计与设想

有关刑法变通条款冲突与抵牾的关键和焦点，实质上是刑事立法权的垄断与分散的问题，是不同层级的立法机关对国家刑权力的配置与优化问题。刑法立法是国家创制刑法规范的活动。刑法立法权是国家专有的设定犯罪、设置刑

---

① ［德］卡尔·拉伦茨：《法学方法论》，陈爱娥译，商务印书馆 2003 年版，第 2 页。
② 张明楷：《刑法分则的解释原理》，中国人民大学出版社 2004 年版，"序说"第 I 页。
③ 李立众、吴学斌主编：《刑法新思潮》，北京大学出版社 2008 年版，第 61 页。

罚以及为刑法权的实现创制普遍性的规范的权力。而刑罚作为一种不得已的恶，对其可能的扩张和滥用，必须保持足够的警惕。解决相关法律条款的冲突，首先要解决的是如何划定最高立法机关与自治地方立法机关在刑法制定权的等级和界限，如何保持权力与权力之间的协调与制衡，如何在权利的充分实现和权力的高效运行之间求得平衡等问题。

我国刑法与宪法、立法法之间在刑事立法权的规定上存在着冲突，刑法第90条规定本身也存在着无法克服的逻辑上的矛盾，因此对于刑法第90条需要重新考虑与设计。以下是几种可能的选择，一些方案也对目前的争议问题进行了回应，以期对刑法变通的制定和完善提供借鉴和参考。当然刑法第90条本身的完善也有赖于其他相关法律条款的修改，否则任何一种方案都可能难以避免顾此失彼的危险。

方案一：采取法律解释的方式，对刑法变通相关的问题加以明确，主要是明确刑事立法变通的主体及权限。刑法立法解释可以在刑法立法的基础上将有关条文明确化、具体化。立法法第45条规定："法律有以下情况之一的，由全国人民代表大会常务委员会解释：（一）法律的规定需要进一步明确具体含义的；（二）法律制定后出现新的情况，需要明确适用法律依据的。"对此，参与立法法起草的同志撰文指出："从问题的性质看，应当修改法律，但问题比较具体，修改法律一时还提不上议事日程，可以先采用立法解释的办法，待以后修改法律时再补充进法律或对法律进行修改。"[1] 全国人大常委会通过对刑法和立法法条款的说明，使辖有自治地方的省和直辖市的人大解释为具有刑事变通立法权，是刑法变通的主体。立法解释具有与法律同样的效力，运用立法解释方法对刑法变通条款进行解释更为方便、灵活、快捷，成本低廉，可以避免对刑法进行修正所必需的烦琐程序的限制。而且通过立法解释可以保持现有法律的稳定性、连续性和严肃性，因为它是为新情况寻找法律依据从而扩大法律规范的适用范围这一意义而言的，所"适用的规范是已经存在的，但其内容已经为立法解释活动而充实更新"。[2]

---

[1] 张春生：《中华人民共和国立法法释义》，法律出版社2000年版，第145页。

[2] 林维：《刑法解释的权力分析》，中国人民公安大学出版社2006年版，第332页。

方案二：现行刑法第 90 条保持不变，修改立法法的相关条款，对该法第 8 条、第 9 条规定的全国人民代表大会制定"犯罪与刑罚"的专有权力作出例外规定，授权自治区以及辖有自治地方的省和直辖市的人民代表大会享有依照刑法第 90 条的规定，制定有关刑法变通单行条例的权力。

该方案解决了我国立法法与刑法在制定刑法变通的主体和权限方面的矛盾，保持了刑法第 90 条的稳定性，使刑事立法权相对集中，刑法变通权不至于过度下放而影响刑法的严肃性。但该方案突破了非民族自治地方不能享有制定自治条例和单行条例的宪法和法律规定。

方案三：刑法第 90 条修改为："民族自治地方不能全部适用本法规定的，可以由民族自治地方的人民代表大会，根据当地民族的政治、经济、文化的特点和本法规定的基本原则，制定变通规定。自治区的变通规定，报全国人民代表大会常务委员会批准后生效；自治州、自治县的变通规定，报省、自治区或直辖市的人民代表大会常务委员会批准后生效，并报全国人民代表大会常务委员会备案。"

在变通立法权方面，我国继承法、民法通则、民事诉讼法、老年人权益保障法、收养法、森林法、妇女权益保障法，都没有对自治州和自治县立法机关的变通立法权限进行限制。该方案赋予自治州和自治县以同样的刑法变通权，解决了省和直辖市无立法自治权的问题，使刑法第 90 条自身的逻辑矛盾得以克服，而对于变通的内容与合法性，可以通过审议、批准和法律监督等程序加以平衡和制约。基层少数民族代表更熟悉当地少数民族的民族风俗习惯，而且基层的人民代表大会较之省一级的人民代表大会少数民族的代表所占比例更大，由自治州或者自治县的人民代表大会自己进行刑事变通立法，更符合少数民族自己管理自己事务的民族自治原则，也更容易为少数民族群众所接受和遵守、执行。由省一级人民代表大会为某个少数民族进行刑事变通立法，省级人大中少数民族的代表一般并不处于优势，这种情况制定的法律，可以说是另一个民族为某个少数民族立法，不能最广泛地反映少数民族的意志，不能发挥法的社会控制机能。

但该方案无法解决的仍然是民族自治地方在立法主体与立法权限方面与立法法的冲突问题，而且赋予自治州和自治县享有对公民的生命财产生杀予夺的刑事立法权，制定罪刑法定之"法"，必然会影响刑法作为国家意志体现而所应达到的预防和制裁犯罪的严肃性和权威性，损害国家刑权力的权威基础。"刑法作为公法，作为一种国家行使独占的法律，作为最为严厉的剥夺人身、财产等权利的法律，在任何社会中，权力维持首先是刑法得以存在的前提，就此意义而言，刑法的权力维持是超强的、基本的和稳定的。"因此，对刑事变通立法权的主体与权限加以有效的制约和制衡尤为重要。显而易见，刑法典对自治州和自治县刑事变通立法权的限制并非如一些学者所指出的，是立法者的疏忽和遗漏，而是对犯罪与刑罚立法权分割的一种警惕以及由此而划定的必要限度和边界。

方案四：刑法第90条修改为："民族自治地方不能全部适用本法规定的，可以根据当地民族的政治、经济和文化特点，在本自治地方内变通施行。"

相对来说，法律实施中的变通能够弥补立法上的不足。变通司法可以对本民族本地区的具体情况及时作出反应，灵活地加以处理，能够更好地实现个别公平与正义。如四川凉山州、云南屏边苗族自治县、贵州黔东南苗族自治州司法机关变通处理了很多具有民族特点的案件，对于打击严重刑事违法犯罪，稳定当地少数民族群众的思想和正常的社会生活，起到了非常重要的作用。但是变通实施的灵活性和弹性与罪刑法定的明确性之间存在着较大的冲突，可能会危及刑法的统一性与安全性，而且其具体的尺度与标准难以把握和控制，对司法人员的自由裁量权无法形成有效制约。如果能够辅以有效的诸如案例指导制度和判例制度等，对于民族地区刑事司法，不失为一个灵活、务实和高效的选择。从长远来看，克服此弊端的唯一有效途径仍然是制定明确具体、操作性强的刑法变通规定。

四、刑法变通规定的效力与内容

刑事变通立法是特别刑法之一种。我国台湾学者林山田认为，特别刑法是指针对特定人、特定事、特定时、特定地之特典。刑事变通立法的效力是指其在什么地方、在什么时间、对什么人适用的问题。刑事变通立法效力范围特定，按照特别法优于普通法的原则，变通立法适用优先。

刑事变通立法的前提是"民族自治地方不能全部适用本法规定"，具体依据是"当地民族的政治、经济、文化的特点"，既要考虑到地域的因素，也要照顾到民族的特点。各少数民族由于受所属的自然地理环境、生存条件、生产状况、生活方式的制约和影响，风土人情和风俗习惯各有差异，不同地区的不同民族之间在民俗习惯的内容、评判标准和执行方式上各有千秋。因此，在空间效力上，刑法变通规定应适用于特定的民族自治地方，而不能逾越这一范围，对超出本民族自治地方之外的其他区域没有法律约束力。刑法适用的变通原则，在刑法的空间效力范围内形成了一个特殊的领域，即界定刑法第6条"凡在中华人民共和国领域内犯罪的，除法律有特别规定的以外，都适用本法"中的"除法律有特别规定"这一命题的特定含义。民族自治地方因变通规定而不适用现行刑法，并非管辖上的例外，而是刑法部分条文在适用上的例外，除少量与当地民俗、民族政策相抵触的规定之外，刑法典总体上仍然对少数民族地区具有适用的效力。在对人的效力上，刑事变通立法作为民族性在法律上的反映，也应当仅适用于特定的少数民族成员。少数民族的风俗习惯是民族特有的心理和意识的反映，民族成员受到本民族法律文化的强烈的感染和熏陶，并且只在本民族的内部有约束力。而从某种意义上说，"犯罪恰恰是遵从、服从某种规范，因而触犯了另一种规范的结果，是文化冲突的反映"。[①] 长期的耳濡目染和稳定的生产生活，使其行为不可能超出其所处社会的生活常规和思想观念所允许的范围，沿袭所生活的特定社会中的既定习俗及思想观念。因而，需要特别强调指出的是，刑事立法变通适用的少数民族成员须长期、稳定、持续地居住在其土生土长的自治地方，对当地风俗习惯耳熟能详，对地方性规则的内容和具以行事的后果具有足够的认知并内化为自己的行为准则。这种严格的限定是为了防止个别人利用自己的较高认识水平和法律知识，恶意规避国家法律从事某种犯罪行为，逃避刑法的制裁和惩罚。在时间效力上，因有严格的批准程序，刑法的变通应在全国人大常委会批准后施行。作为特别刑法，如果其适用的社会结构和经济基础已经发生了根本变化，社会文化发生了重大变迁，原来针对这些特别条件而制定的变通规定的效力就应由立法机关加以终止或消灭。

---

① 白建军：《公证底线——刑事司法公正性实证研究》，北京大学出版社2008年版，第66页。

作为民族文化遗存，少数民族习惯法群体认同感强、权威性高、与日常生活场景更为接近和直接，为特定的群体所选择、共享、传承和发扬，以内在的、潜移默化的方式制约和规范着特定民族个体的行为，它不像政治经济那样直接和强烈，但更为持久和稳定，可以超越时代、超越政治经济体制左右人的行为。作为社会生活的基本规范，它代表了特定地域的特定民族在特定情境下的普遍反应与预期，也是其政治、经济和文化特点的集中反映。由于少数民族的风俗习惯、传统观念、宗教信仰等特点，现行刑法第 125 条非法制造、买卖枪支罪、第 225 条非法经营罪、第 236 条强奸罪的规定、第 237 条强制猥亵、侮辱妇女罪、第 258 条重婚罪、第 345 条滥伐林木罪等相关规定可能不完全符合少数民族群众的正义观念和伦理道德。刑法的变通规定应尊重少数民族特有的风俗习惯，实事求是地反映和体现这些差异，以更好地维护正常的社会秩序，保护特定群体的正当权利。

由于理论准备不足和相关立法经验的欠缺，刑事变通立法需要进行充分的调查研究和立法准备，做好立法预测、立法规划、立法论证和起草等工作，做到科学立法、民主立法，深入、系统、全面地展开对刑事习惯法的调查、整理和编纂工作，对变通的内容和立法技术进行周密而精巧的设计。民事立法和司法方面的实践经验和理论研究成果可以为刑事变通立法提供一定的借鉴和参考。

五、罪刑法定的法内出罪正当化

罪刑法定原则要求规定犯罪及其法律后果的法律必须是立法机关制定的成义法律，习惯法不得作为法律的渊源，必须加以严格排斥和禁止，也即法无明文规定不为罪、法无明文规定不处罚。我国刑法第 3 条规定："法律明文规定为犯罪行为的，依照法律定罪处刑；法律没有明文规定为犯罪行为的，不得定罪处刑。"法无明文规定不为罪，对此并无异议。关键在于，如何理解"法律明文规定为犯罪行为的，依照法律定罪处刑"？陈兴良教授认为，我们过去对罪刑法定概念的理解是片面的。罪刑法定限制的是法官的入罪权，也就是说不能把法律行为没有规定为犯罪的，通过解释判断作为犯罪来处理，但是罪刑法定从来没有禁止法官把一个刑法规定为犯罪的行为通过某种手段把它排除为犯罪处理。① 因此，如果法律虽然将某一行为规定为犯罪，但在某一案件中，该行为并无实质上的法益侵害性，对这一行为不认定为犯罪，这并不违反罪刑法定原则。② 同时，根据"法无明文规定不为罪"的格言并不能当然推导出"法有明文规定则必定有罪"的结论。如果行为虽然在形式上触犯刑法文本的明文规定，但是依据社会相当性、期待可能性的评价而认为其缺乏实质的可罚性和违法性的，则不得以"法有明文规定"为由对之入罪。只有当行为既在形式上触犯刑法法规、该当构成要件，又在实质上具有违法性和可罚性，追究其刑事责任的同时又满足形式合理性和实质合理性双重诉求的，才能予以入罪处理。因而，当代罪刑法定又具有"法有明文规定未必为罪"的法内出罪处理正当化解释机能，它允许法官根据实质违法性或可罚性的判断，对形式上符合刑罚法规规定的构成要件的行为予以出罪处理。③ 在少数民族这个特殊的语境中，由于传统和文化的巨大差异和阻隔，制定法的规定无法被特定的少数民族认同和吸收，习惯法的正义也不完全符合制定法的理念。他们生活在特有的地域性规则体系、生活场景和知识传统中，行为符合当地社会的伦理和生活秩序就会被人们期待和认同，其正当性与合理性因此也毋庸置疑。因此，对于形式上构成了制定法上的犯罪行为，也应将其置于特定的民族性、地域性的时空环境下对其行为属性全面考量，考察其是否符合习惯法和日常生活逻辑，如果缺乏实质的违法性和社会危害性，则作为出罪来处理。而民族地区司法实践的结果也表明，以习惯法为依据出罪的占绝大多数，而入罪的却微乎其微。这样处理也符合刑法的谦抑性要求，即"刑法应依据一定的规则控制处罚范围与处罚程度，即凡是适用其他法律足以抑止某种违法行为、足以保护合法权益时，就不要将其规定为犯罪；凡是适用较轻的制裁方法足以抑止某种犯罪行为、足以保护合法权益时，就不要规定较重的制裁方法"。④ 同时，这种出罪判断也与"社会相当性"阻却违法理论暗合。"社会相当性"阻却违法理论认为，社会人既然

① 陈兴良：《刑法方法论论坛实录》，载梁根林主编：《刑法方法论》，北京大学出版社2006年版，第323页。
② 陈兴良：《入罪与出罪：罪刑法定司法化的双重考察》，《法学》2002年第12期。
③ 梁根林：《罪刑法定视野中的刑法合宪审查》，《法律科学》2004年第1期。
④ 张明楷：《论刑法的谦抑性》，《法商研究》1995年第4期。

生活在历史形成的既定社会伦理秩序之中，一般而言，人的行为就不可能超出社会生活常规和社会俗常观念容许的范畴。因此，符合这种秩序的行为，不应规制为违法或犯罪行为，应阻却违法。即"对于某些在通常情形下本属于违法的法益侵害或危险行为，只要该行为符合历史形成的国民共同体的秩序而与社会生活相当，就应否定该行为违法性的理论"。① 少数民族居民生活在特定的社会伦理秩序中，其遵守习惯法的行为就符合了这一秩序，法官应充分尊重少数民族的习惯法，即使习惯法不完全合乎法律精神，也应灵活处理。② 有学者就主张，国家制定法规定为犯罪的行为，在少数民族习惯法中不认为是犯罪的，且这种行为在民族地区不一定具有严重的社会危害性，不一定带来什么危害后果的，那么对这种行为就不宜按犯罪论处。有些行为，按国家制定法规定为重罪，但习惯法却认为是轻罪的，国家司法执行机关就不必一定囿于国家法律条文规定，对违法犯罪分子可从轻或减轻处罚。③ 所以说，"习惯法如果作为一种违法阻却事由发挥作用，不仅没有突破罪刑法定主义的框架，而且与罪刑法定主义的旨趣不谋而合；不仅不会侵害被告人的人权，而且有利于保障被告人的人权、张扬刑法人道主义的精神理念"。④

六、发挥司法能动性

"徒法不足以自行。"在立法滞后、缺失的情况下，司法工作人员的法律知识和主动精神便会发挥很大的作用。司法能动性是指司法机关在处理具体争议时，除了考虑法律规则以外，还要考虑具体案件的事实、法律原则、案件的社会影响、道德、伦理、政策等因素，在综合平衡的基础上作出最后的决定。因为"大家日益承认，无论如何审慎从事的法律，其仍然不能对所有——属于该法律调整范围，并且需要调整的——事件提供答案，换言之，法律必然有'漏

---

① 于改之：《社会相当性理论的体系地位及其在我国的适用》，《比较法研究》2007 年第 5 期。
② 徐清宇、周永军：《民俗习惯在司法中的运行条件及障碍消除》，《中国法学》2008 年第 2 期。
③ 高其才：《中国少数民族习惯法研究》，清华大学出版社 2003 年版，第 298—299 页。
④ 杜宇：《作为超法规违法阻却事由的习惯法——刑法视域下习惯法违法性判断机能之开辟》，《法律科学》2005 年第 6 期。

洞'"。①"在法律没有规定的地方，一个理想的法官可能根据习惯的做法以及有关的政策性规定或原则以及多年的司法经验作出实践理性的决断，补充那些空白；在法律不明确的地方，他／她会以实践的智慧加以补充，使之丰富和细致；在法律有冲突的地方，选择他／她认为结果会更好或更言之有理的法律；在法律的语言具有弹性、涵盖性、意义增生性的情况下（而这是不可避免的），追求一种更为合理的法律解释。"②而法官一旦作出这样的选择，那么他的裁决过程就不可避免地体现了司法能动主义的色彩。刑法变通文本的缺失致使少数民族地区的个案难以达致普遍的公平与正义，机械而僵化地适应法律无法满足具体的社会生活。司法人员需要秉承一定的法律价值，遵循一定的法律原则，创造性地适用法律，灵活地选择法律方法，积极回应民族地区的社会、经济、文化等的需求。英国大法官丹宁明确主张，法官要积极参与法律改革，而不能把改革仅仅看成是国会的事，法官只是执行法律而已。法律就像是一块编织物，用什么样的材料来编这块编织物是国会的事，但这块编织物不可能总是平平整整的，也会出现皱褶；法官当然"不可以改变法律编织物的编织材料，但是他可以也应当把皱褶熨平"。③"法官适用法律包括刑法从来都不是被看作仅仅依据规则就可以得出判决的逻辑系统，亦不被看作一个完美无缺的概念结构，而是重视以立足于规则之上、但求助于实质正义、社会经验和当下情境来形成判断。"④刑法条文的抽象性以及适用社会空间的广阔性，使刑事立法一旦形成就天生具有了滞后性，而罪刑法定又要求法官不能任意解释立法。协调民族刑事立法与刑事司法之间的抽象与具体、普遍与特殊、滞后与变化、缺位和需要的矛盾，需要司法人员既要释放法律文本的意义，又要用法律思维方式对事实进行定量和定性的分析，更多地考虑文化背景和民族特点，释放出事实的法律意义，承担起理性与正义的守护之职。

---

① ［德］卡尔·拉伦茨：《法学方法论》，陈爱娥译，商务印书馆2003年版，第246页。
② 苏力：《送法下乡——中国基层司法制度研究》，中国政法大学出版社2000年版，第6页。
③ ［英］丹宁勋爵：《法律的训诫》，刘庸安译，法律出版社1999年版，第12页。
④ 刘艳红：《正义、路径与方法——刑法方法论的发端、发展与发达》，载梁根林主编：《刑法方法论》，北京大学出版社2006年版，第85页。

七、少数民族的习惯法再生与再造

"一时代一民族基于自身的生存条件和生活环境,必遭遇此时代与民族特有之问题与困惑,而求特定之应对与解决。"①少数民族习惯法是我国习惯法的重要组成部分,它是我国少数民族在千百年来的生产、生活实践中逐渐形成的、世代相袭、长期存在并为本民族成员所信守的一种习惯法,它为维护民族共同利益、维持社会秩序、促进社会发展、传递民族文化、解决矛盾与纠纷等方面起着不可或缺的作用。各民族群众对少数民族习惯法在精神上、心理上、观念上仍具有强烈的亲切感和认同感,它们来之于生活的内在逻辑,是当地人们熟悉、了解、接受并视为当然的知识,极富实用性。少数民族习惯法的存在与发展与其特定的文化背景密切相关,没有普适性的法律文化和法律制度,只有具体的、适合特定民族和特定文化背景的法律文化和法律制度。少数民族习惯法作为少数民族法文化的一个链条和环节,其运作依赖于一整套文化定义,遵守它就如同感应内心的召唤一样,无需理性思考和利害权衡,只需听从自己的良心和道德命令。少数民族习惯法,仍然强烈地制约和规范着族民的社会生活。例如,在贵州的一些苗族地区,习惯法的强制程度与往日相比大为减弱,死刑和身体刑的执行已不是村里解决的事情。但是一些轻微的刑事案件,村里本着"大事不出村、小事不出组"的原则,仍然由村里解决,解决的方法是依循苗族传统的刑法习惯,包括罚款、罚畜、请全村人吃饭、抄家、拆房等。②

法国启蒙思想家孟德斯鸠曾言:"法律是人类理性在特殊场合的具体运用",而"在不违反政治原则的限度内,遵守民族的精神是立法者的职责"。③立法只有合乎民族道德伦理,更多传承优秀的法律文化传统,才能消除与现实社会的排异与隔膜,得到人们的信守与认同,反之则会造成"规

---

① 许章润:《法意:人生与人心》,载许章润:《说法 立法 活法》,中国法制出版社 2000 年版,第 2 页。

② 徐晓光:《百年来苗族习惯法的遗存、传承与时代性变化》,载谢晖主编:《民间法》第 1 卷,山东人民出版社 2002 年版,第 253 页。

③ [法] 孟德斯鸠:《论法的精神》,张雁深译,商务印书馆 1963 年版,第 310 页。

则与事实不符，法意与人心脱节"。① 民族自治地方所享有的刑事变通立法权为少数民族习惯法与国家制定法提供了一个良性沟通与互动的机制。在现有的制度空间和法治框架下，采取有效措施清理、改造、接纳和提升少数民族习惯法，将其有机地融入刑事变通立法中，可以缓解国家法与民间法的紧张关系，增强刑事习惯法的法律效力，有效地解决国家制定法与少数民族习惯法的冲突与融合，为少数民族习惯法的司法进入提供明确具体的法律依据。

八、恢复性司法与刑事和解的运用

刑事和解是一种以协商合作形式恢复原有秩序的案件解决方式，它是指在刑事诉讼中，加害人以认罪、赔偿、道歉等形式与被害人达成和解后，国家专门机关对加害人不追究刑事责任、免除处罚或者从轻处罚的一种制度。"刑事和解"是中国式的用语，在西方则称为"加害人与被害人的和解"。② 传统刑事司法作为报应性司法，存在诸多弊端。恢复性司法改传统刑事司法模式的"惩罚"为"恢复"，改传统的"国家——犯罪人"模式为"犯罪人——受害人"模式，将犯罪看作是犯罪人与被害人及社区的对立，是一种人际关系冲突，而不是对国家的侵害，主张重视被害人的地位，将被害人置于解决犯罪问题的中心，强调对其遭受的损害进行恢复和补偿；犯罪人的责任为对自己的行为负责并采取积极行动恢复被破坏的社会关系，鼓励悔过和重新回归社会；社区应在犯罪的处理过程中发挥积极的作用，强调营造一个有效支持犯罪人回归社会、被害人恢复伤害的主动预防犯罪的社区环境；强调对话和沟通，通过调解、和解、协商的方式解决犯罪问题等。③ 刑事和解与恢复性司法是两个不同的概念，本书不做进一步探讨，但它们在理念和制

---

① 许章润：《以法律为业——关于近代中国语境下的法律公民与法律理性的思考》，《金陵法律评论》2003 春季卷。

② 陈光中、葛琳：《刑事和解初探》，《中国法学》2006 年第 5 期。

③ 于改之、吴玉萍：《多元化视角下恢复性司法的理论基础》，《山东大学学报（哲学社会科学版）》2007 年第 4 期。

度设计方面都存在着交汇与融合，即都关注被害人权利保护，都关注纠纷发生后人际关系和社会秩序的恢复。而这种纠纷解决机制，不仅在我国具有深厚的土壤和传统，更与我国少数民族地区纠纷解决不谋而合。中国古代传统民间调解制度有着悠久的历史，其在中国的产生与发展有其深厚的思想和社会基础，寄托着人们对建立和谐社会的美好理想，在数千年的历史进程中，既是稳定社会关系的基石，也在客观上推动了社会的进步与发展。调解处理也是我国少数民族解决纠纷的重要方式，很多民族至今仍采用传统习惯法解决纠纷，这也是在民族地区引入刑事和解制度的基础和前提。如彝族在长期的法律实践活动中，形成了一套约定俗成的诉求途径和解决方式。不论小的民事纠纷，还是严重的杀人案，都可以在德古和苏易等调解人的斡旋下和解解决，并依靠全体家支成员的共同宗教信仰、社会舆论和监督的力量、民族的传统意识、头人的权威和神明的力量来保障实施。彝族习惯法中虽然有血亲复仇、打冤家等同态复仇方式，但以复仇或惩罚来达到公平并非唯一的方式和选择，彝族人更强调和解，主张经济赔偿，重视息事宁人，关爱人的生命，关注受害者和生存者的未来，通过调解纠纷恢复被破坏的社会秩序。①在凉山彝区，民间调解仍然是解决一切矛盾纷争的必经前置程序，调解范围包括所有民间民事纠纷，也包括刑事纠纷。据凉山州政法委对五个彝族聚居乡的调查，2003 年共发生可知的民间纠纷 529 件，其中经德古调解的 512 件，占民间纠纷的 96.79%，且调解结案的兑现率达到 100%。② 少数民族的民间调解注重效率，以人为本，整体地考察事件背后复杂长远的社会关系，以简易的事实认定代替了严格的举证责任，以通情达理和非对抗的对话缓和了当事人之间的对立与冲突，使当事人易于接受和执行，有利于保持今后长远的关系与合作，有利于社会的和谐。这种方式暗合了刑事和解与恢复性司法的理念与制度设计，在民族自治地方施行刑事和解和恢复性司法有着丰厚的经验积累和传统资源。在刑法变通滞后、国家制定法与少数民族习惯法存在冲突的情况下，

---

① 孙伶伶：《彝族法文化——构建和谐社会的新视角》，中国人民大学出版社 2007 年版，第 140—152 页。

② 张晓辉、方慧主编：《彝族法律文化研究》，民族出版社 2005 年版，第 271 页。

"少数民族犯罪也应当成为刑事和解的对象",① 它可以为少数民族刑事习惯法与国家刑事制定法之间提供一个对话的平台,为国家刑事制定法渗透与整合少数民族刑事习惯法建立有效途径。

我国运用恢复性司法与刑事和解的探索和尝试也为少数民族地区建立相应制度提供了有益的参考和借鉴。②

九、适当引入判例制度

少数民族的社会文化生活丰富多彩,成文法的不周延性、概括性、滞后性难以适应无限复杂而又变动不居的少数民族社会现实。而"假使欠缺明文的法律构成要件规定,则即使在欧陆的法秩序中,判例法也是事实上的法源"。③那么"既然体系性的建构方式本身不可能解决确定性与开放性、普遍与个案正义之间的矛盾,那么唯一的现实选择就是在所建构的体系之外再架设判例制度。……建立于经验理性基础之上的判例制度的引入,正是源于对成文法无法统摄一切这一构造性因素的深刻体察,是承认立法理性有所不及的直接结果之

① 苏永生:《国家刑事制定法对少数民族刑事习惯法的渗透与整合——以藏族"赔命价"习惯法为视角》,《法学研究》2007 年第 6 期。

② 目前全国有很多法院与检察院尝试推行刑事和解与恢复性司法。例如:北京市朝阳区人民检察院自 2002 年开始便着手进行关于轻伤害案件处理改革的尝试;2003 年,北京市政法委员会发布了《关于北京市政法机关办理轻伤害案件工作研讨会纪要》;2004 年 7 月,浙江省高级人民法院、浙江省人民检察院和浙江省公安厅联合发布《关于当前办理轻伤害案件适用法律若干问题的意见》;山东烟台市人民检察院制定了《烟台市检察机关推行平和司法程序的实施细则》,于 2006 年在全市 13 个县、市、区全面推行;江苏无锡市人民检察院在全市检察院全面推行刑事和解工作机制,并制定出台了《无锡市人民检察院关于开展恢复性司法工作的规定》,继而,全市政法机关联合制定了《关于刑事和解工作的若干意见》。2005 年,安徽省公安厅会同省法院和省检察院共同出台有关《办理故意伤害案(轻伤)若干问题的意见》;2005 年,上海市高级法院、上海市检察院、上海市公安局和市司法局联合下发了《关于轻伤害案件委托人民调解的若干意见》;2006 年,山东省临沂市人民检察院试行《临沂市检察院审查起诉环节轻伤害案件委托人民调解委员会调解实施办法》,对轻伤害案件实行调解;2004 年,河南许昌县人大常委会、县委政法委根据有关法律和规定,组织县人民法院、检察院、公安局、司法局,制定了《关于办理轻伤害案件若干问题的意见(试行)》。

③ [德] 卡尔·拉伦茨:《法学方法论》,陈爱娥译,商务印书馆 2003 年版,第 19 页。

一"。① 判例是对法律最具体、最生动的解释，可以帮助人们正确统一理解法律，进而保证审判活动的稳定与连贯。2005 年，最高人民法院《人民法院第二个五年改革纲要》提出要"建立和完善案例指导制度，重视指导性案例在统一法律适用标准、指导下级法院审判工作、丰富和发展法学理论等方面的作用"。在以制定法为特色的现代中国法律制度中，在司法审判工作中引入带有判例法色彩的中国式的"案例指导制度"，为民族自治地方建立特殊的刑法判例制度提供了一个可能的前提。刑事判例是审理具体刑事案件的产物，其内容、性质等都是明确、具体的，易于把握和实际操作，因而相对于成文法而言，刑事判例具有个别性强、针对性高的特征。判例给法官审理案件提供了重要的范例和参照依据，也降低了司法擅断的风险。判例制度可以弥补和克服刑法变通缺位带来的法律适用的难题，更能体现民族自治地方政治、经济和文化的特殊性。我国 55 个少数民族中有 38 个世代生活在西部，西部少数民族人口占全国少数民族人口 2/3，全国 155 个自治地方，绝大部分在西部。西部自然条件差，社会经济发展水平低，文化落后。刑事判例生动、形象、具体，直观，可以广泛发挥对少数民族群众的指引、教育和评价作用，优秀的民间习惯和习俗能够得以彰显，而对那些借封建迷信和陋俗侵犯人权的违法犯罪行为也是一个警示。对于偏远落后的民族地区，通俗生动的案例能够给少数民族群众以深刻的教育和启示，也更容易使他们接受法律的规定，自觉地学法、守法、用法。

我国 1978 年 12 月 22 日十一届三中全会提出"有法可依，有法必依，执法必严，违法必究"，将民主法制建设提到崭新的高度。1997 年召开的中国共产党第十五次全国代表大会，将"依法治国"确立为治国基本方略，将"建设社会主义法治国家"确定为社会主义现代化的重要目标，并提出了建设中国特色社会主义法律体系的重大任务。民族法制是中国特色社会主义法律体系的重要组成部分。我国《少数民族事业"十一五"规划》将民族法制体系作为重点建设工程，提出要逐步健全民族法制体系，制定与民族区域自治法相配套的法律法规，对民族区域自治、少数民族权益保障、构建和谐民族关系等方面

---

① 劳东燕:《罪刑法定的明确性困境及其出路》,《法学研究》2004 年第 6 期。

的立法，以及国家法规与民族习惯法的关系、民族法律法规执行与监督机制等专题进行深入研究，以更好地保障少数民族的合法权益。中共中央宣传部和国家民委共同发布了《党和国家民族政策宣传教育提纲》，强调"要充分尊重民族自治地方的变通执行或停止执行的权利，并给予积极的指导和帮助；要按照民族区域自治法的要求，制定配套的法律法规、具体措施和办法"。党的十八届四中全会提出要全面推进依法治国，总目标是建设中国特色社会主义法治体系，建设社会主义法治国家。在中国共产党领导下，坚持中国特色社会主义制度，贯彻中国特色社会主义法治理论，形成完备的法律规范体系、高效的法治实施体系、严密的法治监督体系、有力的法治保障体系，形成完善的党内法规体系，坚持依法治国、依法执政、依法行政共同推进，坚持法治国家、法治政府、法治社会一体建设，实现科学立法、严格执法、公正司法、全民守法，促进国家治理体系和治理能力现代化。建设中国特色社会主义法治体系，必须坚持立法先行，发挥立法的引领和推动作用，抓住提高立法质量这个关键。要恪守以民为本、立法为民理念，贯彻社会主义核心价值观，使每一项立法都符合宪法精神、反映人民意志、得到人民拥护。要把公正、公平、公开原则贯穿立法全过程，完善立法体制机制，坚持立改废释并举，增强法律法规的及时性、系统性、针对性、有效性。[1]"有法可依"是依法治国的前提。民族自治地方立足现实，充分、及时行使法律赋予的刑事立法变通权，制定出充分考虑民族特点并以国家刑法基本原则为指导的刑事变通立法，能够有效打击犯罪，最大限度地尊重和保护少数民族群众的人权和权益，维护少数民族地区的生产生活秩序。刑事变通立法具有不可替代的价值与功能，基层刑事司法实践中以刑事政策和习惯法为依据所采取的变通做法并不能完全弥补刑法变通缺位所导致的困境和难题。从根本上解决少数民族地区国家刑事制定法供应不足的问题，仍有赖于加紧制定切实可行、针对性强的刑事变通立法，这不仅可以延续习惯法的内容，也可以使法律更好地被认知和信守。

民族自治地方的刑事变通立法至今仍然是空白，使宪法和法律赋予民族自

---

① 《中国共产党第十八届中央委员会第四次全体会议公报》，《人民日报》2014 年 10 月 24 日。

治地方的立法权成了虚设的权力，极大地浪费了有限的立法资源，也造成民族地方基层刑事司法对于特定案件"无法可依"的状态。德国法学家卡尔·拉伦茨说得好："对于法官如何借助法律（或者在没有法律的情况下）获致正当裁判的问题，所有现代法学方法论之作者莫不论及之。"① 我们的探索与讨论旨在抛砖引玉，为少数民族地方未来的刑事变通立法提供可能的参考，并引起刑法学界及立法、司法部门对此问题更深的关注和重视，对刑法变通的理论、技术路线和司法实践"莫不论及之"。

① ［德］卡尔·拉伦茨：《法学方法论》，陈爱娥译，商务印书馆 2003 年版，第 19 页。

第六章　婚姻法变通及其适用

　　婚姻法的变通与补充规定是党和国家的民族政策在婚姻立法上的具体表现。1980 年婚姻法第 36 条规定："民族自治地方人民代表大会和它的常务委员会可以依据本法的原则，结合当地民族婚姻家庭的具体情况，制定某些变通的或补充的规定。自治州、自治县制定的规定，须报请省、自治区人民代表大会常务委员会批准。全国人民代表大会常务委员会法制委员会在《关于〈中华人民共和国婚姻法（修改草案）〉和〈中华人民共和国国籍法（草案）〉的说明》中指出，由于有些少数民族的风俗、习惯与汉族地区很不相同，经济、文化水平也不一样，草案规定，民族自治地方可以依据本法的原则，结合当地民族婚姻家庭的具体情况，制定某些变通的或补充的规定。"

　　1980 年婚姻法公布后，各民族自治地方相继根据婚姻法的基本原则，结合当地民族婚姻家庭的具体情况，制定了执行婚姻法的变通或补充规定。民族自治地方对婚姻法的变通规定，应当以我国婚姻法的基本原则为依据。我国婚姻法的各项基本原则，是我国社会主义婚姻制度的必然要求，是我国全部婚姻立法的指导思想，对民族自治地方的婚姻立法同样适用。民族自治地方的婚姻立法，只是对婚姻法中某些规定的变通，而不能违背或脱离婚姻法的基本原则。各民族自治地方的婚姻法变通与补充规定参酌历史与现实，基本适应了本民族婚姻的实际，对于维护婚姻当事人的合法权益，保障婚姻法在民族地区的贯彻实施起到了良好的效果。但婚姻法变通补充的理论研究依然不够深入，婚姻法变通的实施效果尚不能尽如人意，变通立法的内容、立法技术和水平仍需完善、加强和提高，婚姻法及其变通补充立法需要在少数民族群众中进一步普及。

第一节　婚姻法变通的内容及其适用

一、婚姻法变通的内容

（一）对法定婚龄的变通

我国的少数民族，特别是农村、牧区的少数民族，历来多有早婚的习惯，因此，民族自治地方制定的执行婚姻法的变通规定多将降低法定婚龄作为主要内容，变通后男子结婚不得早于 20 周岁、女子结婚不得早于 18 周岁，但在具体的适用对象上，存在着不尽相同的规定。随着社会的进步和人们认识水平的不断提高，少数民族群众也逐渐认识到早婚的危害，有些民族自治地方通过修改变通规定将法定婚龄改为与婚姻法一致。如黔南布依族苗族自治州 1999 年即做了这样的修正。

（二）对旁系血亲禁止结婚的变通

我国历史上虽然禁止"同姓为婚"，但是并不禁止甚至提倡异性近亲属间的婚姻，形成了"亲上加亲"和缔结"中表婚"的传统，如傣族、白族就盛行"中表婚"。[①] 有些少数民族地区无法严格实行禁止三代以内的旁系血亲结婚的规定，变通立法时必须考虑习惯的力量和人们的心理承受能力。镇宁布依族苗族自治县对三代以内旁系血亲的范围做了限定，禁止三代以内有旁系血亲关系的姨表、姑表之间结婚。有的民族自治地区将婚姻法禁止三代以内旁系血亲结婚的规定变通为倡导性规定，如内蒙古自治区规定，大力提倡三代以内的旁系

---

① 李翁坚：《略论婚姻法在边疆少数民族地区的适用》，中国法院网，http://www.chinacourt.org/public/detail.php?id=250724。

血亲不结婚。云南省人大常委会在审议批准孟连、宁蒗、沧源关于三代以内旁系血亲结婚的问题时指出，鉴于这种习俗是长期历史形成的，短时期内难以改变，必须加强教育，广泛宣传科学、卫生知识，提高群众的思想认识，使其自觉改变，逐步加以解决。有些少数民族历史上实行较汉族严格的禁婚，变通规定继续在本民族中倡导原来的禁婚传统，如伊犁哈萨克自治州规定，禁止直系血亲和三代以内旁系血亲结婚，保持哈萨克族七代以内不结婚的传统习惯。甘肃阿克塞哈萨克自治县规定四代以内的旁系血亲禁止结婚，并提倡七代以内的旁系血亲不结婚的传统习惯。

（三）对不同民族间通婚的规定

不同民族通婚受法律保护，任何人不得以任何理由干涉，一些民族自治地方对这一问题做了肯定性的明确规定。青海海北藏族自治州规定，不同民族的男女通婚受法律保护，不允许以任何借口干涉和阻挠。青海河南蒙古族自治县也规定，不同民族的男女通婚受法律保护，不许任何人干涉和歧视。宁夏回族自治区规定，回族同其他民族的男女自愿结婚，任何人不得干涉。

（四）禁止利用宗教干涉婚姻家庭的规定

我国少数民族的宗教信仰历史悠久、内容繁杂、形式多样，有些民族甚至全民信教。国家保护公民的宗教信仰自由，但也禁止利用宗教干涉婚姻家庭。青海玉树藏族自治州规定，禁止利用宗教、宗族或其他形式干涉婚姻自由。青海互助土族自治县规定，禁止宗教干涉婚姻，不准以宗教仪式代替法定的婚姻手续，禁止"戴天头"，不许干涉寡妇再婚。青海门源回族自治县规定，结婚、离婚必须履行法律手续，不准以宗教仪式代替法定的婚姻手续。阿坝藏族羌族自治州规定，禁止利用宗教、家族、部落、或其他形式干涉婚姻自由。

（五）关于子女民族成分的规定

内蒙古自治区规定，不同民族男女结婚的，所生子女的民族从属由父母商定。镇宁布依族苗族自治县规定，不同民族男女双方自愿结婚的，任何人不得歧视和干涉；其子女族属和姓氏，未成年由父母商定，成年后由子女自定。

（六）对于婚姻登记问题的规定

依法进行登记是结婚的法定必经程序，也是结婚的唯一有效程序。离婚也须经登记才能发生法律效力。然而由于历史原因及传统的风俗习惯，一些少数民族地区对于结婚登记的观念还比较淡薄，云南金平县哈尼族盛行"祭拜婚"，有些乡甚至几十年没有人到乡政府登记结婚。[①]根据云南某基层法院法官的一项社会调查显示，某乡（以哈尼、彝、拉祜族为主体）农村人口结婚登记情况，2004年自愿申请领取结婚证的只有4对，2005年6对，该乡2004年女性初婚人数104人，2005年84人。这些数据表明个别少数民族地区结婚登记的状况不容乐观。[②]为有效解决这一难题，很多民族自治地方都在变通或补充规定中重申了结婚和离婚登记问题。黔南布依族苗族自治州规定，自愿要求结婚的或离婚后自愿要求复婚的男女双方必须亲自到街道办事处、乡、民族乡、镇人民政府或由乡、民族乡、镇人民政府委托的村民委员会依法进行结婚登记，取得结婚证书，才能确立夫妻关系。在履行结婚登记确立夫妻关系后，对民族传统的结婚仪式，有改革或者保持的自由。但不能以民族的风俗习惯代替结婚登记。海北藏族自治州规定，结婚、离婚必须履行法律规定的手续，任何一方口头或文字方式通知对方离婚的，一律无效，严禁宗教干涉婚姻。循化撒拉族自治县规定，严禁宗教干涉婚姻自由，不准以宗教仪式代替法定的婚姻手续。伊犁哈萨克自治州还规定，对巧立名目、加重经济负担的结婚习俗，村（居）民自治组织应制定村规民约、村（居）民章程加以规范。村民自治章程、村规民约对于破除陋俗，树立文明新风，能够起到有效的示范引导作用。

（七）对婚前体检的规定

2003年10月，《婚姻登记条例》正式实施，婚前检查不再作为强制性规定，婚前健康检查不再作为结婚登记的前提条件。但由于少数民族地区尤其是偏远地区的医疗卫生条件不高，为了实现优生优育，保证当事人的身心健康，部分

---

① 方慧：《少数民族地区习俗与法律的调适》，中国社会科学出版社2006年版，第201页。

② 李翁坚：《略论婚姻法在边疆少数民族地区的适用》，中国法院网，http://www.chinacourt.org/public/detail.php?id=250724。

自治地方的婚姻立法对婚检提出了要求。如《伊犁哈萨克自治州施行〈中华人民共和国婚姻法〉的补充规定》，为防止传染病的传播，实现优生优育，提倡婚前体检。

（八）对订婚问题的规定

订立婚约的行为，称为订婚。我国婚姻法没有对婚约作出规定。部分民族自治地方在变通或补充规定中对订婚的效力问题做了规定。黔南布依族苗族自治州规定，订婚不受法律保护，反对任何包办、强迫的订婚。镇宁布依族苗族自治县规定，反对任何包办形式的订婚。订婚不具有法律上的约束力。新疆维吾尔自治区规定，订婚不是结婚的法定程序，不受法律保护，严禁借订婚索取财物或干涉婚姻自由。这些规定强调禁止以包办订婚的形式干涉婚姻自由、借订婚索取财物，有力地保护了婚姻当事人的合法权益。

二、变通补充婚姻法的适用

不同的民族自治地方在婚姻法的适用对象上不尽相同，主要有以下几种情况：

（一）适用于本民族自治地方的各少数民族公民，如新疆、内蒙古、西藏、宁夏等自治区。

（二）不但适用于本民族自治地方的少数民族，而且适用于与少数民族结婚的汉族，如凉山州、阿坝州、紫云县、松桃县、镇宁县等。

（三）只适用于本民族自治地方内的部分地区，如海北藏族自治州规定，本规定适用于本自治州祁连、刚察、海晏三个县的各少数民族群众，国家干部、职工、汉族群众、城镇居民（包括各少数民族）仍执行《中华人民共和国婚姻法》的规定。

（四）少数民族群众因身份和职业不同而区别适用，只适用于男女双方是非城镇的农村少数民族公民。如门源回族自治县的变通规定只适用于本县农牧民中的各少数民族群众。国家职工、城镇居民中的少数民族和农牧区的汉族群众均按《婚姻法》的规定执行。海西蒙古族藏族哈萨克族自治州则规定，结婚的男女双方，一方为农村、牧区的少数民族群众，一方为国家职工或城镇居民的，分别按各自的婚龄规定执行；一方不属本州人口者，其结婚年龄以婚姻登记机关所在地的规定为准。云南耿马县、西盟县规定，婚姻双方一方是少数民族农村公民，另一方是少数民族职工的，少数民族职工也可按变通规定执行。

（五）只适用于本民族自治地方境内农村的各少数民族及汉族群众，如云南南涧县（1982 年施行，现已废止）。

第二节　婚姻法变通存在的主要问题

一、婚姻法变通的内容较为单一

纵观目前我国婚姻法变通补充的内容不难看出，除了结婚年龄变通、个别自治地方对于三代以内旁系血亲的变通等是强制性规则，不允许人们随意更改或选择之外，其他内容大部分是对婚姻法内容的进一步重申或强调，有的甚至是对婚姻法条文的简单重复，不同自治地方的变通规定也大同小异，地方特色与民族特色不强。各民族传统的婚姻习惯具有深厚的社会基础，有关婚姻的习惯法是中国少数民族习惯法的重要组成部分，它们仍然在不同方面、不同程度制约和影响着少数民族群众的婚姻家庭关系。少数民族婚姻习惯法规定了婚姻的成立、婚姻的缔结程序、夫妻关系、离婚等多方面的内容，以习惯确定的结婚、离婚的效力依然有较强劲的生命力。对于这些习惯法的内容，变通立法基本没有吸收，因而也影响了变通立法在实践中的效果。

二、婚姻法变通的形式之争

我国立法法第 75 条第 1 款规定："民族自治地方的人民代表大会有权依照当地民族的政治、经济和文化的特点，制定自治条例和单行条例。自治区的自治条例和单行条例，报全国人民代表大会常务委员会批准后生效。自治州、自治县的自治条例和单行条例，报省、自治区、直辖市的人民代表大会常务委员会批准后生效。"可以看出，民族自治地方立法有其特定的表现形式，即自治条例和单行条例。该条第 2 款规定："自治条例和单行条例可以依照当地民族的特点，对法律和行政法规的规定作出变通规定。"从实践上看，民族自治地方的婚姻立法多数名称为"变通规定""补充规定"，也有的在自治条例中加以规定，如 1986 年通过的湖南《新晃侗族自治县自治条例》第 47 条对少数民族的结婚年龄做了变通。那么自治条例、单行条例与变通补充规定是什么样的关系呢？对此学界存在着不同的认识。有学者认为变通规定不同于单行条例，它是民族区域自治法体系中独立的部分。如民族法专家吴宗金、敖俊德认为，单行条例是民族自治地方的人民代表大会根据宪法和民族区域自治法，依照当地民族的政治、经济、文化的特点制定的报法定机关批准或备案，部分地调整本地方内民族关系以及本地方与上级国家机关的单项自治法规；而变通规定是指民族自治地方的人大根据宪法、民族区域自治法和其他法律，依照当地民族的政治、经济、文化的特点制定的报法定机关批准和备案的变通执行或停止特定法律规定和其他规范性文件的单项自治法规。① 另一些学者认为变通规定就是单行条例。

法律变通是在我国统一的法律体系内，为维护和保障特定少数民族群体利益而采取的特殊的立法形式。根据民族自治地方立法权的性质，综合立法法的规定可以看出，变通是针对法律的某些条文和内容的变更，其所采取的规范性法律文件的形式是自治条例或单行条例，即变通规定与单行条例或自治条例是内容与形式的关系。无论这些变更是冠以"变通规定"的名称、单行条例或是自治条例的某些条款，都不影响其变通的实质。

三、最高人民法院的司法解释能否变通

2001 年修订后的婚姻法实施后，最高人民法院相继于 2001 年 12 月、2003 年 2 月、2011 年 7 月通过了关于婚姻法的三件司法解释。《司法解释（一）》

---

① 吴宗金、敖俊德：《中国民族立法理论与实践》，中国民主法制出版社 1998 年版，第 404 页。

第 5 条规定：未按婚姻法第八条规定办理结婚登记而以夫妻名义共同生活的男女，起诉到人民法院要求离婚的，应当区别对待：（一）1994 年 2 月 1 日民政部《婚姻登记管理条例》公布实施以前，男女双方已经符合结婚实质要件的，按事实婚姻处理。（二）1994 年 2 月 1 日民政部《婚姻登记管理条例》公布实施以后，男女双方符合结婚实质要件的，人民法院应当告知其在案件受理前补办结婚登记；未补办结婚登记的，按解除同居关系处理。最高院通过司法解释对 1994 年《婚姻登记管理条例》实施后的事实婚姻做了明确的否定。

按照婚姻法规定，只有经过依法登记的婚姻，才能成为有效的夫妻关系，从而形成婚姻关系。但是少数民族与汉族地区的政治、经济、文化、风俗习惯等存在明显差异，在一些地区客观上还存在着大量事实婚姻。由于历史原因和风俗习惯，很多少数民族结婚不重视结婚登记，只注重是否按照习俗举行了结婚仪式。只要按照民族习俗举行了结婚仪式就是夫妻，而且这种夫妻关系得到一定范围的普遍认可。如果在少数民族地区一概不承认事实婚姻的法律效力，客观上使这些事实婚姻当事人的权利得不到法律保护，将会影响民族地区的婚姻家庭稳定和社会的安定团结。审判实践中，对于起诉时双方已符合结婚的法定条件，并且已同居多年，生育了子女，群众也认为是夫妻关系的案件也一律予以解除，不符合少数民族婚姻习俗的实际。

第三节　完善我国婚姻法变通的对策措施

一、重视吸收少数民族习惯法

有关婚姻的习惯法是中国少数民族习惯法的重要组成部分，但是这些习惯法并没有被婚姻法的变通补充规定合理地吸收进来，国家法与习惯法在婚姻领域的冲突与紧张关系没有得到有效缓解和合理调适。国家法赋予了婚姻习惯法极大的生存空间，少数民族婚姻习惯法也因此可能得以延续和发展。采取有效措施清理、改造、接纳和提升少数民族习惯法，将其纳入婚姻法变通的内容，可以使法律得到更好的认知和信守。根据少数民族习惯法的不同内容，可以分别采取以下措施：一是对与当代法律理念和人文精神相悖，有较大社会危害性的行为和行为规范，在立法中应予以禁止，必要时还可确立相应的制裁措施。二是对与当代法律理念和人文精神相符，具有代表性的优秀文化观念、风俗习惯，在立法中应予以提倡。如苗族尊老爱幼、姨表不婚的习惯等。三是对于与现行法律的具体规定有抵触，但不违背宪法和法律的基本原则的文化观念、风俗习惯，应尊重民族特点，在立法中予以确认。如西南少数民族禁止同姓结婚，婚姻的缔结一般要经过说媒、定亲、送礼、结婚等程序的习俗等。四是对于一些与社会文明不相容的习俗，如果在民间仍有影响力，并未丧失存在条件的，应在不违背宪法原则的前提下，做适当变通，如事实婚姻等。①

二、婚姻法的变通规定应做扩张解释

由于 2001 年修订的婚姻法删去了民族自治地方可以制定补充规定，这不仅使婚姻法的相关规定与其他法律不一致，也使现行有效的将近 20 件婚姻法的变通规定失去了授权法的依据，有悖于法理。而"补充规定与变通规定的唯一区别，就是对法律不能变通，只能补充"，② 这就使婚姻法立法时思虑不及或限于立法技术不能就民族自治地方的特殊情况加以规定时，民族自治地方只能机械适用婚姻法而不能再根据当地民族特殊的政治、经济和文化特点对婚姻法进行增加或补充，这显然有违立法的精神和宗旨。解决这一问题的途径，可以对"变通"做扩张解释，即"变通"包含"补充"的意思，通过立法解释或司法解释的办法对其加以明确。德国法学家卡尔·拉伦茨曾指出："大家日益承认，无论如何审慎从事的法律，其仍然不能对所有——属于该法律调整范围，并且需要调整的——事件提供答案，换言之，法律必然有漏洞。"③ 由于民族自治地方复杂多变的情形以及立法技术和立法水平的局限，现行婚姻法不可能兼

---

① 田钒平、王允武：《善待少数民族传统习俗的法理思考》，《贵州民族学院学报（哲学社会科学版）》2007 年第 3 期。

② 吴宗金：《民族法制的理论与实践》，中国民主法制出版社 1998 年版，第 329 页。

③ ［德］卡尔·拉伦茨：《法学方法论》，陈爱娥译，商务印书馆 2003 年版，第 246 页。

顾我国 55 个少数民族 155 个民族自治地方所有的特殊情境，要求婚姻法完全适应每个不同地区不同民族的特点既不可能也不现实。因而，为使婚姻法能够在少数民族地区得以正确地贯彻实施，不仅对其个别内容和条款的变通成为必然，增加和补充婚姻法制定时不能就各民族特点予以充分考虑的内容也不可或缺。

三、对特定地区和民族的仪式婚和事实婚姻予以法律保护

举行结婚仪式是我国延续千年的传统习俗，新中国成立后我国婚姻法将仪式婚一举废除，对仅仅举行仪式的"结婚"一律不予承认。由于深受传统习俗的影响，登记制度的推广虽超过半个世纪，但绝大多数新婚夫妇在办理登记以后，仍然要举行结婚仪式，而且不少人在心理上认为自己只有在举行仪式以后才属于真正结婚。虽然我国在立法上确立了登记婚主义，但民间一直在进行着顽强的抵抗，举行婚礼而不办理登记的现象仍然在一定范围内存在，使社会现实与法律制度之间严重脱节。这种状况在一些少数民族地区尤为严重。仪式婚虽欠缺登记要件，但如果当事人具备了结婚的实质性条件，那么在法律上不按事实婚姻对待显然是对社会现实的漠视。如果能够正确地认识结婚仪式的公示作用，这种传统习俗可以对现代婚姻制度的实施起到有益的推动作用，建议对仪式婚予以弱度保护并建立转正制度，这将比彻底否认仪式婚的法律效力或建立补办登记制度更切合中国的社会现实。①

四、最高人民法院的司法解释应当作为变通的对象

在我国，司法解释是国家最高司法机关在适用法律解决具体案件时，对如何应用法律所作出的具有普遍约束力的阐释与说明，但是民族自治地方能否对司法解释进行变通确是一个值得深入研究和探讨的问题。民族区域自治法第 20 条规定："上级国家机关的决议、决定、命令和指示，如有不适合民

---

① 于海涌：《仪式婚的法律保护》，《法学》2007 年第 8 期。

族自治地方实际情况的，自治机关可以报经该上级国家机关批准，变通执行或者停止执行；该上级国家机关应当在收到报告之日起六十日内给予答复。"此处的"上级国家机关"不应仅理解为"自治机关"，还应包括"司法机关"；"决议、决定、命令和指示"也应涵括"司法解释"。如果民族自治地方基层法院对于最高院的司法解释的适用不符合当地实际，可以申请变通执行或停止执行。宪法和法律规定民族自治地方可以对不符合民族自治地方实际的法律、行政法规进行变通，民族区域自治法规定可以对上级国家机关的决议等变通执行或停止执行，但如果不赋予自治地方对于司法解释及司法机关规范性文件的变通执行或停止执行权，那么对于法律的变通在某种程度上就失去了意义。从法理上和逻辑上推断，若民族自治地方对一部法律的某些条款进行了变通，那么针对各该条款的司法解释也就当然地不能在该自治地方发生法律效力。因此，关于婚姻法的司法解释也应作为民族自治地方婚姻法变通的对象。

五、婚姻法及变通立法的普法宣传应落到实处

普法工作在中国已经进行了二十多年，但其实际效果却并不乐观。一些少数民族农村地区，人们对婚姻法的规定并不十分清楚，早婚、非法同居、结婚离婚不依法登记的现象依旧很多。从 1986 年"一五"普法到现在，普法运动几近三十个春秋，规模不可谓不壮观，声势不可谓不浩大，然而法律并没有真正走进少数民族群众的生活，普法也在某种意义上成了一种过场和必要的形式。"送法下乡"不仅要给老百姓带去适销对路的法律产品，而且要以群众能理解易接受的方式来进行，仅仅在普法宣传日给人们发小册子是远远不够的。"'普法'并不是一辆发送法律知识的运输车，也不是一种旨在确立支配性关系的权力媒介，而是一条旨在让全中国人民加入法制建设、过上一种'法治'生活的生产线。'普法'不是别的，就是中国法治的实际运作方式，贯穿了法治这一商品在中国社会从设计、生产到出售、消费的整个流程。"①伯尔曼说得

---

① 凌斌：《普法、法盲与法治》，《法制与社会发展》2004 年第 2 期。

好，"法律必须被信仰，否则它将形同虚设"。① 婚姻法及其变通规定只有符合当地民族的政治、经济和文化特点并且以普法的形式使之深入人心，才能为少数民族群众认真地遵守，形成良好的婚姻家庭秩序。

---

① ［美］伯尔曼:《法律与宗教》，梁治平译，中国政法大学出版社 2003 年版，第 3 页。

第七章　变通执行与停止执行

宪法和法律不但赋予民族自治地方制定自治条例和单行条例的自治权，通过对国家法律法规的变通以更好地实现自治，而且还明确规定，上级国家机关的决议、决定、命令和指示，如有不适合民族自治地方实际情况的，自治机关可以经法定程序变通执行或者停止执行。变通执行与停止执行不同于变通立法，它主要体现在自治机关行政执法的过程中。

第一节　变通执行与停止执行的性质及对象

民族区域自治法第 19 条规定："民族自治地方的人民代表大会有权依照当地民族的政治、经济和文化的特点，制定自治条例和单行条例。自治区的自治条例和单行条例，报全国人民代表大会常务委员会批准后生效。自治州、自治县的自治条例和单行条例报省、自治区、直辖市的人民代表大会常务委员会批准后生效，并报全国人民代表大会常务委员会和国务院备案。"第 20 条规定："上级国家机关的决议、决定、命令和指示，如有不适合民族自治地方实际情况的，自治机关可以报经该上级国家机关批准，变通执行或者停止执行；该上级国家机关应当在收到报告之日六十日内给予答复。"这就是民族区域自治法对两种变通权的规定。二者的一个明显区别是，后者已明示变通，而前者没有明示变通，但变通是条文规定中应有之义。由于民族立法实际工作中对前者有歧义，[①]因此立法法第75条第2款明确规定："自治条例和单行条例可以根据当地民族的特点，对法律和行政法规的规定作出变通规定，但不得违背法律或者行政法规的基本原则，不得对宪法和民族区域自治法的规定以及其他法律、行政法规专门就民族自治地方所作的规定作出变通规定。"显而易见，民族区域自治法第19条以及立法法第75条第2款规定的是民族自治地方的立法自治权，民族自治地方的立法实践也充分表明了这一点。然而，对于变通执行与停止执行的法律性质却并不十分明晰，理论界对此进行深入探讨的研究成果不多，认识上也存在着差异。有学者认为，两种变通权力的性质不同：法律、行政法规变通权属于立法自治权，决议、决定、命令、指示变通权属于行政性质的变通权。[②]另有学者指出，变通执行或者停止执行是民族自治地方在有权制定自治条例和单行条例的基础上，对立法自治权的延伸。因此，从广义上说，这项权利可以归属立法自治权的范畴。但同时又主张，变通执行或者停止执行严格意义上不是一种立法自治权，其中立法的成分较弱。作为变通执行的明显特征主要是一种行政意义上的自治权。[③]不难看出，这种看法本身就存在无法克服的矛盾，其结论自然也难以令人信服，这种自相矛盾的认识也折射出理论界对这一问题的困惑。

根据民族区域自治法的内容安排、逻辑结构、该法第19条、第20条的内容和顺序以及立法法的规定，变通规定的对象是法律和行政法规，变通规定不能对除此之外的部门规章、地方性法规、地方政府规章及其他规范性法律文件进行变通。这些变通对象外的规范性文件即是变通执行或者停止执行的对象，它包括但不限于部门规章、地方性法规、地方政府规章、立法机关发布的非立法性文件，还应包括以公文形式体现的其他规范性法律文件，也即国家机关制定和发布的，除法律、法规、规章以外的具有普遍约束力的"红头文件"。"红头文件"是通俗的称谓，泛指宪法、法律、法规、规章以外有关机关和部门制

---

①　敖俊德：《民族区域自治法中两种变通权之间的联系和区别》，《中央民族大学学报（哲学社会科学版）》2005年第1期。

②　汪燕：《论民族自治地方的变通权》，《湖北民族学院学报（哲学社会科学版）》2005年第1期。

③　吴宗金、张晓辉：《中国民族法学》，法律出版社2004年版，第406—407页。

定发布的非立法性文件，包括对抽象性事项作出规定的文件。由于是以各级国家政权机关的名义发出的措施、指示和命令，代表国家行使各项管理职权，因而要套以象征国家机关权威的"红头"，故称红头文件。① 在实践中，决议、决定、命令、指示是我国行政执法中所采取的经常性手段，是国家和地方的行政机关行使职权的主要形式。任何一级政权机关都得不断发布决议、决定、命令和指示来推动和开展工作，贯彻和执行党和国家的法律和政策。这些决议等都是抽象行政行为，它一般不针对特定对象，而是规定在何种情况和条件下，行政机关和被管理一方的行为规则和权利义务关系，具有普遍约束力。自治机关报经上级国家机关批准，变通执行或者停止执行有关的决议、决定、命令和指示，可能分为两种情形，一是制定规范性文件，通过抽象行政行为将变通执行或停止执行的内容固定下来，长期在条件具备时不断重复地发生法律效力，如果制定规范性文件的机关具有法律规定的立法权，那么此时的变通执行或者停止执行具有立法的性质；二是变通执行或者停止执行针对的只是特定对象或特定事件具体行政行为，一次性发生法律效力，此时的变通执行或者停止执行具有行政执法的性质，而不是立法权。变通执行是对上级国家机关相关规范性文件做适合于民族自治地方的修改、变更或补充后执行，停止执行不存在变更修改的问题，如果停止执行经过批准，那么相关的规范性文件在法律效果上相当于自始不存在。

值得注意的是，我国民族区域自治法在"上级国家机关的职责"一章中的第 54 条规定："上级国家机关有关民族自治地方的决议、决定、命令和指示，应当适合民族自治地方的实际情况。"立法法规定，民族自治地方不得对宪法和民族区域自治法的规定以及其他法律、行政法规专门就民族自治地方所做的规定作出变通规定，那么这是否意味着上级国家机关专门就民族自治地方的决议、决定、命令和指示也不能变通执行或者停止执行呢？变通执行或者停止执行的前提是上级国家机关的决议、决定、命令和指示不完全适合或者完全不适合民族自治地方的实际情况，那么就此可以得出结论，即使上级国家机关专门就民族自治地方的决议、决定、命令和指示如果不适合民族自治

---

① 刘松山：《红头文件冲突法律的责任归属——兼评福州王凯锋案》，《法学》2002 年第 3 期。

地方的实际情况，也应可以申请变通执行或停止执行。如果上级国家机关规范性文件的执行如果不利于民族自治地方的实际情况，那么上级国家机关本身就没有很好地尽其职责，通过变通执行或者停止执行加以改变也就是自然而然的事情。

第二节　变通规定与变通执行或者停止执行的关系

变通规定与变通执行或者停止执行具有相同的理论依据、政策依据和宪法依据，二者存在着有机的联系，都是民族自治地方自治权的组成部分。从外在的联系来说，后者是前者的延伸。自治条例和单行条例既然可以变通法律和行政法规，那么民族自治地方的自治机关自然可以变通地位低于法律和行政法规的决议、决定、命令和指示。从内在的联系来说，后者是前者的补充。自治条例和单行条例所变通的法律和行政法规，其内容具有根本性、全局性、长期性和稳定性，其地位低于法律和行政法规。决议、决定、命令和指示一般不具有根本性、全局性、长期性和稳定性，变通执行决议、决定、命令和指示是对自治条例和单行条例变通法律和行政法规不足的一种补充，后者是前者的派生物。①

变通规定与变通执行或者停止执行也存在着一些差别，主要体现为以下几个方面。

第一，主体不完全相同。

以自治条例和单行条例为表现形式的变通与补充规定的制定机关是民族自治地方的人民代表大会及其常务委员会，报请机关是民族自治地方的人民代表大会，批准机关分别是全国人大常委会和省一级的人大常委会，包括省、自治区、直辖市的人大常委会，它们的共同特点都是国家权力机关。变通执行和停

---

① 敖俊德：《民族区域自治法中两种变通权之间的联系和区别》，《中央民族大学学报（哲学社会科学版）》2005 年第 1 期。

止执行的报请机关是民族自治地方的自治机关——人民代表大会及其人大常委会和政府，其批准机关是上级国家机关，从实际运行来看主要是上级人民政府及其各部门，它们的共同特点主要都是国家行政机关以及政府职能部门。

第二，变通的对象和范围不同。

变通与补充规定的对象是法律和行政法规，但不得违背法律或者行政法规的基本原则，不得变通宪法、民族区域自治法的规定以及其他法律、行政法规就民族问题所做的专门规定。变通执行与停止执行的对象是上级国家机关的决议、决定、命令和指示，主要是政策和其他规范性文件，变通的范围法律未做任何限制，可以变通到完全不执行——停止执行为止。此外，两种变通权在客观依据上也存在着差异。变通与补充规定的主要依据是"当地民族的政治、经济和文化特点"，变通执行与停止执行的主要依据是"民族自治地方的实际情况"。

第三，性质不完全相同。

变通与补充规定是民族自治地方从当地特殊情况出发，贯彻实施宪法、法律和行政法规的重要立法形式，是自治地方的立法机关行使立法自治权。变通与补充规定可以作为民族自治地方司法活动的法律依据。1985 年，最高人民法院在《关于加强经济审判工作的通知》中规定："对这些民族自治地方的自治条例和单行条例，人民法院在审理属于民族自治地方当地的经济纠纷案件时，可作为一种依据，认真研究，正确运用。"立法法第 90 条规定："自治条例和单行条例依法对法律、行政法规、地方性法规做变通规定的，在本自治地方适用自治条例和单行条例的规定。"因此，变通与补充规定在其效力范围内的民族自治地方，与法律的效力相当。而从民族区域自治法的立法目的和宗旨以及实践上看，变通执行或者停止执行主要发生于国家机关的行政执法过程中，更多地体现为一种行政管理方面的自治权。

第四，批准和答复的期限不同。

全国人大常委会及省级人大常委会收到自治区和自治州、自治县的自治条例和单行条例后多长期限内给予批准，民族区域自治法和立法法均未规定。而民族区域自治法明确规定，上级国家机关自收到民族自治地方自治机关的变通执行或停止执行的报告之日起，应当在 60 日内就是否批准给予答复。为提高效率，防止拖延而影响民族自治地方工作，上级国家机关应及时全面审查，依据宪法和法律，结合民族自治地方政治、经济和文化特点，在充分尊重自治权的基础上，作出是否批准的结论。

第三节　变通执行与停止执行的程序

一、变通执行与停止执行的前提

由于受历史基础和地理条件等诸多因素的制约和影响，少数民族分布较集中的西部地区，经济和社会发展水平较东部发达地区还不高，特别是一些偏远地区，还比较落后。因而，无论是法律还是政策的实施，都必须符合民族自治地方的实际，因地制宜，不能搞"一刀切"。我国宪法第115条规定："……（民族自治地方）根据本地方实际情况贯彻执行国家的法律、政策。"这就意味着，如果国家的法律、政策完全适合民族自治地方实际情况，就应严格依照执行；如果国家的法律、政策部分适合而部分不适合民族自治地方实际情况，那么，适合民族自治地方的部分应该原原本本、不折不扣地贯彻执行，而对不适的部分做某些变通后贯彻执行；如果国家临时性的某些具体政策完全不适合民族自治地方实际情况，那么，民族自治地方经过批准也可以停止贯彻执行。宪法的这一规定，为民族自治地方自治机关变通国家的法律、政策提供了总的原则，也是两种变通权的直接宪法依据。"变通执行或者停止执行"的前提条件是上级国家机关的决议、决定、命令和指示不完全适合或者完全不适合民族自治地方的实际情况。上级国家机关的政策法规如果不适合民族自治地方实际情况，不加变通地执行或停止执行可能会阻碍当地民族的社会经济发展，不利于各民族共同团结进步、共同繁荣发展。在这种情况下，就需要考虑到当地的民族特点和地域特点，针对有关的政策法规进行变通后执行或停止执行，而不能只强调统一，更要尊重和重视差异，从实际出发，实事求是地行使自治权。

二、可以提出变通执行与停止执行的申请的机关

自治机关根据上级国家机关的决议、决定、命令和指示，结合民族自治地方的实际情况分析具体规范性文件的适宜性与可行性，如果确需变通执行或停止执行，则须由自治机关向该上级国家机关提出申请。以自治县为例，玉龙纳西族自治县是云南怒江傈僳族自治州所辖的一个县，按通常的理解，其上一级国家机关包括怒江州人民代表大会和怒江州人民政府，而上级国家机关除了上一级国家机关外，还应包括省人大、省人民政府，国务院及其组成部门。自治县的自治机关包括自治县人大、自治县人民政府。假如怒江州政府的某项决议不适合玉龙县，那么应由玉龙县政府向怒江州政府提出变通执行或停止执行。尽管从民族区域自治法第20条的规定上看，玉龙县人大及其常委会也有相应的职权，但由人大向政府就某项决议申请变通执行或停止执行，形成行政机关与权力机关的职权交叉，这与我国国家机关的运作规律不相协调。

我们现在再假设云南省政府针对全省的某项决定如果在玉龙县实施会带来不良后果，不符合当地实际，那么变通执行或停止执行的申请是由玉龙县直接向省政府提出还是由玉龙县先向由其上一级机关怒江州提出，再由怒江州向省政府提出？这不仅关涉行政程序问题，更关乎行政效率问题。类似的问题还有，假如不适合玉龙县实际的某项决定是由省或国务院部门作出的，那么应向哪个机关提出申请呢？自治机关的各工作部门和派出机构不是自治机关，不能单独行使自治权，民族自治地方的人民法院和人民检察院也是如此。从广义上来讲，国家机关不仅包括国家行政机关、国家权力机关，还应包括司法机关——人民法院和人民检察院。考察民族区域自治法的篇章结构、内容和文字表述，该法的"上级国家机关"应该不包括司法机关，但如果"上级国家机关"不包括司法机关，那么民族自治地方司法实践中的许多难题就无法化解，民族自治地方的自治权也就无法完全实现和有效落实。第一，关于司法解释。在我国，司法解释是国家最高司法机关在适用法律解决具体案件时，对如何应用法律所作出的具有普遍约束力的阐释与说明，但是民族自治地方能否对司法解释进行变通或停止执行，确是一个值得深入研究和探讨的问题。第二，上级人民法院、人民检察院的决议、决定、命令和指示如果不适合民族地方的实际，应

当如何处理？如果可以变通执行或者停止执行，应由哪个机关向哪个机关申请？关于这些问题，法律规定得比较原则和笼统，理论上尚需进一步研究，在实践中也存在着不同的理解和认识。如河北某县在宣传《民族区域自治法》时就认为，"变通执行或者停止执行"的对象是人大及其常委会、人民政府（含各部门）、人民法院、人民检察院四机关的决议、决定、命令和指示。①

三、变通执行与停止执行申请的审批

上级国家机关在接到自治机关提出的变通执行或停止执行的申请报告后，应认真审查核实申请的事实、理由和依据，在合理的时间内，即"该上级国家机关应当在收到报告之日起六十日内给予答复。"具体情况是，根据民族自治地方的实际情况允许变通执行或者停止执行，要尽快批准；不准变通执行或者停止执行，要在接到报告之日起六十日内作出"不准"的书面答复，并说明理由；由于情况不明或问题复杂，一时难以作出"准"与"不准"的决定时，也要在接到报告之日起六十日内说明情况，并说明何时给予答复。但是，无论哪一种情况，上级国家机关在行使批准权的时候都应做到合理、及时、高效，不能拖延，以免影响民族自治地方的工作。

第四节　变通执行与申请执行的完善

一、关于司法解释及上级司法机关的规范性文件

民族自治地方依照宪法和法律的规定，根据本民族本地区的情况和特点，行使自治权，自主地管理本民族本地区的内部事务。民族自治地方享有立法自

---

① 周玉春：《论民族自治地方的立法权及对上级国家机关文件变通执行或者停止执行权》，民主法制网 2007 年 3 月 5 日，http://www.mzfz.gov.cn/mzfzrd/471/2007030513301.html。

治权，可以在一定条件下对法律法规进行变通。司法解释是国家最高司法机关依照一定的标准和原则，根据法定权限和程序，对法律的字义和目的所进行的阐释。既然民族自治地方对法律可以依法变通，那么从逻辑上以及立法自治权设定的目的和宗旨上看，对于法律解释当然也应当可以变通，对于不适合本地方实际情况的司法解释变通执行或不予执行。以最高院为例，实践中的司法解释有"批复""意见""解释""解答""规定"等不同的名称，如《最高人民法院关于行为人不明知是不满十四周岁的幼女，双方自愿发生性关系是否构成强奸罪问题的批复》《最高人民法院关于人民法院审理借贷案件的若干意见》《最高人民法院关于调整司法解释等文件中引用〈中华人民共和国民事诉讼法〉条文序号的决定》《最高人民法院关于适用刑法时间效力规定若干问题的解释》等，它们都由最高人民法院审判委员会会议通过，并要求各级法院在审判活动中依照执行。还有的文件不是针对某一具体法律的解释，而是根据法律规定制定的实施办法，如《诉讼费用交纳办法》，它们也实际发挥着相当于司法解释的效力。这些司法解释与民族区域自治法第 20 条的"决议、决定、命令和指示"是什么样的关系呢？如果民族区域自治法中的"上级国家机关"不包括司法机关，那么这个问题也就没有意义。但是综观宪法和有关法律就民族区域自治权的相关规定，我们不得不接受这样的结论，司法解释及国家司法机关的决议、决定、命令和指示等规范性文件在民族区域自治法中规定的空白，是立法者思虑不及抑或是因疏漏所导致的缝隙。宪法和法律规定民族自治地方可以对不符合民族自治地方实际的法律、行政法规进行变通，民族区域自治法规定可以对上级国家机关的决议等变通执行或停止执行，但如果不赋予自治地方对于司法解释及司法机关规范性文件的变通执行或停止执行权，那么对于法律的变通在某种程度上就失去了意义。2007 年，最高院发布了《最高人民法院关于司法解释工作的规定》，其中第 5 条规定："最高人民法院发布的司法解释，具有法律效力。"司法解释是国家最高司法机关对司法工作中具体应用法律问题所做的解释，是对法律的条文的进一步阐释和说明，各级法院须遵照执行。从法理上和逻辑上推断，若民族自治地方对一部法律的某些条款进行了变通，那么针对各该条款的司法解释也就当然地不能在该自治地方发生法律效力。

为解决上述问题，建议民族区域自治法再次修改时，明确规定法律解释也可以依照法定程序予以变通执行或停止执行，并对"决议、决定、命令、指示"的内涵加以明确。在修改之前，可以通过立法解释或司法解释的方式对此加以明确。

二、申请变通执行或停止执行的程序优化

民族区域自治法只原则性地规定，上级国家机关的决议、决定、命令和指示，如有不适合民族自治地方实际情况的，自治机关可以报经该上级国家机关批准，变通执行或者停止执行。这种笼统的规定远远不能适应实际工作中的需要。为理顺关系，提高效能，合理区分、科学界定各级国家机关的职能和权限，申请变通执行或停止执行可统一规范为以下的程序和步骤：

（一）如果需要变通执行或停止执行的文件是上级国家机关的政权机关发布的，申请机关和审批机关按机关的性质对口进行，即行政机关对行政机关，权力机关对权力机关，尽量避免行政机关与权力机关的职权交叉。

（二）申请机关不能越级申请，即只能向上一级机关申请。如省级行政机关的决议不符合自治县的实际，应由自治县向其上一级国家机关——市级机关报告，再由市级国家机关提出申请。但这里仍存在一个无法解决的问题，该市级国家机关不一定是自治机关，即该市不是民族自治地方。

（三）如果需要变通执行或停止执行的文件是国家机关的职能部门发布的，由民族自治地方的职能部门向自治机关报告，再由自治机关向上级国家机关申请批准。这里仍应遵循不越级申请的原则。

以上的程序理顺了申请报批的机关与顺序，也完全符合法律的要求。但是，实际工作中大量的行政事务都是由国家机关的职能部门通过发布决议、决定、命令和指示来进行的，如果凡是不符合民族自治地方的文件都需要按照民族区域自治法的规定逐级上报审批，既增加了国家机关的负担，影响行政效率，也不符合我国行政部门工作运行的规律。这迫切需要立法和执法部门对之进行深入研究，精心设计出合理的路径与程序，在立法和行政执法中不断健全和完善。

三、等待审批期间被申请文件应如何执行

民族自治地方在等待上级国家机关批准期间，对于认为不适合本地方实际的决议、决定等如何来处理，是一个值得探讨的问题。如未经批准即先行变通执行或停止执行，明显缺乏法律和政策依据；若边执行边等待批准，又可能造成不利后果，影响该地方某一方面事业的健康发展。对于这一点，可以参照我国行政诉讼法关于诉讼期间不停止具体行政行为的执行的相关规定，对之加以调整。具体是，自治机关申请停止执行，上级机关认为在审批期间需要停止执行的，暂时停止执行相关的决议等；自治机关申请变通执行或停止执行，上级国家机关认为继续执行可能会造成难以弥补的损失，并且停止执行不损害社会公共利益，先行决定暂停执行；其他情况下，审批期间一律不停止执行。

第八章　民族自治地方能动司法与法律变通

　　司法理念与制度是社会公平正义的重要保障。近年来，在倡导司法为民、和谐司法的大背景下，能动司法日益引起学术界和司法实务界的广泛关注与热烈研讨，各级法院也纷纷开展了各具特色的能动司法活动。目前民族自治地方变通立法内容较为单一，对重要的部门法——刑法、民法、民事诉讼法等的变通至今阙如，远远不能满足民族自治地方的实际需求。因而，民族自治地方能动司法对于解决变通立法供给不足，实现民族自治地方和民族地区少数民族群众司法公正具有更为重要的现实意义。

第一节　能动司法的内涵

一、西方语境的司法能动主义

　　"能动司法"肇端于美国，是基于实用主义的一种司法理念与司法哲学。美国权威的布莱克法律辞典将其定义为：司法能动主义是指司法机关在审理案件的具体过程中，不因循先例或遵从成文法的字面含义进行司法解释的一种司法理念与行为。当司法机关发挥其司法能动性时，它对法律进行解释的结果更倾向于回应当下的社会现实和社会演变的新趋势，而不是拘泥于旧有成文立法或先例以防止产生不合理的社会后果。司法能动性即意味着法院通过法律解释对法律的创造和补充。① 美国学者沃尔夫认为，司法能动主义的基本宗旨就是，法官应该审判案件，而不是回避案件，并且要广泛地利用他们的权力，尤其是通过扩大平等和个人自由的手段去促进公平——保护人的尊严。能动主义的法官有义务运用手中的权力为各种社会不公提供司法救济。② 西方语境的司法能动追求司法过程中的公平正义，法律不是目标而是手段，主张一切司法活动都以维护社会公平和秩序为最终目标。司法并不是消极被动地将法律条文适用于具体案件的程式化活动，而且还始终承载着增进社会福祉，推动社会进步，引导社会主流价值的重要使命。创造性是司法裁判的一个不可避免的特征，当制定法或先例的适用不能实现社会公正，法官不应拘泥于既有的先例和法条，而要充分考量案件所关涉的多种价值、规则及利益，在各种价值、规则及利益中寻求平衡和妥协。因而，司法能动主义理念模式下，"法官不得不担当造法者（lawmakers）。他们不得不解释、阐明、铸造（mould）以及常常创制（ex novo）法律"，③ 法官"必须以衡平、公道、或社会利益的其他要素为之效力的社会利益来平衡对称或稳定。这可能使法官有义务从另一角度画线……标出新的起点，使后来者可能由此……上路"。④ 西方语境的能动司法与法官造法密不可分，"当然，若将司法主体的这种能动作用发展到极端，试图在法律之外寻找司法正义依据，那就不是创新型能动司法，而是司法能动主义了"。⑤

二、中国特色的能动司法

美国司法能动主义的产生具有特定的历史背景，两者在形成语境、赖以运

① *Black's Law Dictionary*. West Publish Co.1990，p.847.
② ［美］克里斯托弗·沃尔夫：《司法能动主义——自由的保障还是安全的威胁》，黄金荣译，中国政法大学出版社 2004 年版，第 3 页。
③ ［意］莫诺·卡佩莱蒂：《比较视野中的司法程序》，徐昕、王奕译，清华大学出版社 2005 年版，第 41 页。
④ A.L. 考夫曼：《卡多佐》，张守东译，法律出版社 2001 年版，第 217 页。
⑤ 侯淑雯：《司法衡平艺术与司法能动主义》，《法学研究》2007 年第 1 期。

行的政治体制和司法制度、适用范围、发挥程度以及司法主体上表现出更多的差异性。转型时期中国的能动司法被赋予了更多的内涵，2009 年 8 月，时任最高人民法院院长王胜俊在江苏省调研时强调，能动司法是新形势下人民法院服务经济社会发展大局的必然选择，是人民法院司法理念的一次重大创新。能动司法是为应对全球金融危机而提出的重要司法理念，目前能动司法已经超越了它被提出时的具体语境，成为我国社会主义司法理念的重要组成部分。在当代中国语境中，司法能动主要是指人民法院及法官在遵循法治和司法规律的前提下，基于国情、历史和社会发展的客观需求，法官不应消极中立因循守旧，被动地坐堂办案，机械刻板地适用法律，而应当充分发挥积极性、主动性和创造性智慧，通过诉讼调解、审判、执行等司法环节以及司法主导的各种替代纠纷解决方法，运用政策考量、利益平衡、法律推理、漏洞补充等方式，满足群众需求，回应群众关切，有效地解决各种复杂的矛盾和纠纷，努力做到"案结事了"，定分止争，最大限度地实现司法的政治效果、社会效果和法律效果的统一，提高司法公信力与司法权威。服务性、主动性、高效性是能动司法的三个显著特征。

2008 年以来，各级人民法院充分发挥司法能动作用，准确把握司法运行规律，在实践中深刻把握和认识能动司法的本质和内涵，形成了各具特色并为学术界和司法实务界广为关注的能动司法典型模式。河南法院探索马锡五审判方式的回归，坚持"调解优先、调判结合"；江苏姜堰法院尝试将民俗习惯引入司法，使国家的制定法与民间的习惯法相融合，民间纠纷的解决机制与法院审判解决纠纷的机制相衔接；陕西陇县人民法院推行"能动主义八四司法模式"，充分体现了"以人为本""群众利益无小事"的理念；东营经验的核心价值则在于"为大局服务，为人民司法"，这些成功的实践为民族自治地方的能动司法提供了颇有价值的参考。

三、能动司法与法律变通的辩证关系

世界各国为解决法域过大与法律统一性矛盾而采用的方式是实行联邦制国家结构，通过不同联邦成员立法，相对缩小国家立法的法域。与此不同的是，我国实行单一制国家结构，并且理论上和实践上都不可能改变这种国家结构形式。因此，解决前述矛盾需要有更富创造性的政治智慧和制度设计。民族区域自治立基于中国的土壤，体现了鲜明的中国特色，法律变通制度就是根植于民族区域自治的创造性制度设计。法律变通是指民族自治地方的自治机关依据宪法、民族区域自治法和立法法的基本原则和相关规定，根据当地民族的政治、经济和文化特点，对于法律、行政法规不适合于民族自治地方的部分作出适当变更或补充使之符合民族自治地方的立法活动以及变通执行活动。我国刑法、民法通则、婚姻法、民事诉讼法等多部法律都规定了变通条款。法律变通制度体现了国家对少数民族独特性和差异性权利的特别保护，体现了国家尊重和保障少数民族自主管理本民族内部事务的精神，是实现少数民族实质平等的强大制度保障。

我国目前倡导的能动司法充分体现了人民司法的主动性、创造性，是原则性与灵活性的有机统一。能动司法要求法官在处理案件的时候，应当结合案件的具体情况，因案制宜、因势利导，灵活运用法律的基本原则和精神，慎重把握裁判尺度，充分运用弹性司法手段，积极发挥司法延伸职能，以最大限度地化解矛盾纠纷。能动司法的精神与法律变通的目标与宗旨有着内在的一致性，法律变通是在法律统一适用基础上的变通，是包容差异、容纳多元、以变通求平等前提下的统一。我国民族自治地方领土广阔，情形复杂，经济不够发达，传统文化和习俗延续依然很强，变通立法尚不完善。因此，能动司法在少数民族地区具有特别的空间和特别的意义。

第二节　民族自治地方司法能动的现实理由

一、民族自治地方特殊的情境是开展能动司法的客观因素

中国地域广袤，少数民族人口众多。根据 2000 年第五次全国人口普查，55 个少数民族人口为 10449 万人，占全国总人口的 8.41%。在 55 个少数民族

中，有 44 个建立了自治地方，实行区域自治的少数民族人口占少数民族总人口的 71%，民族自治地方的面积占全国国土总面积的 64% 左右。广大西部地区地处祖国边疆，是少数民族集中聚居的地方，由于受历史、自然和区位等诸多因素的影响，总体发展水平与东部相比，存在着较大的差距。不同地区不同民族的人们世代生活在一定的地域空间，深受居住地区生产生活、自然环境和地缘关系的制约，形成了各具特色的生产生活方式以及与此相联系的法律意识、正义观念和纠纷解决方式。中国特色社会主义法律体系已经形成，总体解决了"有法可依"的问题，① 但由于"我国地域广阔而发展极不平衡，法律适用的对象、情境的差异甚大，法律的普遍性和统一性始终面临着各种差异性要求的挑战"，② 各民族特定的经济条件、社会状况、文化传统和政治制度决定了国家制定法不可能完全适用于各个不同的民族和民族地方。民族自治地方基层少数民族群众对于具有高度专业化技术化的司法程序是陌生的、隔阂的，通过诉讼途径解决纠纷往往不是最明智的选择，很少有人为一般的纠纷对簿公堂，他们更为熟悉和接受的是与之生活息息相关的家长里短式的调解与"送法下乡"，而难以理解深深打上西方文化烙印的法袍、烦琐的程序和法庭庄严的场景安排。"随着法律的职业化、专业化以及大量复杂的法律术语和耗费时间财力的程序，随着法律逻辑与社会生活逻辑的不相符，法律活动变成一个普通人除了依赖于法律专门人员之外无法也没有时间涉足的领域"。③ 民族自治地方尤其是基层民族地区的纠纷具有特定的丰富性和多样性，如果不能有的放矢、对症下药，而是简单笼统地套用具有普世真理性的诉讼与司法规则，那么这些真理性规则则极有可能因为水土不服而失灵。"秋菊打官司"的困惑并不仅仅是个案，在广大农村基层，在偏远的民族地区都是一个相当普遍的现象。能动司法注重司法过程中情、理、法的有机融合，慎重平衡各方主体利益，强调不能因循守旧、被动应付，因而更适合于民族自治地方特定民族、特定社会关系和特定纠纷的彻底解决。

---

① 杨维汉等：《为建设公正高效权威司法制度砥砺奋进》，《人民日报》2011 年 2 月 16 日。

② 顾培东：《司法能动若干问题研究》，《中国法学》2010 年第 4 期。

③ 苏力：《法治及其本土资源》，中国政法大学出版社 2004 年版，第 153 页。

二、民族自治地方法律变通的制度空间没有得到充分有效利用

我国初步建立起了较为完备的民族法律法规体系，其中变通补充规定对于少数民族地区的特殊情况"拾遗补缺"，起到了沟通国家法的统一性、普遍性与少数民族政治、经济和文化特点的多样性与特殊性之间的桥梁和纽带作用。据不完全统计，1980 年以来共制定过 89 件变通补充规定，现行有效的 81 件。制定了变通补充规定的民族自治地方共有 45 个，目前尚有 109 个民族自治地方没有制定任何变通补充规定，占全部民族自治地方的 70.97%。变通立法覆盖的只有蒙古族、藏族、回族、维吾尔族、壮族、彝族、羌族、哈萨克族、傣族、侗族、土家族、苗族、布依族、佤族、裕固族、撒拉族、拉祜族、仡佬 18 个少数民族，仅占全部少数民族的 32.73%，尚有 37 个少数民族未制定任何变通补充规定。从整体上看，变通立法在数量和范围上还远远不能适应民族地区和少数民族经济和社会发展的需要，内容较为单一，调整面狭窄，缺乏民族性和地方特色，多数变通立法局限于婚姻方面，而纵观目前我国婚姻法变通补充的内容不难看出，除了变通结婚年龄外，其他内容大部分是对婚姻法内容的进一步重申或强调，有的甚至是对婚姻法条文的简单重复，不同自治地方的变通规定也大同小异，地方特色与民族特色不强，与少数民族群众生活密切相关的民法、刑法和诉讼法至今都没有变通。变通立法的缺失给民族自治地方的司法尤其是基层司法带来了很多困难，完全以国家法作为裁判依据可能给特定地区的特定案件带来实质的不公正，严格执法甚至会带来很大的负面作用和消极影响，① 基层法院的法官因而常常游走在法律的边缘。探索符合本地区本民族特色的司法模式是能动司法的内在的本质的要求，法官应不拘泥于形式，发掘符合国情、区情、民情、族情的结案方式，力求法律效果与社会效果相统一。

少数民族习惯法是指我国广大少数民族在千百年来的生产、生活实践中逐步形成、绵延相袭、并为本民族成员信守的一种社会规范。我国少数民族习惯法源远流长，内容丰富，有些民族的习惯法历经沧桑，演化蜕变，逐渐形成了

---

① 扎洛：《社会转型期藏区草场纠纷调解机制研究》，《民族研究》2007 年第 3 期。

较为完善、系统的习惯法体系。这些规则有的已经被时代所湮没，仍有相当一部分至今仍然保持着勃勃生机与顽强的生命力，发挥着维护社会秩序、解决矛盾和化解纠纷的功能。法律是文化的产物，不同地区的不同民族在漫长的历史长河中形成了独特的法文化。美国人类学家吉尔兹认为"法律就是地方性知识"，主张法律多元化，认为法律与事实的对立是相对的，认识法律只能依据地方性知识，事实并不是通常所谓的纯自然的客观事实，而是一种负载特定地方内涵，经由历史传递的"文化情境论"下的事实，它会因时因地因民族而有所不同。① 少数民族习惯法即为一种特殊的"地方性知识"。"法律作为中华文化的一部分，自然和哺育其生成的民族一样，也有其源与流、干与枝的互相关系及内在联系，并形成了多样性的统一体"。② 少数民族习惯法作为中华法文化的"流"与"枝"，无论在历史还是在现实中，都发挥着重要的作用。在少数民族聚居的乡土社会实质上存在着两套不同的社会控制机制，一是由国家统一法制和民族区域自治法规维系的现代法理机制，一是由乡土村落维持的传统的补救型、自治型的习惯机制。③ 实际上现在很多民族地区，特别是一些偏远的民族村寨，真正起作用的还是习惯法。不同民族乃至同一民族的不同地区之间，习惯法也不尽相同，呈现出明显的差异性特征。少数民族习惯法的存在与发展与其特定的文化背景密切相关，没有普适性的法律文化和法律制度，只有具体的、适合特定民族和特定文化背景的法律文化和法律制度。尽管国家法与少数民族习惯法往往在最终目标上一致，但由于国家法与少数民族习惯法在评判标准、执行程序、强制程度、监督保障等方面与国家法迥然不同，少数民族群众对二者的认知和内化程度也不一样，因而国家法与少数民族习惯法在司法方面都存在着一定程度的抵牾与冲突。具体可能表现为国家法与习惯法的双重"规训与惩罚"、国家法强势而习惯法失败、司法对习惯法的纵容与放任、以习惯法改写或置换国家法等方

① ［美］克利福德·吉尔兹：《地方性知识：事实与法律的比较透视》，载梁治平主编：《法律的文化解释》，生活·读书·新知三联书店1998年版，第94页。
② 张晋藩：《探索中华法系的珍贵遗产》，载《中国文化与法治》，社会科学文献出版社2007年版，第142—144页。
③ 陈金全：《西南少数民族习惯法研究》，法律出版社2008年版，第348页。

式。① 国家法与少数民族习惯法的冲突阻碍了和谐司法目标的实现，调和国家法与少数民族习惯法的紧张关系，能动司法是现实的、必然的选择。

第三节　民族自治地方能动司法的路径及制约

自最高人民法院倡导能动司法以来，各级各地人民法院回应群众关切，不断更新理念，创新形式，积极能动司法，形成了很多司法为民、维护公平正义的经验模式。除了这些可资借鉴的经验外，民族自治地方能动司法应立足当地实际，不断探索具有民族特色和地方特色的能动司法路径，摸索和总结具有民族因素案件的特点和规律，及时妥善处理影响民族团结的各种纠纷和矛盾，为民族地区的社会经济发展服务，为民族地区政治稳定服务，促进民族平等与民族团结。

一、少数民族习惯法的司法适用

少数民族习惯法在民族地区依然保持着顽强的生机与活力，制约着人们的思想，指导着人们的行为和生活，法律变通也为其开辟了制度化的可能路径。国家赋予民族自治地方变通立法权意味着国家制定法无法事无巨细、饱览无余地规范和调整民族自治地方的整个社会生活，而民族自治地方疏于主动行使变通立法权，将习惯法纳入自治立法的微乎其微。简单地或形式化地强调国家法的统一适用，必然会损伤法律的公正性或公平性，难以实现个案公平和实质正义。民族习惯法反映了少数民族朴素的正义观，将习惯法引入司法有着正当合理的现实需求，能动司法为少数民族习惯法的适用提供了原则依据和广阔空间，"中国目前开展的能动司法活动是对不同地区、不同民族、不同文化背景下民间规则的重视，甚至可以说民间规则是这种能动司法的最重要的规范前提

---

① 于语和:《民间法》，复旦大学出版社 2008 年版，第 241 页。

和依凭"。①

少数民族习惯法的司法适用需要一种灵动的、创造性的司法技术和智慧，要求法官"穿行于制定法与习惯法之间"（苏力语），充分利用法律方法，使案件处理既合理合法又合俗合情。当国家制定法与习惯法发生冲突时，不能公式化地强调以国家制定法来同化习惯法，而应当寻求国家法与习惯法的平衡、妥协与合作。在司法过程中如何具体适用习惯法，要根据案件的不同特点，充分考虑国家法与国家法在个案中的关系，具体情况具体分析。这里需要强调的是，并不是所有的少数民族习惯法都可以作为司法资源，习惯法必须经过甄别和审查，确认其满足不违反人们最基本的情感和道德，在一定地域和民族间被普遍熟知、认同和接受，人们据此进行交往和互动并有大致明确的预期，能够为当事方认可作为解决纠纷的依据等条件才具有司法适用的价值。少数民族习惯法司法适用过程中须注意总结不同阶段（起诉、调解、审理、执行等）和不同审级中的规律以及在民事、商事、刑事等不同类型案件中适用的区别及特点，并在刑事和解中尝试运用少数民族习惯法止争解纷。

二、构建具有民族和地方特色的大调解机制

调解制度在我国具有悠久的历史和坚实的基础，少数民族群众历来注重以调解方式解决纠纷。②调解以和为贵，注重纠纷彻底解决及原有关系与秩序的恢复和重建，符合我国传统文化中以情、理、法相融合化解矛盾以及"无讼"的价值取向。在变通立法不完善和倡导能动司法的前提下，民族自治地方各级法院要深刻认识调解在有效化解矛盾纠纷中所具有的独特优势和重要价值，坚持"调解优先、诉调结合""能调则调，当判则判，调判结合，案结事了"的原则，自觉主动地运用调解方式处理矛盾纠纷，把调解贯穿于立案、审判和执行的各个环节，贯穿于一审、二审、执行、再审、申诉、信访的全过程，把调

---

① 谢晖：《论民间规则与司法能动》，《学习与探索》2010 年第 5 期。

② 高其才：《中国少数民族习惯法研究》，清华大学出版社 2005 年版，第 188 页。

解、和解和协调案件范围从民事案件逐步扩展到行政案件、刑事自诉案件、轻微刑事案件、刑事附带民事案件、国家赔偿案件和执行案件，建立覆盖全部审判执行领域的立体调解机制。要根据每个案件的性质、具体情况和当事人的诉求，科学把握运用调解或者裁判方式处理案件的基础和条件，紧紧围绕"案结事了"目标，正确处理好调解与裁判这两种审判方式的关系。建立和完善大调解机制，在坚持人民调解、行政调解、司法调解三大调解各司其职的前提下，加强与人民调解、行政调解在程序对接、效力确认等方面的协调配合，及时把社会矛盾纠纷化解在基层和萌芽状态。建立健全诉讼与非诉讼相衔接的矛盾纠纷解决机制，充分发挥人民法院、行政机关、社会组织、企事业单位以及其他各方面的力量，完善诉讼与行政调处、人民调解、行业调解、宗教组织调解、民间调解以及其他非诉讼纠纷解决方式之间的衔接机制，推动多元化纠纷解决机制建立和完善，促进各种纠纷解决方式相互配合、相互协调和全面发展。

此外，在诉讼调解中，少数民族习惯法具有更为广阔的作用空间。相对于调解来讲，判决的实体合法性要求要严格得多。判决的形成过程是在查明事实、分清是非基础上对法律的适用过程。判决书必须写明判决认定的事实、理由和适用的法律依据。在多数情况下，实体法对特定案件事实引起的权利、义务和责任都有相当明确的规定，因而也限制了习惯法在审判中的适用。而在调解中，当事方并不一定运用现有的法律规范来解决双方的争讼，可以利用相关的习惯规则来达成一种妥协与和解。调解允许当事人根据自主和自律原则选择他们认可的习惯法作为正当性标准，能够促进当事人及社会公众对司法裁决的认同，有利于化解和缓和社会矛盾。同时，也可以避免适用习惯规则的一审判决因上诉可能导致的全部被推翻的隐忧。诉讼调解的制度设计为习惯法的优先适用提供了天然的土壤。

三、能动地适用法律规则与法律原则

与法律原则和法律精神相比，法律规则是能动范围最小的规范。在确定某事实是否适用某一规则时，就离不开司法者的能动作用。法律原则较之法律规

则具有更大的能动空间，许多新奇案件或疑难案件需依原则进行推理。① 发生在少数民族地区的很多案件，由于具有特殊的人文和地理环境而具有非同寻常的意义，只有将它们置于所依存的历史文化背景中才能得到合理的解释。具有鲜明民族与地域特色的"死给"案②、"赔命价"案的处理方式依照现行法律缺少足够的正当性、合理性与合法性。公平和正义都是相对的、有条件的，超越任何地域和民族的普适性正义是不存在的。"在立法层面上，有限的法律条文以及立法技术难以涵盖不同地区经济、文化以及社会各方面发展的重大差异，也难以反映和顾及各主体均有一定合理性的社会诉求"，③ 作为对民族自治地方特殊状况的顾及，法律变通制度起到了沟通普遍性与特殊性、统一性与差异性的作用。因而，在变通立法供给不足，明确的法律规则适用可能有违个案公正的情形下，能动地适用弹性较大的法律原则是不可或缺的选择。在能动司法过程中，民事法律中的平等原则、自愿原则、公平原则、公序良俗原则、诚实信用原则都具有较大的弹性空间。在刑事案件中，尽管罪刑法定的基本原则不容动摇，但为实现个案公平，仍然可以从民族地方的实际出发，综合社会相当性、期待可能性、刑法谦抑性等不同的理论视角，考察案件的社会危害性大小，依照刑事司法政策的政策性原则，通过刑法的但书条款、罪刑法定的法内出罪机能，对具体的案件作出既不违背法律的基本原则，又符合民族地方实际的灵活性判断。

四、把握好宽严相济的刑事政策尺度

宽严相济是党中央在新形势下提出的一项基本刑事政策，是我国在惩治犯罪、维护社会稳定的长期实践中积累经验的总结，是惩办与宽大相结合政策在

---

① 侯淑雯：《司法衡平艺术与司法能动主义》，《法学研究》2007 年第 1 期。

② "死给"是凉山彝族地区独特而又普遍的社会现象。"死给者"通过一种目的性的、对象明确的自杀，让对方——"被死给者"对自己的死亡负责。在凉山彝族习惯法"地方性知识"的背景下，大凡"死给"行为。几乎必然地引起严重的后果。如果以国家法来审视"死给"案，那么它从案件起因、事态发展、解决过程到法律后果，无疑都是荒谬的。参见陈金全主编：《西南少数民族习惯法研究》，法律出版社 2008 年版，第 314—315 页。

③ 顾培东：《也论中国法学向何处去》，《中国法学》2009 年第 1 期。

新时期的继承、发展与完善。在司法中只有正确贯彻宽严相济的刑事政策，才能确保刑事执法具有良好的法律效果和社会效果。宽严相济刑事政策应当贯穿于刑事立法、刑事司法和刑罚执行的全过程，它是司法机关惩罚犯罪和预防犯罪，保护人民，正确实施国家法律，在刑事领域贯彻能动司法的指南。最高人民法院 2010 年发布的《关于贯彻宽严相济刑事政策的若干意见》要求，要全面、客观把握不同时期不同地区的经济社会状况和社会治安形势，尤其要根据犯罪情况的变化，在法律规定的范围内，适时调整从宽和从严的对象、范围和力度充分考虑人民群众的安全感以及惩治犯罪的实际需要，根据犯罪的具体情况，实行区别对待，做到该宽则宽，当严则严，宽严相济，罚当其罪。

刑事政策从预防犯罪、改造犯罪和抑制犯罪的目的出发，并且针对不同的犯罪行为和犯罪人，主张采取不同的对策、策略和具体措施，从而对刑事立法和司法活动起到价值导向作用、具体指导和弥补法律缺失的作用。宽严相济即该宽则宽，当严则严，宽以济严，严以济宽，宽严有度。"宽"不是法外施恩，"严"也不是无限加重，而是要严格依照刑法、刑事诉讼法以及相关的刑事法律，根据具体的案件情况来惩罚犯罪，做到罚当其罪。总之，宽严相济的核心是区别对待，目标是促进社会和谐稳定，关键是当严则严，该宽则宽，宽严适度，宽严"相济"。"在我国少数民族地区施行宽严相济刑事政策，必须从两个方面着手：首先，观念先行。要求将宽严相济刑事政策的三大基本理念转化为人们的基本观念。这种转化过程不应当是一个强制推行的过程，而在很大程度上是寻求少数民族法文化支持的过程；宽严相济刑事政策的基本理念不但应当成为一般民众的基本观念，而且首先应当成为司法人员的基本观念。其次，制度跟上。要求在立法和司法制度上使宽严相济刑事政策得到落实。这种落实的过程也不应当是一个强制推行的过程，而是从制定刑法的变通或补充规定、建立刑事和解制度、充分利用民族习惯法和民间自治性组织等方面出发，从犯罪控制的整体要求上寻求国家刑法与少数民族习惯法合作的过程。"[①]

对于在一些民族地区的暴恐犯罪是对基本人权的严重践踏，是对文明秩序

[①]　齐文远、苏永生：《宽严相济刑事政策下的少数民族犯罪控制——以治理、互动和谦抑理念为视角》，《甘肃政法学院学报》2009 年第 6 期。

的严重挑战，是对法制尊严的严重损害。暴恐分子挑战的是人类社会共同的秩序、人类文明共同的底线，必须予以坚决打击。要坚决反对和依法打击民族分裂主义活动，切实维护民族团结和祖国统一。要把严厉打击暴力恐怖活动作为当前斗争的重点，使宗教极端势力渗透蔓延和暴力恐怖活动得到遏制。2014年5月召开的中央新疆民族工作会议指出，要坚决反对和依法打击民族分裂主义活动，切实维护民族团结和祖国统一。要把严厉打击暴力恐怖活动作为当前斗争的重点，使宗教极端势力渗透蔓延和暴力恐怖活动得到遏制，坚持长期作战，坚定必胜信心，扎实做好新疆长治久安各项工作。对于此类反国家、反人类、反社会，严重损害国家和人民利益的犯罪活动必须严厉打击，绝不姑息，这也是宽严相济刑事政策的题中应有之义。

五、能动的限制

切忌"司法盲动"与"司法乱动"。能动司法与司法不作为及消极被动司法是截然对立的，但能动司法不是越权司法，更不是盲动司法与随意司法，能动司法有其必要的边界和限度。能动司法过程中，法院应有所为有所不为，适度能动，做到不缺位、不越位和不错位，能动司法不能超越我国根本政治制度和制定法的框架。"对于尚不具备司法能动主义的制度基础和社会条件的国家，尤其是我国而言，基于现实的司法能力和司法环境，考虑司法权限的扩张尤其需要节制和慎重"，[1] 防止能动司法变成盲目司法的遮羞布。民族自治地方各级人民法院和法官不能以情况特殊为理由超越法定职责去受理案件，违背法律规定去裁判案件，而应在不与法律原则、法律规定冲突的前提下，通过正确行使自由裁量权、充分挖掘法律的弹性空间、灵活采取司法措施、准确把握"调解优先、调判结合"的原则等方式，以达到个案公正与普遍公正的有机统一，依法裁判与案结事了的有机统一。

谨防法律变通的误区——"司法变通"。学界有观点认为，民族自治地方

---

① 范愉：《诉前调解与法院的社会责任：从司法社会化到司法能动主义》，《法律适用》2007 年第 11 期。

的法律变通，从结构上看有两部分组成：一是立法变通；二是法律实施的变通。① 在立法变通不发达的情况下，对基本法律的变通司法，是法律变通的主要方面。② 法律赋予民族自治地方对于上级国家机关的决议、决定、命令和指示依照法定程序有变通执行和停止执行的权力，但这并不是法律实施的变通，而主要是一种行政执法变通，而且其变通的对象也并非法律法规。"实施变通代替立法变通""变通司法"等判断缺乏基本的法律依据，在我国目前的司法体制下，司法变通的观点和主张在理论上行不通，在实践上也是有害的。"法治国原则所包含的权力分立原则要求，司法裁判者应尊重立法者的规范制定特权"。③ 承认"司法变通"无异于承认法官造法，在我国司法权的配置中，没有法官造法的空间。司法以法律为依归，须循法而行，司法变通难以避免滥用司法权和否定罪刑法定的危险，也极易导致民族自治地方基层法院在"民族特点"的环境下迷失方向，借能动司法之名任意曲解法律，恣意裁判，损害法律的安定性和稳定性。对于差异性、不平衡性及族性特点极为突出的民族自治地方，能动司法具有特别重要的意义，但这种能动依然应该主要是法律之内的能动，而不是突破法律、超越法律、更改法律的能动，更不是否定法律的能动。允许法律外的或超法律的能动，可能会危及法治的根本。实现法制统一性和平等性根本在于通过变通立法确认少数民族利益的多元性，满足少数民族群众差异性利益欲求。因此，在变通立法尚不完善以及能动司法四面开花的大背景下，我们应时刻保持清醒的头脑，对"司法变通"予以足够的警惕。

第四节　寻求民族自治地方能动司法与法律变通的良性互动

中华民族在漫长的历史长河中，逐渐形成了多元一体格局。基于民族区域自

---

① 张晓辉：《中国法律在少数民族地区的实施》，云南大学出版社 1994 年版，第 66 页。
② 胡启忠：《论民族地区的法律变通》，《西南民族学院学报（哲学社会科学版）》2002 年第 7 期。
③ [德] 卡尔·拉伦茨：《法学方法论》，陈爱娥译，商务印书馆 2003 年版，第 254 页。

治制度的变通立法与国家法也形成了多元与一体的关系。法律变通作为旨在包容差异、容纳多样、和而不同进而实现实质平等的制度设计，其真正发挥作用的逻辑起点是民族自治地方主动行使立法自治权，制定民族与地域特色鲜明，切合实际的变通立法。"作为民族性格构成要素的心理特征、情感偏好、价值观念、行为模式，必然在一个民族的法律文本和法律实践中体现出来，形成一种特殊的法律制度和法律生活样式"。① 但令人遗憾的是，变通立法的制度空间并未得到有效的利用，刑法、民法以及诉讼法等至今仍是变通立法的盲区。有学者指出，基于我国法域过大而地区间发展不平衡的事实，可在现有的地方立法和少数民族地区立法权的基础上，进一步放大这两类立法的空间。与此相关的一个问题则是，获得立法权的地方和少数民族地区尚需进一步认识到地方立法及自治立法的重大意义，并进一步提升相应的立法技艺。另外，在司法中应实行司法能动主义。② 司法具有特殊的作用，它是书本上的法与实际生活中的法的桥梁。民族自治地方各级法院在能动司法过程中，能够发现现行法律规则不适用于民族自治地方的具体所在，了解和熟悉对变通立法的实际需求，为立法提供经验积累和素材，并可以通过提交法律案等形式，积极促进民族自治地方变通立法。

少数民族习惯法的司法适用是民族自治地方能动司法不可缺少的环节。习惯法的适用过程也是对其发现、甄别、审查并取其精华去其糟粕的过程。不同的习惯法反映了不同地区不同民族的历史传统与生活样态，为保持其独特个性和差别化的有效运用，习惯法经由能动司法向变通立法的过渡，既消除了习惯法司法适用的种种障碍，又可以保证变通立法得到少数民族群众的信守和认同，从而使法律"获得普遍的服从"。

① 黄文艺：《法律与民族性格：一种法律研究范式的梳理与反思》，《法律科学》2010 年第 6 期。
② 顾培东：《中国法治的自主型进路》，《法学研究》2010 年第 1 期。

第九章 法律变通：少数民族习惯法的制度空间

费孝通先生在《中华民族的多元一体格局》中高屋建瓴地阐释了中华民族如何多元、何为一体的真谛。他认为，"（中华民族多元一体）的主流是是由许许多多分散孤立存在的民族单位，经过接触、混杂、联结和融合，同时也有分裂和消亡，形成一个你来我去、我来你去，我中有你、你中有我，而又各具个性的多元统一体。"[1] 各个少数民族在漫长的发展过程中，尽管居住地域、历史传统、宗教信仰和生活方式等不同，但也在不同程度地进行着交流和融合。"法律作为中华文化的一部分，自然和哺育其生成的民族一样，也有其源与流、干与枝的互相关系及内在联系，并形成了多样性的统一体。"[2]"历史雄辩地说明了中华法系是以汉族为主体，各族共同缔造的。"[3] 少数民族习惯法作为中华法文化的"流"与"枝"，无论在历史还是在现实中，都发挥着重要的作用。

---

[1] 费孝通：《中华民族的多元一体格局》，《北京大学学报（哲学社会科学版）》1989 年第 4 期。

[2] 张晋藩：《探索中华法系的珍贵遗产》，载《中国文化与法治》，社会科学文献出版社 2007 年版，第 142 页。

[3] 张晋藩：《探索中华法系的珍贵遗产》，载《中国文化与法治》，社会科学文献出版社 2007 年版，第 144 页。

第一节　少数民族习惯法概述

一、少数民族习惯法的概念

"法律是社会的产物，是社会制度之一，是社会规范之一。它与风俗习惯有密切的关系，它维护现存的制度和道德、伦理等价值观念，它反映某一时期、某一社会的社会结构，法律与社会的关系极为密切。"[①] 法律多元理论认为，任何社会的正常运行都不可能只有国家法律这一种规则在起作用，在国家正式法律制度之外，还有大量的其他社会规范在起着调整社会关系、维护社会秩序的作用。习惯以及习惯法在人类历史的发展过程中起着重要的作用。法律、法治与习惯、习俗关系密切。美国学者博安南认为法律就是风俗习惯中被国家予以制度化的那个部分，与此同时，这种制度化的法律，又会随着时间的延续而转变为民间习俗的一部分。即法律由习惯发展而来，习惯本身是一种社会制度，法律是再制度化的规范，这种再制度化的过程就是所谓"双重制度化"，强调习惯法对于国家法的意义以及在社会生活中的重要作用。[②] 对于习惯法概念的界定，主要有从国家法和非国家法角度对之下定义。国家法意义上的习惯法，即为国家予以制度化了的习惯，是渊源于特定习惯的国家制定法。国内大多数法理学教科书和辞书都采此观点。如孙国华认为："习惯法是经国家认可并赋予国家强制力的完全意义的法。"[③] 沈宗灵认为："习惯法来源于习惯，但并不是所有习惯都是习惯法，只有经相应国家机关承认其法律效力的习惯才是习惯法。"[④] 国家制定法的意义上的习惯法具有两个特点：法

[①]　瞿同祖：《中国法律与中国社会·导论》，载《瞿同祖法学论著集》，中国政法大学出版社1998年版，第4页。

[②]　转引自赵旭东：《权力与公正——乡土社会的纠纷解决与权威多元》，天津古籍出版社2003年版，第315页。

[③]　孙国华：《法学基础理论》，中国人民大学出版社1987年版，第41页。

[④]　沈宗灵：《比较法研究》，北京大学出版社1998年版，第174页。

与国家联系，它是由体现国家意志并由国家强制力保障实施的行为规范；法以法律文件的形式出现，是"书本上的法"。虽然法律曾经脱胎于习惯，但是法律完全不同于习惯。从形式上看，习惯法只是得到国家法认可并国家强制力保证实施的习惯而已。据此标准，习惯可以划分为三类，即法律上的习惯、法律之外的习惯以及与现行法律相反的习惯。① 尽管国家认可说揭示了习惯法的来源、效力和地位，但是，从逻辑的角度，这个定义并不科学，甚至引起概念使用上的混乱。非国家法意义上的习惯法定义主要源起于人类学家对社会规范的研究。他们认为，法并不必然同国家相联系，它可以存在于任何社会形态中。习惯法具有权威和强制力，但它并不来自国家，而是自发产生的自律和权威。美国法人类学家霍贝尔给法律下了如下定义："这样的社会规范就是法律规范，即如果对它置之不理或违反时，照例就会受到拥有社会承认的、可以这样行为的特权人物或集团，以运用物质力量相威胁或事实上加以运用。"② 这一定义一般被人们称为强力说或非国家说。按照这个定义，法律的存在不一定以国家的存在为前提，只要存在着某种实施的强制机制，就会存在一定形式的法律，因此，原始社会也存在着法。博登海默认为："历史学派的观点在一个重要的方面是正确的：只有那些适应早期社会一般生活方式及那个时代的经济要求的习惯，才能得到统治者或处于统治地位的贵族阶层的执行，任何一个当权者都不可能长时间地实施与当时当地的社会需要背道而驰的规则或安排。……为了使行为规则能够发挥有效的作用，行为规则的执行就需要从这些有效运行的社会中得到一定程度的合作与支持。……在早期习惯法的实施过程中，大众的观点、惯例和实践同官方解释者的活动之间存在着互动关系。对于早期社会生活中的基本法律模式，甚至连权力极大的统治者都不可能加以干涉。"③ 英国学者沃克则强调："当一些习惯、惯例和通行的做法在相当一部分地区已经确定，被人们所公认并被视为具有法律约束力，像建立在成文的立法规则之上一样时，它们就理所当然可

① 沈宗灵：《比较法研究》，北京大学出版社 1998 年版，第 175—76 页。
② ［美］霍贝尔：《原始人的法》，严存生等译，法律出版社 2006 年版，第 27 页。
③ ［美］博登海默：《法理学法律哲学与法律方法》，中国政法大学出版社 1999 年版，第 379—473 页。

称为习惯法。"① 我国有很多学者在研究习惯法时主要从少数民族习惯法入手。例如,秋浦认为:"鄂伦春人在长期的原始共产主义生活中,很自然地形成了一整套的传统习惯,也就是我们所说的不成文习惯法。"② 田继周、罗之基认为:"佤族社会仍然依靠长期的历史形成的习惯和传统来调节人们之间的各种关系,维持社会的秩序。佤族没有文字,这些传统习惯和道德规范,没有用文字固定记录下来,所以也可称之为'习惯法'。"③ 黄光成认为:"习惯法是被民族社会认可并赋予法律效力的风俗习惯……"④ 吴宗金、张晓辉认为:"习惯是本民族全体成员共同自觉遵守的规则,习惯法则是民族内部或民族之间为了维持社会秩序,调整处理人们的相互关系,由社会成员共同确认的适用于一定区域内的行为规范,它的实质是惩处破坏社会秩序的法则。显然,习惯与习惯法是不相同的。"⑤ 国家法与习惯法无论在形式、内容、效力、司法运用、权威的基础、社会公众的认同与尊崇等方面都存在着较大的不同。习惯法是与国家制定法相对应的,它只在特定的时空范围内,才能够显示出其生机和活力。它出自于各种社会组织、社会权威,规范一定社会组织、一定社会区域的全体成员的行为,为他们所普遍遵守。当某一特定群体成员"开始普遍而持续地遵守某些被认为具有法律强制力的惯例和习惯时,习惯法便产生了"。⑥ 国家这一特殊的社会组织可以对习惯法进行认可,而使之具有双重效力,也可以在国家制定法中反映习惯法的内容,但习惯法从总体上仍区别于国家制定法,与国家制定法有着严格的区分甚至互相对立。

习惯法是特定社会群体共同意志的体现,其目的主要是维护这些特定群体的共同利益。它是在这些群体成员长期共同生产生活中反复重复的行为模式基础上产生出来的;其内容与最多数人的意志利益导向一致,满足全体成员的共同需求;同时由全体成员参与执行,对违反习惯法的人与事的裁判与惩罚都带

① 戴维·M.沃克主编:《牛津法律大辞典》,光明日报出版社 1989 年版,第 236 页。

② 秋浦:《鄂伦春社会的调查》,上海人民出版社 1987 年版,第 202 页。

③ 田继周、罗之基:《西盟佤族社会形态》,云南人民出版社 1980 年版,第 99 页。

④ 黄光成:《论传统习俗与民族社会规范》,《思想战线》1997 年第 1 期。

⑤ 吴宗金、张晓辉主编:《中国民族法学》,法律出版社 2004 年版,第 66 页。

⑥ [美]博登海默:《法理学——法哲学及其方法》,邓正来译,华夏出版社 1987 年版,第 371 页。

有共同参与者的特点。作为一种社会规范，习惯法独立于国家制定法之外，其内容、效力范围、作用、执行等都自成体系。据高其才的考察，习惯法确立的要件有：悠久性、自发性、连续性、强制性、确定性、合理性、一致性。[1]

中国少数民族习惯法是中国习惯法体系的主要组成部分，是中国习惯法体系中内容最丰富、影响最大的一种习惯法，它对当今少数民族地区仍有重大影响。它是由特定地域和特定民族在长期的生产生活中自然形成的，体现一定族群或组织成员的意志，约定俗成了权利、义务和争端解决机制，并由其成员广泛认同的物质和精神力量保障实施的行为规则的总和，它存在于国家制定法之外，主要调整少数民族内部或民族地区社会关系，维持和调整一定社会组织的正常秩序，规范群体成员的互动关系，是民族地区的人们经验和智慧的结晶。少数民族习惯法是各民族特有的心理、意识的反映，是伴随着各民族的形成、发展而逐渐形成、发展的，是构成民族特征的重要方面，也是一个民族的重要标志之一。

少数民族习惯法对一个民族的历史发展和民族文化的形成有重要影响，它构成一个民族共同的心理素质，维护了民族的整体性。由于不同民族生产方式、生活方式、思维方式和历史传统的差异，不同民族的习惯法具有不同的风格，各有其浓郁的民族特色。有学者认为，与国家制定法相比，民族习惯法具有以下特征：形式化和合理化程度较低；注重对人身关系的调整，推行团体本位；程序法欠发达，法律规范结构不完整，"事法对应"，一例一法；在制定上具有民主性、在适用上具有平等性、在特定的交往共同体内具有普遍性；在判决与调解中，奉行以和为贵，注重教育刑与耻辱刑的作用；排斥国家权威介入民族内部纠纷，更多依靠人格魅力；奉行属人主义管辖原则；法律文化具有民族性。[2] 如赫哲族习惯法反映了赫哲族以渔猎为生的经济和社会形态，带有鲜明的渔猎文化色彩；景颇族习惯法是与刀耕火种的景颇族农耕文化相一致的；蒙古族藏族的习惯法则体现了其游牧文化的特色。每个民族必然有其特有的法律制度，相反，不可能有游离于特定民族的、带有一定普遍意义的法律制度，法

---

[1]　高其才：《中国少数民族习惯法研究》，清华大学出版社 2003 年版，第 11 页。

[2]　李可：《习惯法——一个正在发生的制度性事实》，中南大学出版社 2005 年版，第 238—240 页。

律是民族精神的体现。少数民族习惯法在事实上构成了多元法律文化的"一元"。"在一些国家里,少数民族人口的地位相当重要。不论他们是土著还是移民,如果要理解在这些少数民族群体内法律如何运作,那么至关重要的是,必须对他们自己的规范有透彻的了解。这当中,那些与少数民族生活息息相关的经济、文化基础问题又是尤为关键的。这样,不论是有关土地和其他自然资源的问题,还是关于犯罪和'异常行为'——比如说由支配性法律秩序以及社会性别关系而界定为异常的行为——的问题,都只能从法律多元的角度加以恰当地理解。"①

二、少数民族习惯法的特征

少数民族习惯法调整的是一定区域的民族内部的各种社会关系,而不是民族关系。它有别于国家制定的主要调整民族关系的民族法,这是少数民族习惯法与民族法的本质区别,也决定了少数民族习惯法的形式、内容与特点。概括起来,少数民族习惯法具有以下特征:

(一) 鲜明的民族性

我国少数民族由于特定的自然环境、经济发展水平、风俗习惯、宗教信仰、历史传统、文化发展水平等不同,各自形成了独具特色、丰富多彩的民族习惯法文化。少数民族习惯法是各民族特有的心理、意识的反映,是伴随着各民族的形成、发展而逐渐形成、发展的,是构成民族特征的重要方面,也是一个民族的主要标志之一,还是一个民族区别于另一个民族的主要特征。不同民族及其不同的生产生活方式,是在不同的地理与生态环境下生成的。我国领土广阔,地理和生态环境复杂,长期生存和繁衍于这块土地上的各民族,自古就形成了类型多样、形态各异的生产方式和经济形态特征。不同民族生产方式、生活方式、思维方式的差异,决定了习惯法的差异。不同的历史发展阶

---

① [荷] K. 冯·本达-贝克曼:《法律多元》,载《清华法学》第9辑,清华大学出版社2006年版,第303页。

段，也导致了不同民族习惯法文化的特点。民族习惯法根植于民族地区的风俗习惯中，生生不息的民族文化使民族习惯法打上了深厚的民族的烙印。与少数民族习惯法的民族性特征相联系，它具有鲜明的地域性和属人主义特点。我国部分少数民族由于地理的社会历史等多种原因，直到20世纪50年代以前，仍保留着浓厚的原始公社制经济形态的残余、还不同程度地存在着家长奴隶制和封建农奴制的经济形态。原始公社制残余多分布于东北和内蒙古以及西南两地区。东北和内蒙古地区主要有鄂伦春、鄂温克和赫哲族，西南地区主要有傈僳、佤、景颇、基诺、拉祜等民族。家长奴隶制主要存在于我国西南边疆的傈僳、佤、景颇、拉祜、门巴、珞巴以及部分大兴安岭中的部分鄂温克族。20世纪50年代以前，中国少数民族中约400万人口的地区不同程度地保存着封建农奴制这一封建社会早期的社会经济制度和残余。比较完整保存的有西藏的藏族封建农奴制、云南西双版纳傣族封建农奴制、新疆墨玉县夏合勒克乡维吾尔族农奴制和部分蒙古族牧区的封建牧奴制。云南的阿昌族、拉祜族、宁蒗纳西族、武定彝族、红河南岸部分哈尼族，广西的部分瑶族、壮族，贵州的布依族，西藏的门巴族等，皆保留着封建农奴制的残余。不同的经济发展阶段和经济类型，不同的文化形态，形成了不同的少数民族习惯法。如赫哲族习惯法反映了赫哲族以渔猎为生的经济和社会形态，带有鲜明的渔猎文化色彩；景颇族习惯法是与刀耕火种的景颇族农耕文化相一致的；蒙古族藏族的习惯法则体现了其游牧文化的特色；独龙族、德昂族、鄂伦春族的习惯法原始色彩较浓厚；彝族习惯法则与彝族处于奴隶社会历史时期相和适应；处于封建中后期的布依、维吾尔、满族的习惯法也体现了鲜明的民族特色和时代特色。而少数民族习惯法的民族特性也进一步影响和塑造了不同的经济合作模式和人们的心理与行为。例如，打猎是最能体现撒拉族人民群众之间相互帮助和集体主义特点的。打猎曾经是依山而居的撒拉族人民的主要经济活动之一，根据民族习惯，打猎一般一个人单独行动或3—10人为一个团伙，捕获的猎物大家平均分配。如果有人听到了枪声而高喊一声"有我的一份！"猎物的主人就必须分给这个人一份猎物。根据民族习惯，若猎物的肉不能食时，则应将猎物的皮分给他人。与此同时，这种精诚合作的商业品格已经逐渐从民族内部开始向民族间的合作渗透，降低了个体从事商业的风险成本，从而也增强了撒拉族群体的凝聚力和向心力。①

（二）延续性与传承性

少数民族习惯法是少数民族千百年来文化积淀的产物，是他们的传统风俗和习惯陈陈相因、不断演化和进化的结果。对于少数民族来讲，"习惯是一种不仅最古老而且最普遍的法律渊源。"② 并且，"在文化的各个时期，各个文化阶段，人类皆受一大堆民俗支配，而这些民俗是从最早存在的种族那儿继承下来的"。③ 有学者指出，"习惯法是人类社会形成的第一种法律形式，也是基本的法律形式，其他法律形式都是在此基础上产生出来的。现代社会也存在着大量的习惯法，但是，作为调节一个社会唯一基本和有效的法律形式，它主要存在于氏族社会之中，持续了大约上百万年之久。虽然尚缺乏直接的证据，但似乎可以得出一个基本的判断：习惯法是与人类社会一起产生的。"④ 少数民族的习惯法规范由习惯演变升华而来，习惯法的具体内容和表现形式带有民族、地方惯有的特色，并且其实施都有赖于传统习惯的权威和动力。许多少数民族习惯法通过口传、身教，一代一代传承至今，对于民族习惯法的遵守是出于下意识的自觉和内心认同。民风民俗是一种社会的基本力量，它在不知不觉中被人接受。它的社会控制作用，在越早期的社会中发挥得越好。正如恩格斯在《家庭、私有制和国家的起源》一书中谈到氏族制度时所说的："没有大兵、宪兵和警察，没有贵族、国王、总督、地方官和法官，没有监狱，没有诉讼……在大多数情况下，历来的习俗就把一切都调整好了。"⑤ 而格尔滋也表达了类似的观点，他认为，"没有中央集权，政治秩序也是可能的；没有法典化的法规，有原则的正义也是可能的。"⑥ 少数民族习惯法作为少数民族法文化的重要组成

---

① 翟瑞雪：《论撒拉族商业文化——概念、形成环境及功能》，《东南文化》2007年第2期。
② ［美］埃尔曼：《比较法律文化》，贺卫方等译，三联书店1990年版，第43页。
③ ［美］罗杰·科特威尔：《法律社会学导论》，潘大松等译，华夏出版社1989年版，第21页。
④ 尹伊君：《社会变迁的法律解释》，商务印书馆2003年版，第233页。
⑤ 《马克思恩格斯选集》第4卷，人民出版社1995年版，第95页。
⑥ ［美］格尔滋：《反反相对主义》，载《美国人类学》第86卷，第275页。转引自［美］威廉·A.哈维兰：《文化人类学》，瞿铁鹏、张钰译，上海社会科学院出版社2006年版，第11页。

部分，根植于民族地区人民的传统生活，具有深厚的社会基础，存在于族民的意识、心理、习惯、行为方式及生活过程之中，制约和影响社会发展的进程以及人们的互动方式。少数民族法文化通过濡化与社会化过程，[①]延续依传统或经验形成的共同的思维与行为方式，让整个社会的文化依照一定的轨迹得以继续。这也使民族习惯法"习以为常，积久成性"，即使在国家法压制下，仍保持着生机和活力，一些被视为落后的"赔命价"等习惯甚至出现了回潮的趋势。[②]彝族习惯法也是在原有习惯的基础上递进而来的，如今依然在凉山彝区广泛适用。[③]民族习惯法的习惯特定历时久远，根深蒂固，而其之所以仍具有很强的稳定性和权威性，也在很大程度上赖于其习惯强大而旺盛的生命力。

（三）内容丰富，形式多样性

按照现代法制的标准，民族习惯法缺乏统一完备的内容，高超的立法技术，规范合理的形式和系统明确的体系，独立于国家制定法之外，但它的内容却是异常丰富的，表现形式也多种多样。少数民族习惯法往往缺乏抽象和概括，但不同民族的习惯法规范和他们的社会形态和社会发展相适应，虽各有侧重，但是往往涉及他们日常生产和生活的方方面面。如传统土家族习惯法包括

---

① 濡化表示在特定文化中个体或群体继承和延续传统的过程。这一概念由赫斯科维茨提出，他认为濡化是把人类和其他生物加以区别的学习经验，能使一个人在生命的开始和延续中，借此种经验以获得在该文化中生存的能力。从群体的角度讲，濡化是不同族群、不同社会赖以存在和延续的方式及手段，同时也是族群认同的过程标志之一。人们通过代代承继的语言、服饰、饮食习惯、人格、信仰、共同祖先和社会经历，认同于某一族群，成为其中之一员，并以此区别于其他族群。社会制度的实施和延续，既是文化濡化的过程，也是社会化过程。社会化指的是社会成员通过学习社会文化、扮演社会角色、参与社会活动，与社会相整合的过程。濡化与社会化的区别在于，前者强调个人或群体内化某种文化类型或生活模式的过程，也就是社会文化的传递过程；后者强调个体与社会互动的特点和条件，常用社会结构、内容、背景和所扮演的角色等衡量。参见庄孔韶主编：《人类学概论》，中国人民大学出版社2006年版，第286—290页。

② 杨方泉：《民族习惯法回潮的困境及其出路——以青海藏区"赔命价"为例》，《中山大学学报（社会科学版）》2004年第4期。

③ 张晓辉、方慧主编：《彝族法律文化研究》，民族出版社2005年版，第270页。

生产习惯法、村寨习惯法、秘密社会组织"神兵"习惯法、家庭习惯法、婚姻习惯法、丧葬习惯法、禁忌习惯法和宗教习惯法等。而村寨习惯法又包括建立村寨的风水、村民住房配置的规矩、村民称谓习惯、村民交往规范、行走山路的规矩、自然物所有占有的公示方式、村民纠纷的解决方式、乡规民约的制定与执行、封山育林公约、维护地方治安公约、保护秋收公约、收捡桐茶公约、水井公约、生产生活互助等内容。① 再比如,瑶族在长期的社会发展中,形成了内容全面、功能突出、影响深远的刑事处罚习惯法,具体包括处罚方式、处罚种类、处罚执行等内容。为了维护正常的社会秩序,保障民族成员生命财产的安全和生产、生活的顺利进行,瑶族习惯法对诸如故意杀人、偷盗、强奸、纵火和失火、为匪和通匪、婚姻违法、不服瑶族社会组织管理、损坏财物等违法行为规定了具体的惩处办法,通过惩罚反叛与冲突,恢复与加强对瑶族传统和文化的认同。具体的处罚方式有赔礼道歉、罚款、罚"酉"、没收家产、游村喊寨、肉刑、逐出村寨与革除、死刑。② 民族习惯法的称谓和表现形式也呈现出多样化的特点。国家制定法有严格规范的文字表达方式,而少数民族习惯法的表现方式却灵活多样,丰富多彩。既有用文字写成条文形式的,也有以格言、谚语、民歌、神话、禁忌、仪式等形式口耳相传、缺乏成文形式的。在载体上既有以立石头、石牌等形式标示习惯法的,也有将文字刻于岩石上明示习惯法的。而更多的是存在于人们的内心深处,虽不成文,没有具体的形式,但其权威性和效力却并不比有形的习惯法低。现在由村规民约形式表现出来的习惯法一般为成文的,其结构和形式也越来越和国家制定法接近。在称谓上少数民族习惯法也各不相同,贵州侗族地区将其称为"乡条侗理""款约"、广西大瑶山瑶族的"石牌律"、青海土族的"插牌"、苗族的"榔规"、仫佬族的"会款"、景颇族的"通德拉",云南哈尼族的"牛宗乡规",等等。具体的制度方面也同样各有特点,如以少数民族的组织法为例,壮族为"寨老制",苗族为"议榔制",瑶族为"瑶老制",傣族为"村社制",景颇族为"山官制",毛南族为"村

---

① 冉春桃、蓝寿荣:《土家族习惯法研究》,民族出版社 2003 年版。
② 高其才:《瑶族刑事处罚习惯法初探》,《山东大学学报(哲学社会科学版)》2007 年第 4 期。

老制",彝族的"家支制"。

(四)有效性和权威性

少数民族习惯法的基础是社会权威、宗族权威、或是宗教权威,而不是国家权威。民族习惯法在一定的族群和地域中,具有不言自明的合理性、合法性,人们在心理上敬畏,行为上尊崇。不遵守它还会受到道德上的谴责和舆论上的压力,民族习惯法还通过一定的组织和群体被赋予了强制执行的效力,因而在事实上取得了类似国家法的强制力。如凉山彝族社会中,虽然没有出现国家这样的政权组织,但是,作为民族习惯性权威组织的"家支",用习惯法,彝语称为"节忽儿"实现了奴隶制统治。正如诺① 引谚说:"这是祖上留下的规矩,诺的儿孙要遵守,曲诺的儿孙更要服从。"彝族习惯法是彝族社会普遍认可的社会控制手段,其中包含很多宗教因素,纠纷的裁判和解决多采取类似于宗教的仪式,使人们对之产生敬畏和威慑感。彝族社会家支林立,家支身份是人们在彝区享受权利和族民资格的通行证,彝族人离开了家支,无论在物质生产还是在精神生活上都无法在彝区继续。习惯法依靠家支内部几家之间强大的舆论压力和开除家支的威慑力量约束人们。同时,按照彝族习惯法,一般案件均可通过经济和精神补偿的方式解决。凉山社会传统习惯法不注重强制力,主张"恢复"强于"报复",在多数情况下,一旦双方达成一致,问题就会完满解决。

如果违反了习惯法的规定,就会受到轻重不等的处罚。从现代法治的观点来看,有些甚至非常简单、野蛮、残酷,其威慑力也更强。贵州荔波瑶族习惯法对于违法违规、破坏乱伦禁忌而又执迷不悟、屡教不改的,石牌即召开全族大会,将其立牌开除族籍。《贵州瑶族》中曾记载这样一个例子,因族民卢金贵违反同宗共祖禁止结婚的禁忌而被开除族籍,并立革除碑,内容如下。②

---

① 彝语称为"楚西"或"楚加",指依据共同的父系血缘及其远近,以同姓为单位,以父子联名为谱纂,划成若干叫"家"的单位。

② 柏果成等:《贵州瑶族》,贵州民族出版社1990年版,第84—85页。

民国三十八年（1949 年）立永留后代

盖闻我瑶麓风俗习惯，自古以来，覃姓与卢姓同系同宗共祖，不通婚，乃有卢金贵与覃姓之女通奸，后又娶为妻室，查与地方规律，有坏伦纪。经地方众老等议定，立碑革除，条例如下：

1. 不准卢金贵与瑶族即卢、覃、莫、姚、常、韦各姓互相工作；

2. 不准交借工具；

3. 不准与亲戚房族往来；

4. 不准其子女与本瑶族通婚；

5. 办理婚丧喜事，不准参加；

6. 如有违反本规律者，罚洋七百二十毫，猪一百二十斤，酒米供全瑶民尽量饮食，不准包回；

7. 今后有人败坏伦纪者，按照地方规律赔榔，否则亦照章立碑革除。恐后无凭，立碑切记。

创立者（略）（21 人）

中华民国三十八年（1949 年）七月一日立碑

这种革除的处罚实际上就是社会和精神上的孤立，心理上的放逐，使之无论在生产还是在生活方面，陷入孤立无援、与世隔绝的状态。这在生产落后、经济不发达、交通极为闭塞的瑶族山区，生存就更为艰难。而且革除的处罚具有株连的性质，一人被罚，全家连坐，显得极为严酷。

三、少数民族习惯法与民间法的关系

少数民族习惯法构成了民间法的最重要的一部分内容，是民间法研究的传统热点和重点。民间法包含习惯法，习惯法包含少数民族习惯法，但民间法并不等同于习惯法。少数民族习惯法是民间法的主要表现形式。

民间法是与官方法、国家制定法相对应的，它是包含众多范畴的一个整体概念，是在国家与社会二元结构的基础上的一种新的分类方式的尝试。尽管对于我国历史上是否存在着市民社会没有一致的意见，但是中国历史上国家与社会两分却是事实。"在古代中国，不但国家与社会是不同的概念，而且国和家、

社和会也是不同的概念。至少可以这样说：在古代中国，国家是一个概念，社会是另一个概念。社会有一定的自治性。"①而对于广大少数民族地区，民族众多，地域广袤，历史悠久，关系复杂，地区发展不平衡而又差异极大。民风各异，地处偏远，相对于汉民族来说，是与"国家"更远的一个社会空间，是一个更加独特的"社会"。在以中原儒家法律文化为核心的中华法系多元一体的格局中，中国历史上各少数民族，由于生活环境、风俗习惯、文化发展、经济状况、历史传统的差异，在长期的社会生活实践中累积而成的具有不同特色的文化，与华夏族文化之间呈现明显的差别。长期以来，少数民族文化虽然受到源远流长的华夏儒家文化的冲击与融会，但仍然顽强地固守自己的领地，成为特定地区社会生活中的主流文化，在特定地区形成独具特色的民族文化圈。如北方游牧民族文化圈、西域民族文化圈、西南边疆民族文化圈等。② 少数民族地区曾被称为"蛮荒""化外"之地，天高皇帝远，统治者鞭长莫及。少数民族习惯法在民族地区的传承与发展，与其特殊的地理环境、独特的亚文化圈和特殊的民族主体密切相关。利用少数民族习惯法和传统治理和规范民族地区的社会经济关系和秩序，在我国有久远的历史。强调"修其教不易其俗，齐其政不易其宜"，③"大抵人物犷悍，风俗荒怪，不可尽以中国教法绳制，姑羁縻之而已"，④"以其故俗治"⑤，"各依本俗治"，⑥"天子之于夷狄，其义羁縻勿绝而已"⑦，等等。这种情形在清朝时期尤为典型。雍正十一年制定了适用于宁夏、青海、甘肃等地少数民族的《番例条款》，主要是参照蒙藏民族习惯法制定的。因为对这些地区的少数民族"一旦绳以内地法律，恐愚昧野番群滋疑惧，转非抚辑边疑之忌，可否府顺夷情，仍照旧例……"，⑧ 清朝制定的其他地方民族法

---

① 谢晖：《法治讲演录》，广西师范大学出版社 2005 年版，第 5—6 页。
② 曾代伟：《巴楚民族文化圈的演变与现代化论纲》，载曾宪义主编：《法律文化研究》第 2 辑，中国人民大学出版社 2006 年版，第 384 页。
③ 《礼记·王制》。
④ 《续资治通鉴长编》卷 480。
⑤ 《汉书》卷 42。
⑥ 《唐律疏议·刑名》。
⑦ 《史记》卷 117。
⑧ 《番例条款》。

规也都是对少数民族习惯法的认可与保留。少数民族地区独特的自然地理空间和文化传统以及统治者因俗而治的统治政策，使得少数民族习惯法具有深厚的生存和发展的土壤，并且稳定地发挥着社会控制作用。

在论及国家法与民间法的关系时，梁治平强调，"应当承认，新的分类框架更具包容性，能够容纳更多的经验材料，尽管如此，用它来分析清代法律的多元格局，仍然存在某些问题，比如，根据这种分类，国家法以外的其他法律渊源，被依其是得到国家合法权威的认许还是仅仅获得特定人群的一致同意而被分别归入官方法和非官方法。前者包括宗教法、家族法、行会法和地区性的法等，后者则主要是各式各样的习惯法，至少，与国家法相比较，它们与本文所讨论的习惯法有着明显得多的'家族相似性'（维特根斯坦语）。无论成文与否，它们或多或少都建立在习惯的基础之上；而不论在多大程度上获得国家的认许，它们都不是国家'授权'的产物，无论如何，它们首先出自'民间'，乃是'民人'的创造物。在中国传统语汇中里，与'官府'相对的正是'民间'，而'官'与'民'这一对范畴，适足表明中国传统社会结构的特殊性。主要因为这个缘故，我在'国家法'之外，特别标出'民间法'的概念来做区别。"① 日本学者寺田浩明则评价道："仅凭一元国家法的单方强行当然不能产生法秩序，并且仅仅依靠一元的理论的确无法把握现实中所发生的全部事情。民间法论所致力的研究，无疑是正视事实的，它可在理论上弥补一元法论的不足。但从现状来说，民间法理论还没有成功地确立与国家法理论一较短长的理论基础，甚至让人觉得有时民间法理论反倒成为妨碍深入讨论问题的障碍。"② 民族习惯法就是在民族内部或民族之间维护社会秩序、处理相互关系、由社会成员共同确认的行为规则。张冠梓在《论法的成长——来自中国南方山地民族志的诠释》一书中也指出，民族习惯法"深深植根于各民族精神观念和社会生活之中，为他们—这些特定的社会群体所选择、收纳、共享，并经过长时间的积累、净化得以绵延、传递的制度形式，这就是普遍存在于各民族社会中的民族

---

① 梁治平：《清代习惯法：社会与国家》，中国政法大学出版社 1999 年版，第 34—35 页。
② ［日］寺田浩明：《超越民间法论》，吴博译，载谢晖、陈金钊主持：《民间法》第 3 卷，山东人民出版社 2004 年版，第 1—14 页。

固有法。由于这些民族固有法直接酿生自各民族的日常生产和生活，并与之紧密相连，凝聚着他们的心理、智力与情感，因此它以规范为模式在各族社会中有着巨大的、高度的稳定性、延续性、群体认同性和权威性。它事实上成为了南方山地民族平时更为常用、更容易接受的法律样式，直至今日仍在一些地方广泛存续和流行。特别是在受异质文化冲击较小、生产力没有较大发展的地区尤其如此。如独龙族、傣族、景颇族、怒族等地区，民族习惯法影响更大。"① 现实中大量存在的民族习惯法是民族地区调整民族社会行为的重要规范，在民族地区实际上最为常用、范围广泛，影响深刻，容易接受，存留深刻。但民族习惯法本身也具有许多局限性，在与国家法及自治地方法相冲突、相协调的基础上，其积极的方面也将成为国家法和自治地方法规与条例的重要法律渊源。

民族习惯法是具有鲜明的民族性和地方性，在不同的民族中有不同的民族习惯法，并且在特定的地域内发生作用。民族习惯法的产生、发生作用和发展都是特定民族生产、生活经验的总结和发扬。它们历史悠久，特色鲜明，服务于具体的社会生活，具有深厚的群众基础和较高的权威，得到该民族普遍的遵从，也是熔铸和流淌在民族血脉之中的当然法则。美国著名人类学家露丝·本尼迪克特指出："个体生活的历史中，首要的就是对他所属的那个社群传统上手把手传下来的那些模式和准则的适应。落地伊始，社群的习俗便开始塑造他的经验和行为。到咿呀学语时，他已是所属文化的造物，而到他长大成人并能参加该文化的活动上时，社群的习惯便已是他的习惯，社群的信仰便已是他的信仰，社群的戒律亦已是他的戒律。每个出生于他那个群体的儿童都将与他共享这个群体的习俗，而出生在地球另一面的那些儿童则不会受到这些习俗的丝毫影响。"②

少数民族习惯法就是在特定的民族、特定的地域发生作用的民间法。它经久不衰，代代相传，作为一种历史文化的积累，具有深厚的社会基础。

① 张冠梓：《论法的成长——来自中国南方山地民族志的诠释》，社会科学文献出版社 2000 年版，第 375 页。
② [美] 鲁丝·本尼迪克特：《文化模式》，王炜等译，生活·读书·新知三联书店 1998 年版。

第二节　少数民族习惯法与国家法的关系

少数民族习惯法对一个民族的历史发展和民族文化的形成有重要影响，它对构成民族共同的心理素质，维护民族的整体性，起到了不可低估的作用。民族习惯法是各民族长期生产生活经验的总结，是民族成员间共同认可和遵守的行为准则和规章，不但具有乡土社会的"地方性"，而且具有极强的"民族性"，具有相当强的地域约束力，制约和影响着少数民族的各种活动。在国家统一制定法的背景下，少数民族习惯法不仅在传统的婚姻、家庭、财产等领域发挥着不可或缺的功能与价值，甚至在刑法实践中，也是"一种真实而有力的存在"。[①]

一、习惯法存在的基础及其与法律的疏离

费孝通先生曾将中国概括为"乡土中国"。乡土中国并非仅仅指依托自然经济的生产方式和生活方式，更是一个时刻影响中国人心理和行为的文化范畴，是一种深厚的文化积淀。现代中国人依然生活在一个无法摆脱乡土中国特征的社会，习惯法还占有相当的活动空间，它们蕴含着人们的生活方式、心理结构、伦理认知和道德评价，从某种意义上说，习惯就是社会生活事实。在广袤的乡村社会，基于传统的惯性与张力，乡民之间的交往方式和互动规则，乡土社会的纠纷解决机制和日常社会秩序的维持，无不凸显出鲜明的中国语境和乡土本色。民俗习惯是社会变迁和传统形成的轨迹，它体现了人们日常生活的经验、知识和逻辑，它具有高度稳定性、历史绵延性、群体认同性、较高的权威性，是一定范围的人们在生产和生活中所共同遵从和认可的非正式约束。

习惯法作为自生自发的社会秩序，在一定范围和限度内有效地应付和规范

---

① 杜宇：《当代刑法实践中的习惯法——一种真实而有力的存在》，《中外法学》2005 年第 1 期。

着社会生活，对社会成员的行为有一种自我强制性的规约。作为社会生活的基本规范，它代表了特定地域的特定主体在特定情境下的普遍反应与预期，是一种不完全依靠理性计算的行为模式。它是日渐内化于心的"法律"，是一种"内在地、默默地起作用的力量"。人们之所以尊奉这些长期存在的民俗习惯，是因为它们具有根植于当地生活的合理性，能够"令人知事""定分止争"，妥帖地安排人们的日常社会生活，满足了人们对生活秩序和交往规则的理解以及对生活意义的期待。如果有人偏离或违反了这些民俗习惯所据以生成的秩序，往往会受到一定形式的谴责、制裁甚至报复。显然，民俗习惯形成的这种简单而又有效的规范秩序实际上已经构成了乡土社会的基础。在广袤的农村大地，我们不能忽视民俗习惯的生存土壤与社会功能，不能忽视民俗习惯仍然在规范和调整着社会关系的事实。正如苏力强调的那样："中国的法治追求应当重视中国社会中那些起作用的也许并不起眼的习惯、惯例，注重人们经过反复博弈而证明有效有用的法律制度，否则的话，正式的法律就会被规避、无效，而且可能会给社会秩序和文化带来灾难性的破坏。"①

美国法学家伯尔曼曾雄辩地指出："在一定意义上，所有的法律最终都依赖于习俗和惯例。"②习惯是法律赖以存在的社会基础。然而，中国近现代的法制建设的进路一直是靠植入、引进并承继了欧洲大陆法系的传统尤其是德、法等成文法国家的法律精神和司法制度，普遍施行和适用的法律是立法者、法学家和政府的权力机构以及个人的理性刻意设计和建构出来的，缺乏对传统的习俗、惯例以及相应制度的重新肯定与确立，不是从民众的真实具体的生活中寻找规则、提炼规则，而是试图以建构的制定法来规范和调控生活，因而存在着很多"规则与事实不符，法意与人心脱节"③的情形，中国本土中自然生存的"习惯法权"没有得到应有的重视。而如果法律与民俗习惯相背离，则难以得到社会大多数成员的普遍认同和发自内心的服从，致使被遗忘的法律和被法律

---

① 苏力：《法治及其本土资源》，中国政法大学出版社1996年版，第36页。
② ［美］伯尔曼：《法律与革命》，贺卫方等译，中国大百科全书出版社1993年版，第480页。
③ 许章润：《以法律为业——关于近代中国语境下的法律公民与法律理性的思考》，《金陵法律评论》（南京）2003年春季卷。

所遗忘的社会同时并存。法律本身供给的不足以及法律必然存在的漏洞使人们在解决纠纷时不得不常常要借助于民俗习惯。在司法实践中，往往由于不能举一反三地从容应对纷繁复杂的案件和层出不穷的新问题而导致法律适用时流于机械僵化，造成了国家法与民俗习惯进一步隔阂与疏离。国家法并不总是最佳和最有效的解决方案。"国法具有垄断性，并不意味着它同时具有正当性与有效性，相反，它随时面临民间活生生法律对其正当性的挑战与冲突，其有效性也有赖于后者的配合与合作。"① 有些情况下，依靠民间的、大众的渠道，而不是依靠国家的法律，可能会是约束当事各方或解决纠纷的更有效的方法。与此同时，法律只有与传统文化、民俗习惯、非正式制度以及社会经济文化发展的水平相适应，才能发挥其应有的效用和价值。法律之所以能够被信仰，不在于它具有法律的形式，而在于其内涵能够深入人心和满足需要，在于它具有生存的基础和空间，从而获得法律自身的合法性与合理性，使得民众能够以内心的原动力撑起法律信仰的大厦。

二、少数民族民族习惯法与国家制定法的辩证关系

中国地域广袤，少数民族人口众多。根据 2000 年第五次全国人口普查，55 个少数民族人口为 10449 万人，占全国总人口的 8.41%。在 55 个少数民族中，有 44 个建立了自治地方，实行区域自治的少数民族人口占少数民族总人口的 71%，民族自治地方的面积占全国国土总面积的 64% 左右。② 广大西部地区地处祖国边疆，是少数民族集中聚居的地方，由于受历史、自然和区位等诸多因素的影响，总体发展水平与东部相比，存在着较大的差距。各地区政治经济文化发展不平衡，这是一个不容回避的基本国情，而且这种情况还将长期持续存在。不同地区不同民族的人们世代生活在一定的地域空间，深受居住地区生产生活、自然环境和地缘关系的制约。人们的生产生活方式和文化习俗带有浓厚的地域色彩，正所谓"十里不同风，百里不同俗""一方水土养一方人"。

---

① 林端：《儒家伦理与法律文化》，中国政法大学出版社 2002 年版，第 307 页。

② 国务院新闻办公室：《中国的民族区域自治》白皮书，《人民日报》2005 年 3 月 1 日。

"自然地理环境这一背景使法律符号拥有了另一重边界。在边界内，它是在该种自然地理环境下所生存的人们之间以及人们与该自然地理环境之间对话、磨合、博弈的结果；但在边界外，它还与在其他自然地理环境下的人们所创生的法律间存在着隔膜，因此也就存在着在不同自然地理环境下的法律间的对话、理解和诠释的关系问题。"①

国家制定法强调立法、执法和司法的统一，在领土范围内普遍适用；地方性的民族习惯法仍在某种程度上与国家法律冲突，难以得到普遍的认同与适用；国家法天然的相对稳定和滞后与社会生活对法律的根本性要求不能完全和谐。以刑法为例，孟德斯鸠曾言，"如果刑法的每一种刑罚都是依据犯罪的特殊性质区规定的话，便是自由的胜利"，②然而，现行刑法典不可能兼顾我国55个民族155个民族自治地方所有的特殊情境，远非完善的刑法典完全适应每个不同地区不同民族的特点既不可能也不现实。法学家们陶醉于"送法下乡"，而秋菊们更多的时候只是"讨个说法"。少数民族习惯法尽管以曲折繁复的方式进入了刑事司法中，并影响着特定案件的实质性判断，但是它并不是"罪刑法定"之法，在实践中常常显得名不正言不顺。当代美国法哲学家博登海默形象地描绘了法律问题的复杂性："法律是一个带有许多大厅、房间、凹角、拐角的大厦，在同一时间里想用一盏探照灯照亮每一间房间、凹角和拐角是极为困难的，尤其当技术知识和经验受到局限的情况下，照明系统不适当或至少不完备时，情形就更是如此了。"③借此来比喻刑法在特定民族地区的适用状况可谓形象生动、恰如其分。

回应民族地方纷繁复杂的社会生活，必须正视历史、尊重现实，即强调国家法的统一和普适性，又要注重差异，尊重民族性、地方性规则，处理好国家法的一元与民族法的多元的关系，在刑法典的光芒照不到的地方，以变通的方式有效地加以规制。我国宪法第4条第4款规定："各民族都有使用和发展自己的语言文字的自由，都有保持或者改革自己的风俗习惯的自由。"改革和保

---

① 谢晖：《法律的意义追问——诠释学视野中的法哲学》，商务印书馆 2003 年版，第 49 页。

② [法] 孟德斯鸠：《论法的精神》，张雁深译，商务印书馆 1961 年版，第 189 页。

③ [美] E. 博登海默：《法理学：法律哲学与法律方法》，邓正来译，中国政法大学出版社 2004 年版，第 217 页。

持风俗习惯是少数民族的一项宪法权利，在不违背宪法和法律基本原则的限度内，少数民族群众以特有的方式处理特定的刑事纠纷，是这种权利的应有之义。我国宪法和法律赋予民族自治地方的立法自治权，为解决国家法和少数民族习惯法的冲突建立了良好的制度空间。宪法第 115 条规定："自治区、自治州、自治县的自治机关行使宪法第三章第五节规定的地方国家机关的职权，同时依照宪法、民族区域自治法和其他法律规定的权限行使自治权，根据本地方实际情况贯彻执行国家的法律、政策。"立法法第 75 条第 2 款规定："自治条例和单行条例可以依照当地民族的特点，对法律和行政法规的规定作出变通规定，但不得违背法律和行政法规的基本原则，不得对宪法和民族区域自治法以及其他有关法律、行政法规专门就民族自治地方所作的规定做出变通规定。"法律变通制度是民族自治地方自治法规体系的不可缺少的组成部分，民族自治地方所享有的刑事变通立法权为少数民族习惯法与国家制定法提供了一个良性沟通与互动的机制。刑法典与刑事变通立法是矛盾的普遍性与特殊性在我国刑事立法中的反映。矛盾的普遍性与特殊性的关系也就是共性与个性，一般与个别的关系，把握矛盾的普遍性和矛盾的特殊性的辩证统一关系为我们提供了正确认识矛盾的根本方法。我们在分析矛盾的普遍性和特殊性时，既要反对只强调矛盾的普遍性，忽视矛盾的特殊性；又要反对只强调矛盾的特殊性，忽视矛盾的普遍性。"整个立法和它的各种特别规定不应孤立地抽象地来看，而应把它们看作在一个整体中依赖的环节，这个环节是与构成一个民族和一个时代特性的其他一切特点相联系的。只有在这一联系中，整个立法和它的各种特别规定才获得它们的真正意义和它们的正当理由。"[1] 刑法典和刑事变通立法在在民族自治地方应相辅相成、互相配合、互相制约、相互补充，才能发挥刑法应有的作用，使民族自治地方的刑事司法有法可依，以此避免单一适用刑法典可能造成个案的实质不公平，也避免罪刑法定流于一个标语或口号。

在现有的制度空间和法治框架下，"国家制定法与民族习惯法完全可以而且必须结合成既一体又多元的文化复合体"，[2] 以变通立法的形式将少数民族习

---

[1]　［德］黑格尔:《法哲学原理》，范扬、张企泰译，商务印书馆 1961 年版，第 5 页。

[2]　陈金全:《西南少数民族习惯法研究》，法律出版社 2008 年版，第 350 页。

惯法纳入国家法的正式渊源，实现包容与差异的有机统一。采取有效措施清理、改造、接纳和提升少数民族习惯法，将其优秀部分有机地融入到刑事变通立法中，可以缓解国家法与习惯法的紧张关系，赋予刑事习惯法以法律效力，有效地解决国家制定法与少数民族习惯法的冲突与抵牾。此时的少数民族习惯法被赋予了国家制定法的形式外壳，是国家法的必然组成部分，即由国家认可的习惯法。它由民族自治地方的立法机关通过法定程序制定，其性质是变通立法，是以单行条例来表现的罪刑法定之法。刑事变通立法可以使少数民族习惯法摆脱在司法过程中的尴尬境遇，在罪刑法定视域内找到了合法生存的制度空间，消除习惯法司法适用的障碍，使基层刑事司法更好地达到社会效果和法律效果的统一。然而，遗憾的是，宪法和法律赋予民族自治地方的刑法变通一直未被予以重视，成为民族立法中的盲区。新中国刑法自 1980 年 1 月 1 日实施以来，尚未有任何一个民族自治地方对不适用本民族和本地方的刑法作出变通规定，刑事变通立法成了束之高阁的纸面上的权力。苏力曾借用凡尔哈伦的诗句"所有的道路都通向城市"隐喻中国社会变迁及当代中国法治实践的背景和基本制约。[①] 在"道路通向城市"的过程中，统一与普适性的法律固然重要，而远离城市的山野更不应成为相关立法忽视和遗忘的死角。近年来习惯法和民间法研究渐成热点，学说纷纭，论作迭出。而在这一片喧嚣和热潮中，专家学者们醉心于历史考证、理性思辨、体系建构和逻辑推演，而从部门法机理加以分析、从现行法律规范的缝隙为少数民族习惯法寻求空间的研究却并不多见，尤其缺少对现有制度空间的充分挖掘以及习惯法在立法司法过程如何引入与操作的技术细节的论证。这种"深刻的片面"背后，反映的与其说是对习惯法的重视，毋宁说是对习惯法真正价值和意义的漠视与轻视，是研究方法与视野的一种误区。

需要指出的是，在刑事变通立法过程中，必须去粗取精、去伪存真、取其精华、去其糟粕，对实质上阻碍民族地区社会经济发展和侵犯人权的陋习恶俗一定要加以改造和剔除，不能姑息纵容、一味迁就。鲁迅曾经说过："倘不深入民众的大层中，于他们的风俗习惯，加以研究，解剖，分别好坏，立存废的

---

① 苏力：《道路通向城市——转型中国的法治》，法律出版社 2004 年版。

标准，而于存于废，都慎选施行的方法，则无论怎样的改革，都将为习惯的岩石所压碎，或者只在表面上浮游一些时。"① 诚哉斯言！这也是我们在立法中应该时时记取的警示。

三、国家法与少数民族习惯法在立法中的冲突

我国法治建设不断发展，国家制定法律法规不断健全和完善，各少数民族与汉族一样，平等地受宪法和法律保护。民族法治建设保证了各民族政治、经济、文化和社会地位的平等，各民族的文化、宗教、习俗也得到充分保障。但是，在国家法制统一的前提下，国家制定法和少数民族习惯法在很多具体方面也存在着差异，甚至是明显的冲突。如刑法第 236 条是关于强奸罪的规定。但我国部分少数民族的存在着特殊的风俗，某些强制性的性行为为少数民族习俗认可。比如，云南省屏边苗族自治县在每年三月的对歌中流行抢婚的习俗、部分少数民族地区的早婚习俗为民族风俗鼓励和允许。刑法第 237 条是关于强制猥亵、侮辱妇女罪的规定。某些少数民族地区保留有传统的恋爱习俗，比如广西金秀县的瑶族往往通过唱山歌等方式实现沟通，在民族节日或者传统社交活动中，某些少数民族男青年摸弄、搂抱女青年，甚至采取追赶撬门等方式追求女青年，对女青年有一定程度的猥亵行为，某些情况下带有强制性。刑法第 258 条是关于重婚罪的规定。部分少数民族地区经济发展水平落后，生活在偏远的山区，结婚难以找到合适的配偶。加之，受宗教信仰、传统思想观念及风俗习惯的影响，往往兄弟共妻、姐妹共夫、一夫多妻、一妻多夫等重婚现象仍一定程度存在。刑法第 125 条是关于非法制造、买卖枪支罪的规定。有的少数民族地区以土枪作为一种装饰品，并由此形成土枪市场，对于在族内制造、买卖枪支弹药以供狩猎和装饰用的，不能认定为犯罪。刑法第 225 条是关于非法经营罪的规定。我国少数民族女性多有穿金戴银的习惯，买卖黄金、白银的现象在少数民族地区较为普遍。② 刑法是最严厉的法律，罪刑法

① 鲁迅：《习惯与改革》，载《二心集》，人民文学出版社 2006 年版，第 38 页。
② 吴大华：《论少数民族犯罪的立法控制》，《云南大学学报（法学版）》2005 年第 2 期。

定、罪刑相应、平等受刑法保护的理念也日益深入人心。但是由于传统和文化的巨大差异和阻隔，制定法的规定无法被特定的少数民族认同和吸收，习惯法的正义也不符合制定法的理念。虽然我国现行刑法明确规定民族自治地方可以制定变通和补充规定，但是自刑法颁布实施以来，还没有任何一个民族自治地方出台此类立法。这种情况直接导致了国家制定法和少数民族习惯法的矛盾和冲突，它不仅体现在立法上，在司法层面的紧张关系显得更为突出。

四、少数民族习惯法与国家法在司法过程中的冲突与融合

在日常生活中，少数民族习惯法作为一种"自生自发的社会秩序"，"……一旦生成，它就能作为人们社会活动与事务中的一种常规性的固化习俗本身所覆盖的团体、社群或社会中成员的现象型行为，从而它本身也就作为一种事态、一种情形，像一种社会规则那样对成员各自行为有一种自我强制性的规约"，[①] 成为人们日常交往和互动的准则，定分止争、化解矛盾的一种标杆，潜移默化、理所当然地发挥着不可或缺的作用。然而，当纠纷发生，依靠民间的力量无法化解并诉至法院，需要依靠国家的权威解决时，矛盾与冲突便不可避免。如果国家法规定的内容与少数民族习惯法内容相近或方向一致，在司法过程中即便或隐或现地适用了习惯法，判决的结果也不会过多地偏离当事人的预期；如果国家法与少数民族习惯法都有规定且方向相反，存在着彼此冲突的价值取向，即合乎国家法的行为违背了习惯法，合乎习惯法的行为违背国家法，涉及此类内容的案件在司法中的冲突也较为尖锐。其中较为典型的表现为：（一）被遮蔽的冲突——国家法被人为地规避；（二）国家法与少数民族习惯法的双重司法。以刑事案件为例，由于民族自治地方尚未依据我国刑法第90条作出变通规定，因此在具体案件中，必然出现无法可依或不敷适用的情形，致使民族地区特定的刑事案件不得不求助于深入人心且行之有效的民族习惯法。从表面上看，习惯法与国家法似乎没有正面冲突，而实际上，在为案件找法的

---

① 韦森：《经济学与哲学：制度分析的哲学基础》，上海人民出版社2005年版，第156页。

过程中，司法人员不可避免地注重和考量当地的民族特色与地方性背景，结合办案的理性、经验和情感开展能动司法，综合考虑案件的社会危害性、情节等因素，或巧妙或牵强地解释刑法条文，使习惯法的适用看起来合理合法，至少不出大格。习惯法在司法人员拥有自由裁量权的回旋空间和活动余地内得到消化，在现行规则体系的边缘和缝隙中找到了略显尴尬的位置，甚或改写与置换了国家制定法。

双重司法主要发生在"赔命价"或类似的案件中，"赔命价"是指在发生杀人案件后，受害人家属向侵害人或其家属索要一定数量的财物或是金钱的赔偿；侵害人或其家属则以给付相应的财物或金钱，并就此达成和解。刑法是最严厉的法律，是由国家公权力保障实施的，而在"赔命价"案件中却体现了国家制定法与习惯法的激烈冲突，二者交错适用，矛盾、抵触、相互折中与妥协，出现了两种法并行，两种观念并存的现象。人民法院依据刑法规定对被告依法处理后，被害人家属及群众又要按照"赔命价"习惯法索赔命价。索赔命价后，死者一方又拿着"赔命价"判决书或"协议书"向人民法院请愿上书，为被告说情，要求从轻发落，不要给被告判刑或者减刑。"赔命价"的习俗不仅深刻地影响着藏区群众的观念和行为，甚至连案件的审判人员都会自觉不自觉地受到"赔命价"习俗的影响，在审理案件时会考虑到"赔命价"的民间秩序的维护。其结果是，国家法与习惯法相互妥协与消解——国家法打了折扣，从轻量刑，罪刑法定和罪刑相适应原则没有得到严格执行；习惯法依旧适用，"赔命价"照付不误，但"赔命价"所要达到的一般效果，即释放人犯却落空，以罚代刑的愿望没有得到国家法的支持。国家法与习惯法在此并行不悖，判归判，罚归罚，一个案件要受到国家制定法和该族习惯法的双重规训与惩罚，一次由国家司法机关根据法律判决，一次由习惯法来处理，被告人遭遇了双重司法。如何处理维护法律统一与照顾民族风俗问题，既维护法制的统一与尊严，树立法律的权威，又能够确保群众对本民族本地区传统法律文化的心理认同，维持良好的社会生活秩序，理性地建构一套最佳的制度设计和解决矛盾与纠纷的规则体系，确实是需要着力解决的一个难题。[①] 司

---

① 于语和：《民间法》，复旦大学出版社 2008 年版，第 140 页。

法是解决纠纷的重要机制，是社会正义的最后一道防线。国家制定法不足以解决全部社会纠纷，民族习惯法以合理的途径进入司法可以更有效地解决矛盾、化解危机。尽管当代中国制定法对于习惯采取了某种贬抑、有时甚至是明确予以拒绝的态度，但在司法实践中，习惯还是会顽强地在法律中体现出来，对司法的结果产生重大影响，实际上置换了或改写了制定法。①同时，制定法在受到习惯法的扭曲和置换之际，习惯法本身也将受到制定法的挤压和塑造。②虽然总的来说，这些现象发生在同样的政治背景之下，但在少数民族地区，由于特殊的历史和文化背景，也由于国家政权实行的多少具有特殊性的政策，正式制度与非正式制度之间的互动采取了较为特别的方式。③

案例1：1999年，昭觉县普诗乡的沈比××（男）酒后调戏贾巴家一女子，恰巧该女子的哥哥在场，认为受到了严重的侮辱。因而贾巴家三女子一起，用石头砸了沈比××头部致其重伤，送医院抢救。三女子被逮捕并被判刑，且须赔偿七万元给受害方。但是贾巴家不服，于是请阿次德古出面调解。德古了解了案情，根据彝族习惯法，结合案件的具体情形，说成贾巴家赔偿五万元给沈比家作为医疗费和其他一切费用，贾巴家女子不再服刑。双方接受了德古的解决方案，法院也认同这种做法，案件得以解决。④

在该案中，国家制定法让步于民族习惯法，案件得以解决，实现了民族社区乡土社会的正义。事实上，彝族习惯法的实践没有随着奴隶社会的瓦解而被国家法律所取代。相反，有更多的德古除了精通习惯法知识以外，他们还熟习和了解国家法律资源在当地的运转过程，这样的德古对于民间纠纷的处理更有效率和威望。民间权威进入国家垄断的司法，一方面，对国家和司法权威可能有一定影响，但另一方面，良好的解决效果和积极效应却抵消了这种影响。国

---

① 苏力：《送法下乡——中国基层司法制度研究》，中国政法大学出版社2000年版，第240页。

② 杜宇：《重拾一种被放逐的知识传统——刑法视域中"习惯法"的初步考察》，北京大学出版社2005年版，第54页。

③ 梁治平：《乡土社会中的法律与秩序》，载王铭铭、王斯福主编：《乡土社会的秩序、公正与权威》，中国政法大学出版社1997年版，第424页。

④ 邱伍各：《凉山彝族社会习惯法调查》，《彝族文化》2003年第3期。

家通过默许德古化解矛盾而间接实现了国家权力的渗透，社会冲突得到了较好的解决，社会秩序得以保持和维护。因此，照顾民族"特殊性"而不是严格依法办事的做法往往收到较好的社会效果，司法机关在实践中也会采取一种实用主义的策略，实现社会效果和法律效果的统一，最大限度地减少社会矛盾，最大限度地增加社会和谐。

在国家统一的法制背景下，以罪刑法定为基础的刑法原则严格排除了少数民族习惯法的适用，然而在基层的司法实践中，习惯法仍然以各种各样的方式表现自己，显示出其顽强的生命力。一些本应由刑法调整的案件或是由乡土社会中的权威按照族规民约加以处理而使本来为制定法意义上的犯罪转化为非犯罪行为，致使国家制定法缺席。在适用和解释法律的过程中，司法人员不可避免地考量和注重当地的民族特色与地方性背景，挖掘制定法背后的"本土资源"，于是就出现了刑事案件降格为一般违法案件，刑事案件消解成民事调解和赔偿案件，或因"情节特殊"不予立案，或是"事出有因"不予追究刑事责任。在适用法律的过程中，执法者已经不可能被动、消极地理解外显的法律，严格执法甚至会带来很大的负面作用和消极影响，基层法院的法官因而灵活地在国家法与少数民族习惯法之间进行某种平衡与妥协，巧妙地将少数民族习惯、乡土正义观与国家制定法结合在一起，甚或改写与置换了国家制定法。在司法人员拥有自由裁量权的回旋空间和活动余地内得到消化，习惯法在现行的规则体系中找到自己的依据。事实上，基层法官巧妙地规避了可能运用的制定法而导致其缺席，事实上这更大程度上缘于制定法本身的缺失。例如，刑法第 90 条规定："民族自治地方不能全部适用本法规定的，可以由自治区或者省的人民代表大会根据当地民族的政治、经济、文化的特点和本法规定的基本原则，制定变通或者补充的规定，报请全国人民代表大会常务委员会批准施行。"然而，刑法实施将近十年，相应的变通和补充规定还没有出台。基层司法人员在无法可依的困境中和罪刑法定的框架下不得已而采取的策略、智慧以及对法律和人民的忠诚。

案例 2：在某傣族地区，一个 17 岁的傣族男子与一个 13 岁多的傣族女孩谈恋爱，其间发生了性关系。后来这件事被一个下乡的计划生育干部发现，报到了公安部门。公安机关以该男子涉嫌强奸罪立案侦查，后移送审查起诉。检察机关对该男子是否构成犯罪产生了不同的意见。更多的人认为，该男子应该构成犯罪，但由于当事人双方都是少数民族，这种关系在少数民族中很多，属于一种风俗，社会危害性不大，应当从轻、减轻处罚，甚至认为情节显著轻微应按照现行刑法规定免予处罚。①

这个案例体现了国家制定法对少数民族习俗自身价值和理性的否定，宣告了国家法的权威。最高人民法院于 2003 年 1 月 17 日颁布了《关于行为人不明知是不满十四周岁的幼女双方自愿发生性关系是否构成强奸罪问题的批复》，认定行为人明知是不满十四周岁的幼女而与其发生性关系，不论幼女是否自愿，均应依照刑法第 236 条第 2 款的规定，以强奸罪定罪处罚；行为人确实不知对方是不满十四周岁的幼女，双方自愿发生性关系，未造成严重后果，情节显著轻微的，不认为是犯罪。姑且不论该案中的犯罪嫌疑人是否明知对方是否年满 14 周岁，有一点可以肯定的是，在当地这个情节无疑是显著轻微的，以至于检察机关对这个案件也产生了很大的分歧。我国刑法对于犯罪的认定，也有个"但书"的规定。刑法第 13 条规定："一切危害国家主权、领土完整和安全，分裂国家、颠覆人民民主专政的政权和推翻社会主义制度，破坏社会秩序和经济秩序，侵犯国有财产或者劳动群众集体所有的财产，侵犯公民私人所有的财产，侵犯公民的人身权利、民主权利和其他权利，以及其他危害社会的行为，依照法律应当受刑罚处罚的，都是犯罪，但是情节显著轻微危害不大的，不认为是犯罪。"对少数民族的犯罪和社会控制既要严格依法办事，同时也要实事求是，适当地灵活和变通，尤其是法律赋予民族自治地方的立法权还没有落实的情况下，通过能动司法，是解决社会矛盾和化解纠纷的有效途径。这也符合中共中央十六届六中全会提出的宽严相济的刑事司法政策，为了最大限度地增加社会和谐因素，最大限度地减少社会不和谐因素，最大限度地缓解社会冲突，最大限度地防止社会对立，实现民族关系的和谐发展及民族地区和谐社会建设。

---

①　方慧：《少数民族地区习俗与法律的调适》，中国社会科学出版社 2006 年版，第 323 页。

第三节　少数民族习惯法的制度空间

一、民族区域自治蕴含着少数民族习惯法的制度空间

改革开放以来，我国的民主法治建设取得了重大的成绩。国家制定法最明显的特征就是普遍性、统一性和强制性。社会主义的法制统一要求，全国人大及其常委会制定的宪法和法律具有在中华人民共和国领域内实施的效力，国家维护法制的统一和尊严，一切地方性法规不得同宪法和法律相抵触。一切国家机关和武装力量，各政党和各社会团体、各企业、事业组织，都必须遵守宪法和法律。国家法的性质决定了国家法必须是由统一的立法机关行使立法权，以保证法律的统一性和权威性，不允许法出多门，互相冲突和矛盾。在执法和司法过程中应以法律为依据，严格依法办事。国家制定法在少数民族地区的实施不仅是国家主权的要求，而且与国家制定法在一般地区的统一实施有其共同的政治、经济、文化基础。我国是统一的多民族国家，在统一的多民族国家内，我们采取了民族区域自治制度来解决我国的民族问题，各民族自治地方享有一定的自治权，但是各民族自治地方都是中华人民共和国不可分割的组成部分，各民族自治地方都是单一制国家的地方行政区域，这是国家法律在少数民族地区统一实施的政治基础。改革开放以来，市场经济体制在我国逐渐孕育并建立起来，国家对民族地区的宏观调控不断得以健全。它构成了国家法律在少数民族地区统一实施的经济基础。从文化上看，中华民族文化多元一体的基本格局，不仅是中华民族的坚强凝聚力的基础，也构成了我国法律在少数民族地区统一实施的文化基础。

然而，现代社会是个多元的社会，存在着多元规范和多元秩序，国家法律并不是万能的，在传统向现代迈进的过程中，法律传统的创造性转换是必不可少的内容。少数民族习惯法在这个过程中也发生了较大变迁，但是由于种种经济、社会、文化、历史等多方面的原因，少数民族习惯法仍将长期广泛地存在，并以其特有的方式发挥着作用和效力。少数民族习惯法文化作为一种历史

文化力量，具有浓厚的社会基础，存在于民族地区普通民众的法律意识、心理、习惯行为方式和生活过程中。它"使各民族代与代之间、一个历史阶段与另一个历史阶段之间保持了某种连续性和同一性，构成了一个社会创造与再创造的文化密码，并且给人类生存带来了秩序和意义"。① 一定的法律现象只能是在一定的空间、时间条件下发展起来的。不同的民族在其社会演进中形成了丰富多彩、各具特色的法律传统，它们体现了民族的价值准则和追求，是民族精神的重要载体。正如黑格尔所言："民族的宗教、民族的政治制度、民族的伦理、民族的法制、民族的风俗以及民族的科学、艺术和技能，都具有民族精神的标记。"②

同样作为调整和规范一定的行为，确定人们的从权利和义务关系来看，国家制定法与少数民族习惯法具有内在的一致性，存在着共同的基础。这主要表现在少数民族习惯法文化所反对、不容的某些行为也为国家制定法所禁止，习惯法所提倡、鼓励、赞成的某些行为也为国家制定法所保护。但是，少数民族习惯法作为源远流长的文化传习和仅在特定地域对特定民族和人群发生效力的民间规则，必然与国家制定法存在着冲突，国家制定法难以也不可能面面俱到，顾及不同民族的所有特点。

在统一的法治国家内，既维护国家法的统一，又能照顾到不同民族的政治、经济和文化特点，需要建立一个良性机制，实现国家制定法和少数民族习惯法的沟通和对话。这个制度安排一方面必须能够维护国家法治的统一和权威，另一方面必须能够在某种程度上体现对少数民族习惯法文化的宽容和接纳。宪法和法律赋予民族自治地方的立法自治权和立法变通权是实现这一制度安排的最佳选择。"当地民族政治、经济和文化的特点"，是民族自治地方自治条例和单行条例的客观依据，也是民族自治地方变通规定制定的客观依据。毛泽东在《关于中华人民共和国草案》一文中指出："少数民族问题，它有共同性，也有特殊性。共同的就适用共同的条文，特殊的就适用特殊的条文。少数民族在政治、经济和文化上都有自己的特点。"少数民族的共同性是一种客观

---

① 　[美] E.希尔斯：《论传统》，傅铿、吕乐译，上海人民出版社1991年版，第3页。
② 　[德] 黑格尔：《历史哲学》，生活·读书·新知三联书店1956年版，第104页。

实际情况，是保证宪法、法律和行政法规在民族自治地方遵守和执行，保障社会主义法制统一的客观基础。少数民族问题的特殊性也使一种客观实际情况，它是民族自治地方立法自治权的客观依据。张冠梓认为，"为了解决民族地区民间法与国家法可能发生冲突的问题，我们应当通过立法的形式来廓清或者界定两者的调整范围。国家法一方面应当规定最根本的问题，如政治、经济、军事、外交等方面的法则；另一方面则应给民间法留下空间，如允许民族地区制定自治条例或保留习惯法；同时，民间法也应尊重国家法制的统一性，与时俱进。只有这样，才能协调好国家法与民族民间法之间的关系，既强调法律的统一性，又维护法律的多样性。"①

我国在解决和处理民族问题上，既没有盲目效仿实行联邦制，也没有简单沿袭和照抄照搬单一制，而是立足中国国情，将民族自治和区域自治有机地结合起来，创造了国家结构的新形式、民族关系的新模式。民族区域自治制度体现了民族因素与区域因素、政治因素与经济因素、历史因素与现实因素、制度因素与法律因素的有机结合，实现了我国社会主义多民族国家在民主基础上的高度统一。民族区域自治制度尊重民族情感，尊重各民族主体地位，尊重民族创造精神，是一种内在地包含着承认和尊重差异，和而不同，协调分歧，化解张力的制度设计，体现了包容多元文化，实现少数民族与汉族一律平等的价值理念。

二、宪法和法律关涉少数民族习惯法的具体条款

民族区域自治制度为少数民族习惯法预设了充足的空间，宪法和法律的相关条款也为少数民族习惯法进入国家法提供了有力的保障。我国宪法第 115 条规定："自治区、自治州、自治县的自治机关行使宪法第三章第五节规定的地方国家机关的职权，同时依照宪法、民族区域自治法和其他法律规定的权限行使自治权，根据本地方实际情况贯彻执行国家的法律、政策。"宪法是国家的

---

① 张冠梓：《论法的成长——来自中国南方山地法律民族志的诠释》，社会科学文献出版社 2002 年版，第 370 页。

根本大法，具有最高的法律效力。这一规定表明：第一，民族自治地方自治机关享有双重职权，除了享有一般地方的权力之外，还享有法律规定的自治权；第二，自治权在很大程度上表现为根据本地方的实际情况，贯彻执行国家的法律、政策。对于不符合本地方实际情况的法律、政策做适当变更后执行。宪法第 116 条规定："民族自治地方的人民代表大会有权依照当地民族的政治、经济和文化的特点，制定自治条例和单行条例。自治区的自治条例和单行条例，报全国人民代表大会常务委员会批准后生效。自治州、自治县的自治条例和单行条例，报省或者自治区的人民代表大会常务委员会批准后生效，并报全国人民代表大会常务委员会备案。"民族区域自治法第 19 条规定与宪法第 116 条的规定几乎相同，只是备案机关增加了国务院。该规定明确了民族自治地方自治立法的形式与程序，也即少数民族习惯法进入自治立法的形式与程序。民族区域自治法是贯彻民族区域自治制度的基本法，第 6 条第 2 款规定："民族自治地方的自治机关根据本地方的情况，在不违背宪法和法律的原则下，有权采取特殊政策和灵活措施，加速民族自治地方经济、文化建设事业的发展。"第 10 条规定："民族自治地方的自治机关保障本地方各民族都有使用和发展自己的语言文字的自由，都有保持或者改革自己的风俗习惯的自由。"作为规范立法活动的法律，我国立法法对民族自治地方的自治立法作出了限制性规定，同时也规定了变通立法的效力和适用情况。立法法第 75 条第 2 款规定："自治条例和单行条例可以依照当地民族的特点，对法律和行政法规的规定作出变通规定，但不得违背法律和行政法规的基本原则，不得对宪法和民族区域自治法以及其他有关法律、行政法规专门就民族自治地方所做的规定作出变通规定。"第 81 条规定："自治条例和单行条例依法对法律、行政法规、地方性法规做变通规定的，在本自治地方适用自治条例和单行条例的规定。"这也就意味着，如果以少数民族习惯法为基础，对法律行政法规作出变通的，少数民族习惯法优先适用，原有的法律条款在民族自治地方不再具有法律效力。此外，我国刑法、婚姻法、民事诉讼法等多部法律也规定了民族自治地方不能全部适用各该法律规定的，可以由自治区或者省的人民代表大会根据当地民族的政治、经济、文化的特点和本法规定的基本原则，制定变通或者补充的规定。自治立法在我们这样一个地域广阔、民族众多、发展不平衡而又风俗各异的大国不仅可以避免"一刀切"的弊端，而且能够发挥经久传承的少数民族习惯法的作用，因地制宜，切实保护少数民族的合法权益。

我国宪法和法律通过多个条文对民族自治地方的立法自治权作出规定。宪法第 115 条规定："自治区、自治州、自治县的自治机关行使宪法第三章第五节规定的地方国家机关的职权，同时依照宪法、民族区域自治法和其他法律规定的权限行使自治权，根据本地方实际情况贯彻执行国家的法律、政策。"民族区域自治法第 19 条分别规定："民族自治地方的人民代表大会有权依照当地民族的政治、经济和文化的特点，制定自治条例和单行条例。自治区的自治条例和单行条例，报全国人民代表大会常务委员会批准后生效。自治州、自治县的自治条例和单行条例报省、自治区、直辖市的人民代表大会常务委员会批准后生效，并报全国人民代表大会常务委员会和国务院备案。"很多部门法也对民族自治地方变通立法加以进一步明确，这些关于具体条款是少数民族习惯法经由变通进入国家法的法律基础。

三、少数民族习惯法对国家法的变通

针对少数民族风俗习惯，宪法第 4 条规定："各民族都有保持或者改革自己的风俗习惯的自由。"民族区域自治法第 10 条规定："民族自治地方的自治机关保障本地方各民族都有保持或者改革自己的风俗习惯的自由。"

下面以四川阿坝藏族羌族自治州施行《中华人民共和国继承法》的变通规定为例，说明少数民族习惯法对国家法的变通。

阿坝藏族羌族自治州施行《中华人民共和国继承法》的变通规定

（1989 年 3 月 8 日阿坝藏族羌族自治州第六届人民代表大会第二次会议通过，1989 年 9 月 20 日四川省第七届人民代表大会常务委员会第十一次会议批准）

第一条 根据《中华人民共和国继承法》的规定，结合本州各少数民族财产继承的具体情况，制定本变通规定。

第二条 继承坚持男女权利平等、养老育幼、权利义务相一致的原则，继承人应本着互谅互让、和睦团结的精神，协商处理继承问题。

第三条　遗产是公民死亡时遗留的个人合法财产，法律允许公民所有的家传珍宝和宗教用品可视为遗产。

第四条　继承从被继承人死亡时开始。继承开始后，按照法定继承办理；有遗嘱的，按照遗嘱继承或者遗赠办理；有遗赠扶养协议的，按照协议办理；没有遗嘱、遗赠和扶养协议的，经继承人协商同意，也可以按照少数民族习惯继承。

第五条　法定继承遗产按照下列顺序继承：

第一顺序：配偶、子女、父母。

第二顺序：兄弟姐妹、祖父母、外祖父母。

继承开始后，由第一顺序继承人继承，第二顺序继承人不继承。没有第一顺序继承人继承的，由第二顺序继承人继承。

第六条　丧偶儿媳对公、婆，丧偶女婿对岳父、岳母，尽了主要赡养义务的，作为第一顺序继承人。孙子女与祖父母，外孙子女与外祖父母，相互尽了主要扶养义务的，互为第一顺序继承人。

第七条　收养子女必须依法办理收养手续，对实施本规定前形成的当地公民公认的事实上的收养关系应当予以承认，由收养关系形成的养父母与养子女互为第一顺序继承人。

第八条　出嫁女儿、上门女婿及另立门户的子女，对生父母的遗产享有继承权；本人放弃继承的，也可以不继承。

第九条　非婚生子女对生父母的遗产享有继承权，任何人不得干涉，本人放弃继承的，也可以不继承。

第十条　同一顺序继承人继承遗产的份额，一般应当均等，继承人协商同意的，也可以不均等。对被继承人尽了主要扶养义务或者与被继承人共同生活的继承人，分配遗产时，可以多分。继承人协商同意的，可以由继承人中数人或一人继承。有扶养能力和有扶养条件的继承人，不尽扶养义务的，分配遗产时，应当不分或者少分。对生活有特殊困难的缺乏劳动能力的继承人，分配遗产时，应当予以照顾。

第十一条　丧偶儿媳和丧偶的上门女婿再婚的，有权处分所继承的财产，任何人不得干涉。

第十二条　公民可以立口头遗嘱，口头遗嘱应当有两个以上见证人在场见证。有条件的公民应当采取自书、代书或录音遗嘱，提倡公证遗嘱。代书遗嘱应当有两个以上见证人在场见证，由其中一个人代书，并由代书人、其他见证人和遗嘱人签名。以录音形式立遗嘱，应当有两个以上见证人在场见证。

第十三条　公民可以与法定继承人以外的人或集体组织签订遗赠扶养协议，扶养人或集体组织应当履行协议确定的义务，没有正当理由不履行义务的，经有关单位或者个人请求，人民法院可以取消其受遗赠的权利。

第十四条　遗产分割的时间、办法和份额，由继承人协商确定。协商不成的，可以由人民调解委员会调解或向人民法院提起诉讼。

第十五条　历史上遗留下来的特殊继承关系，按照本规定有关条款的精神办理。

第十六条　本自治州区域内发生的涉外继承，依照《中华人民共和国继承法》第三十六条的规定，结合本规定办理。

第十七条　本规定适用于本州各少数民族，也适用于同少数民族公民形成婚姻、扶养或遗赠关系的汉族公民。

第十八条　本规定对《中华人民共和国继承法》未作变通规定的，均按《中华人民共和国继承法》的规定执行。

第十九条　本规定经阿坝藏族羌族自治州人民代表大会通过，报四川省人民代表大会常务委员会批准，自一九九〇年一月一日起施行。

阿坝藏族羌族自治州的藏族和羌族仍保留着这样的继承习惯：在配偶未去世之前，一般情况下子女无继承权。如果子女继承，该子女必须留在父亲或母亲身边，尽赡养义务，直到送终。而其他子女无继承权。阿坝州关于我国继承法的变通规定第4条明确规定特定情况下，"经继承人协商同意，也可以按照少数民族习惯继承"，赋予了民间习惯习俗的法律效力。在继承顺序方面，变通规定在重申继承法规定的继承顺序之后，同样强调了协商继承的原则，规定"继承人协商同意的，可以由继承人中一人或数人继承"。即只要继承人协商同意，完全可以由留在父母身边生活并尽赡养义务的子女继承；也可以按照继承法规定的继承顺序继承。在遗产范围方面，继承法明确规定了遗产范围。但阿坝藏族羌族自治州各少数民族大多信仰宗教，多数家庭都有世代相传、具有珍贵价值或收藏意义的祖传珍宝或者是宗教用品，因而变通规定对遗产的范围做了适当变通，即"法律允许公民所有的家传珍宝和宗教用品可视为遗产"，这些变通规定既没有从根本上违背继承法的规定，又顺应了少数民族的继承习惯。

　　在现有的制度空间和法治框架下，充分利用自治条例、单行条例和变通规定，适当、合理地吸收少数民族习惯法，能够有效地解决国家制定法与少数民族习惯法的汇合与对接，也为少数民族习惯法的司法进入提供了明确具体的依据。

第四节　少数民族习惯法的制度化命运

一、自治立法漠视少数民族习惯法

　　尽管宪法和法律为少数民族习惯法进入国家法提供了有效的制度设计，但是习惯法依然无法进入民族地方立法者的法眼。有学者在研究刑事习惯法时曾尖锐地指出，习惯法可能具有的理论机能、智力资源与现实能量，在相当意义上仍然无法进入立法者的视域，以至于构成整个立法过程的盲区。当然，这样的境况不能完全归咎为立法者的短视与无知，主流刑法学者漠视习惯法这一久远的知识传统，不注重挖掘其潜含的理论意义与价值，从而无由形成一套系统的说明性学理和公共话语，是导致这一状况的主要原因。在某种意义上，刑事制定法对于习惯法的轻视与贬抑，是在朝者与在野者的一种共识，是立法者与刑法学家的一种合谋。① 不单单是刑事习惯法在现行的民族自治地方自治立法中找不到踪影，除了婚姻法的变通与补充规定部分吸收了当地民族习惯法外，宪法和法律为习惯法预设的制度空间基本上被束之高阁。自治立法尤其是自治条例在结构上千篇一律，内容上大同小异，照搬照抄宪法及民族区域自治

① 杜宇：《重拾一种被放逐的知识传统：刑法视域中习惯法的初步考察》，北京大学出版社 2005 年版，第 41 页。

法的内容，操作性不强，针对性差，缺乏地方和民族特色，俨然地方的"小宪法"或组织法。各个民族自治地方制定的共计七百余件自治立法中，真正吸收习惯法的寥寥无几。"法治的基本原则之一就是强调法律规则的普遍性，即对所有人的相同问题都适用同样的规则，这一抽象的看起来非常必要和公正的原则，在不同地区哪怕针对的是类似事情，适用起来也一定是麻烦多多，争议多多。作为法律人往往会强调法律条文的普遍性，不看具体情境，但具体的执政者、执法者和司法者则必须面对那些无法为抽象文字所涵盖的纷繁复杂的具体问题。"① 中国有着世界上最广大的少数民族人口，同时有着超过 50 年在其国土 2/3 的地区实行民族区域自治的历史。对于政治、经济、社会和文化发展严重失衡的中国，以自治立法的方式承认和认可少数民族习惯法，从而平衡统一性和差异性矛盾，协调不同的价值观以实现有效的社会治理，具有重要的理论意义和实践价值。然而，从民族自治地方的立法实践上看，其重要性和意义远未得到应有的重视，几乎完全被忽略了。

二、少数民族习惯法法制化理论研究滞后

近年来民间法与少数民族习惯法受到一些学者的重视，在一些"小众"范围内成为持续关注和研究的重点。专门刊载此类研究成果的《民间法》至今已出版 10 余期，山东大学学报、西南政法大学学报、甘肃政法学院学报专门开设了民间法、习惯法研究专栏。学术界和实务界对民间法与少数民族习惯法展开了多视角、多层面的研究，出现了很多有价值的成果。总体来讲，民俗习惯的及其相关研究呈现以下特点：首先，研究成果数量可观，并呈持续稳步发展态势，学术界对此表现出了高度热情。其次，研究主体的多样化，除了学界之外，法官、律师等司法实务者也逐渐参与其中。最后，民间法、习惯法的学理研究向民俗习惯司法适用研究的转向。近几年来，一些学者逐渐关注民间法、民俗习惯的司法适用，这也反映了学者和司法实务界人士的学术自觉。另外，一些地方法院对民俗习惯的司法运用也进行了积极的探索，如江苏省泰州市、

① 苏力：《法治与发展的特殊性创造性》，《人民日报》2011 年 7 月 6 日。

姜堰市人民法院结合本院司法活动的具体情况，对当地的民俗习惯展开调查、甄别与整理，并颁布了若干规范性文件指导民俗习惯的司法适用。但是，纵观民间法及习惯法研究成果，仍然存在着较大的局限性和研究的误区。近年来习惯法和民间法研究渐成热点，学说纷纭，论作迭出。而在这一片喧嚣和热潮中，专家学者们醉心于历史考证、理性思辨、体系建构和逻辑推演，而从部门法机理加以分析、从现行法律规范的缝隙为少数民族习惯法寻求空间的研究却并不多见，尤其缺少对现有制度空间的充分挖掘以及习惯法在立法司法过程中如何引入与操作的技术细节的论证。学者们或是热衷于对相关问题进行历史考察，寻根溯源；或是针对某些并不特别具有典型性的案例不断论证、反复研讨；或是针对其中若干理论问题进行学理探究，忽略制约条件和法律体制背景探讨制度建构；纸上谈兵、闭门造车的研究倾向严重，缺乏真正基于实地调查的经验总结和理论提升，本应来自于田野和乡间的习惯法研究成为纯书斋的学术探讨。尤其耐人深思的是，探索如何利用现行的制度空间，提升、确认少数民族习惯法，使之具有法律效力，从而解决国家法与习惯法的冲突研究方面成果少之又少。民族法学（民族区域自治法）研究与少数民族习惯法研究截然分开，成了毫不相关的两张皮，民间法和习惯法研究在促进和推动立法方面的作用微乎其微，甚至基本没有得到立法部门的关注，学理研究和实际立法尚缺乏某种程度的勾连。目前习惯法司法适用研究已经成果斐然，而民间法和习惯法研究如何推动地方立法尤其是民族自治地方自治立法，还有漫长的路要走。

第五节　少数民族习惯法的合法化路径

一、进行少数民族习惯法调查与整理

在立法过程中，甄别、采纳习惯法存在着诸多困难。民族自治地方吸收少数民族习惯法须认真研究、细为甄别，进行全面、广泛的调查和研究。全国范围内的习惯法调查殊非易事，但是，由于三级民族自治地方(自治区、自治州、

自治县）都有法定立法自治权，少数民族习惯法也因族而异、因地区而异，立法者对当地的习惯法和传统有一定的了解和认知，因而，就调查规模、范围以及难易程度而言，习惯法调查具有可行性。在深入调查基础上，对少数民族习惯法进行科学的归纳、整理，取其精华，去其糟粕，为立法提供素材。清末民初民商事习惯调查的一个初始动机，就是为当时的民商事立法提供资料准备。同时，当时的两次民商事习惯调查又都为当时乃至之后的司法和执法提供了重要的参考依据。①

二、加强民族自治立法与习惯法理论研究

理论是实践的先导。少数民族习惯法"合法化"路径需要高质量的学术成果和创造性的理论造诣。目前民族法和少数民族习惯法都有相对固定的研究者，也取得了一定的研究成果，但是，将二者结合起来，从民族自治地方自治立法的视角探讨少数民族习惯法的高质量成果却不多见。貌似繁荣的习惯法与民间法研究实则有很多偏颇，礼、宗家戒律、行业规范、传统道德、神话、谣言、历史都成了民间法的研究对象，民间法似乎是个筐，有容乃大，什么都能装。其实，每一种社会规范都有其作用的领域和规制的对象，包罗万象的民间法研究实乃国家法万能和包打天下的另一种极端，并未给国家立法提供更多有价值的学术资源。因此，加强民族立法理论与少数民族习惯法的互动研究，尤其是要加强通过自治立法中的变通立法吸收优良的少数民族习惯法研究，为少数民族习惯法取得国家法的效力提供理论准备和智力支持。

三、自治立法应重视吸收少数民族习惯法

民族区域自治制度及相关的法律规定，蕴藏着调和国家法与习惯法冲突的制度空间。我国是单一制结构国家。单一制结构在法律上的特点是强调立法、执法和司法适用的统一，而法律适用的困难在于国家统一立法无法兼顾各个地

---

① 眭鸿明：《清末民初民商事习惯调查之研究》，法律出版社 2005 年版，第 241 页。

方复杂多变的具体情形。联邦制国家通过联邦立法与州立法较好地解决了这个问题。民族区域自治制度具有同样的功能，只是在实践中还没有得到足够的重视和落实。自治立法可以通过变通或补充的方式，在不违反法律基本原则的情况下，吸收、采纳为当地群众熟知并信守的民族习惯法，以此修改或补充国家法律法规不适应本民族自治地方的具体条款，变通立法可以协调法律的统一性、普遍性与地方的差异性、特殊性的矛盾。通过自治立法的方式承认少数民族习惯法的法律效力也能够反映和代表大多数少数群众的心声，因为自治立法是由当地民族自治地方的人民代表大会制定通过的，少数民族代表能够代表少数民族的利益。最终，选民的意志体现在法律中，广大普通的少数民族群众也就实现了自治。

四、少数民族习惯法的司法适用

法律具有确定性和安定性，不能随意更改。有学者在论及将"习惯"引入《民法通则》时说道："……立法修改可能是一个较漫长的过程。它取决于立法者对习惯的地位、作用，习惯同法律政策的关系的认识和判断等等。在立法没有做出修改之前，用司法解释的方式来作出一些规定，可能是一条比较现实可行的路径。但司法解释在将习惯由特殊性规定变为一般性规定的时候，面临着突破现有法律规定的风险。"[①]对于全国性的法律，运用国家立法和司法解释的方式概括地确认少数民族习惯法的效力可以解决习惯法的部分适用问题，但无论是国家立法还是民族地方自治立法都是一个较为漫长的过程。在立法缺失的情况下，一个理性的选择是在司法过程中，遵循司法规律，践行能动司法，实行宽严相济的刑事政策，合理运用法律的现行空间，将国家法与习惯法的冲突尽可能消解在司法过程中，使少数民族习惯法成为"行动中的法"、"活法"，将蕴含其中的正义观念和法情感体现在以国家主导的、具有权威性和强制性的具体的司法过程中，让国家法与习惯法在此"汇流"，使被群众广泛认同的习惯法以此获得国家法的权威，实现社会效果与法律效果的统一。而严格适法，

① 刘作翔：《传统的延续：习惯在现代中国法制中的地位和作用》，《法学研究》2011 年第 1 期。

依照法条机械办案，可能会带来负面效果，因为"正常的情况是，法的制度并非由于存在着强制的保障才在现实中在经验上'适用'，而是它的适用作为'习俗'已经扎了根，'约定俗成'，而惯例又往往对公然偏离它的举止表示不赞同"。①

少数民族习惯法有良、恶之分，只有良俗才具有司法适用的价值。识别一种习惯法是否为善良风俗，应把握几个具体的标准：首先，该规则不能违反人们最基本的情感和道德，不能突破人类最底线的伦理和良知；其次，在一定地域和主体间，这些规则被普遍熟知、认同和接受，能够合理有序地安排人们的日常生活，维持最基本的社会秩序，可以作为解决纠纷的依据并能为当事方以及社会认可；最后，人们可以据此进行交往和互动并有大致明确的指引和预期，它可以分配一定范围内主体间的权利和义务。

少数民族习惯法凝结了人们的生活经验和实践理性，但它也不可避免地存在着为现代文明所不容的内容；法律尽管是人类理性建构的产物，也不可能完美无缺，二者天然地存在着冲突和紧张关系。当国家制定法和民俗习惯发生冲突时，不能公式化地强调以国家制定法来同化民俗习惯，而应当寻求国家法与民俗习惯的平衡、妥协与合作。在司法过程中如何具体适用少数民族习惯法，要根据案件的不同特点，充分考虑国家法与民俗习惯在个案中的关系，具体情况具体分析。第一，如果国家法与习惯法都有规定且方向一致，国家法的规定比较原则，而习惯法的内容比较具体，可操作性强，处理这类案件，既要以国家法为根据，又要灵活适用习惯法，使国家法与习惯法相融合，当事人的习惯权利与法定权利相统一。第二，在国家法无明文规定，但习惯法有具体规定的情况下，可以将被确认为良俗的习惯法引入司法裁判，作为适用的参考或理由。第三，如果国家法和习惯法都有规定且方向相反，国家法与习惯法冲突地并存，存在着截然相反的价值取向，即合乎国家法的行为却违背了习惯法，合乎习惯法的行为却违背国家法。在这种情况下，既要维护国家法的权威，又要针对案件和民俗习惯的具体情形，秉承正义与衡平观念，加以适当地变通处理。这种情形在民法和刑法中都可能存在，如婚姻须经法定登记才能生效与民

---

① [德]马克斯·韦伯：《经济与社会(上)》，林荣远译，商务印书馆2004年版，第369—370页。

间以某种仪式即确立并被认可的婚姻关系的抵牾，某些地区出嫁的女儿不承担对父母的赡养义务、也不继承父母遗产的习惯规则与宪法和婚姻法相关规定的尖锐对立，某些藏区的"赔命价"制度与刑法的冲突等。

在法治社会中，司法救济是最后的和最有效的救济途径，是公平正义的最后一道防线。司法救济是通过诉讼实现的，诉权保护及诉讼程序的启动是权利司法保护的起点。人民法院的受案范围仅止于符合法定条件的案件和争议，以民俗习惯为依据的权利诉求不一定满足受理的法定条件。在缺乏法律的明文规定时，法官需要发挥司法审判的能动性，对于法无明文规定而又认为需要保护的利益，或者从现行法律的寻找可能利用的弹性空间，或是将其附会于某些既存的权利之中，或是从现存的司法政策中探索其适当的依托。此类案件能够进入诉讼程序是在审判过程中进一步适用民俗习惯的前提。《最高人民法院关于民事诉讼证据的若干规定》第64条规定："审判人员应当依照法定程序，全面、客观地审核证据，依据法律的规定，遵循法官职业道德，运用逻辑推理和日常生活经验，对证据有无证明力和证明力大小独立进行判断，并公开判断的理由和结果。"该规定完善了法官依法独立审查判断证据的原则，也可以称为中国语境的"自由心证"，为民俗习惯进入司法领域提供了诉讼法上的依据。

司法保护的是法律所反映的法权，而民俗习惯是人们长期的交往和互动中自然形成的规则，更能够体现人们现实的社会法权要求，尤其在特定的地方和特定的少数民族中，更加具有价值上的正当性。法律的价值在于对社会中现实存在的权利的确认和界定，现实的生活或者权利自有其存在的依据，它们不可能因为规范的缺乏而消失，司法实践不能因为欠缺法律规范而对现有的生活置之不理。当这种法权与民俗习惯所表达的法权不相一致的时候，法院不能简单地以无法律依据为由一驳了之，而应当从习惯所反映的法权入手，找出该法权在法律中的适当表达，并将之用于案件的审理中，最终通过适用法律作出判决。就判决形成的过程而言，当事人基于习惯的法权要求得到了表达和确认，同时司法过程的形式正义又得到了体现，[①] 其判决结果也更容易为当事人所认同。民俗习惯所表达的权利不但在民事法律中弹性空间较大的公平原则、公序

---

① 张镭：《习惯与法律：两种规则体系及其关系研究》，南京师范大学出版社2008年版，第187页。

良俗原则、诚实信用原则中可以开辟出来，在刑事案件中也可以通过刑法的但书条款、刑事司法政策、罪刑法定的法内出罪机能使民俗习惯找到其依存的位置。此外，我国法律、行政法规、司法解释规定了大量的"具体情况"字眼，对于可能适用民俗习惯来处理和解决的特定案件，可以释放出民俗习惯这一"具体情况"，成为其适用的法律依据。

将善良的民俗习惯引入司法，必须坚持现行法律制度的基本精神，用尽法律规则与原则救济。将民俗习惯引入法院审理案件的范围，并非以民俗习惯代替现行的民事法律的规范，只有在国家法出现明显背离法律价值、没有明确规定或者严格适法可能带来严重的损害效果等情况下，才能寻求民俗习惯的适用。民俗习惯作为裁判的标准，其现实性、正当性与合理性也须进行充分的证成。在特定的区域内，民俗习惯的司法适用应该统一尺度，做到同案同判，以此提高判决的公信力和权威，体现司法对于人性的关怀，最大程度地获得民众的理解。统一民俗习惯的适用尺度，也给法官的自由裁量权设置了必要的边界和限度，防止在涉及民俗习惯的案件中，恣意司法和机械僵化两个极端。

在诉讼调解中，民俗习惯具有更为广阔的作用空间。诉讼调解使当事人有更多的机会、可能及出于个人意愿参加纠纷解决，在情、理、法的博弈中，各得其所。相对于调解来讲，判决的实体合法性要求要严格得多。判决的形成过程是在查明事实、分清是非基础上对法律的适用过程。判决书必须写明判决认定的事实、理由和适用的法律依据。在多数情况下，实体法对特定案件事实引起的权利、义务和责任都有相当明确的规定，因而也限制了民俗习惯在审判中的适用。而在调解中，当事方并不一定运用现有的法律规范来解决双方的争讼，可以利用相关的民俗习惯来达成一种妥协与和解。调解允许当事人根据自主和自律原则选择他们认可的民俗习惯作为判决的正当性标准，能够促进当事人及社会公众对司法裁决的认同，有利于化解和缓和社会矛盾。同时，也可以避免适用民俗习惯的一审判决因上诉可能导致的全部被推翻的隐忧。因为民俗习惯并不具有明显的规范性和普遍性，法院和法官也没有发现和确认习惯法的权力，尽管法院可以一定条件下依据民俗习惯作出裁判，但这种司法活动本质上属于司法裁量，是法官自由裁量权的体现，其中的民俗习惯主要仍是作为经验法则、地方性的价值尺度和判决理由而存在，而并非一种有确定效力的法律渊源。① 如果当事方不能就诉争达成调解协议、或者意在通过诉讼挑战民俗习惯以及通过上诉启动二审程序，民俗习惯作为适用依据的正当性、合法性和有效性可能就会受到强有力的质疑甚或是制定法的全盘否定。这也是国家法与民俗习惯在司法过程中最根本的冲突之所在，是一个无法绕开的制度瓶颈。事实上，民俗习惯司法适用的探索和实践目前也仅存于特定地区、特定案件的基层司法实践中，尤其体现在调解中。诉讼调解的制度设计为民俗习惯的优先适用提供了天然的土壤。

---

① 范愉：《民间社会规范在基层司法中的应用》，《山东大学学报（哲学社会科学版）》2008 年第 1 期。

主要参考文献

（按书中引用先后为序）

一、中文著作

[1] 李步云、汪永清:《中国立法的基本原理和制度》，中国法制出版社1998年版。

[2] 张尔驹:《中国民族区域自治的理论与实践》，中国社会科学出版社1988年版。

[3] 周勇:《少数人权利的法理》，社会科学文献出版社2002年版。

[4] 张千帆:《宪法学导论》，法律出版社2008年版。

[5] 周旺生:《立法学》，法律出版社2004年版。

[6] 张文显:《法理学》，法律出版社1997年版。

[7] 封丽霞:《中央与地方立法关系法治化研究》，北京大学出版社2008年版。

[8] 吴宗金、敖俊德:《中国民族立法理论与实践》，中国民主法制出版社1998年版。

[9] 刘星:《法理学导论》，法律出版社2005年版。

[10] 史筠:《民族法律法规概述》，民族出版社1988年版。

[11] 宋才发:《民族区域自治制度重大问题研究》，人民出版社2008年版。

[12] 吴宗金:《民族法制的理论与实践》，中国民族法制出版社1998年版。

[13] 张文山:《突破传统思维的瓶颈——民族区域自治法配套立法问题研究》，法律出版社2007年版。

[14] 宋才发:《民族区域自治法通论》，民族出版社2003年版。

[15] 乔晓阳:《中华人民共和国立法法讲话》，中国民主法制出版社2008年版。

[16] 沈宗灵:《法理学》，北京大学出版社2002年版。

[17] 张晓辉:《中国法律在少数民族地区的实施》，云南大学出版社1994年版。

[18] 吴宗金、张晓辉:《中国民族法学》，法律出版社2004年版。

[19] 陈伯礼:《授权立法研究》，法律出版社2000年版。

[20] 康耀坤:《中国民族自治地方立法研究》，民族出版社2007年版。

[21] 汪全胜：《制度设计与立法公正》，山东人民出版社 2005 年版。

[22] 杨道波：《自治条例立法研究》，人民出版社 2008 年版。

[23] 周平：《民族政治学》，高等教育出版社 2003 年版。

[24] 吴高盛：《立法法条文释义》，人民法院出版社 2000 年版。

[25] 杜宇：《重拾一种被放逐的知识传统——刑法视域中"习惯法"的初步考察》，北京大学出版社 2005 年版。

[26] 黄太云、滕炜：《中华人民共和国刑法释义与适用指南》，红旗出版社 1997 年版。

[27] 张文山：《自治权理论与自治条例研究》，法律出版社 2005 年版。

[28] 韦庆远、柏桦：《中国政治制度史》，中国人民大学出版社 2005 年版。

[29] 管守新：《清代新疆军府制度研究》，新疆大学出版社 2002 年版。

[30] 谢晖：《法治讲演录》，广西师范大学出版社 2005 年版。

[31] 刘作翔：《法律文化理论》，商务印书馆 2004 年版。

[32] 苏力：《法治及其本土资源》，中国政法大学出版社 2004 年版。

[33] 沈宗灵：《现代西方法理学》，北京大学出版 1992 年版。

[34] 赵旭东：《权力与公正——乡土社会的纠纷解决与权威多元》，天津古籍出版社 2003 年版。

[35] 孙国华：《法理学教程》，中国人民大学出版社 1994 年版。

[36] 赵震江：《法律社会学》，北京大学出版社 1998 年版。

[37] 梁治平：《清代习惯法：社会与国家》，中国政法大学出版社 1996 年版。

[38] 沈恒斌：《多元化纠纷解决机制原理与实务》，厦门大学出版社 2005 年版。

[39] 梁治平：《法律的文化解释》，生活·读书·新知三联书店 1998 年版。

[40] 徐昕：《论私力救济》，中国政法大学出版社 2005 年版。

[41] 高其才：《中国少数民族习惯法研究》，清华大学出版社 2003 年版。

[42] 张晓辉、方慧：《彝族法律文化研究》，民族出版社 2005 年版。

[43] 陈金全：《西南少数民族习惯法研究》，法律出版社 2008 年版。

[44] 张明楷：《刑法分则的解释原理》，中国人民大学出版社 2004 年版。

[45] 李立众、吴学斌主编：《刑法新思潮》，北京大学出版社 2008 年版。

[46] 张春生：《中华人民共和国立法法释义》，法律出版社 2000 年版。

[47] 林维：《刑法解释的权力分析》，中国人民公安大学出版社 2006 年版。

[48] 白建军：《公证底线——刑事司法公正性实证研究》，北京大学出版社 2008 年版。

[49] 马克昌：《刑法学》，高等教育出版社 2003 年版。

[50] 黄淑娉、龚佩华：《文化人类学理论方法研究》，广东高等教育出版社 2004 年版。

[51] 梁治平：《在边缘处思考》，法律出版社 2003 年版。

[52] 苏力：《送法下乡——中国基层司法制度研究》，中国政法大学出版社 2000 年版。

[53] 方慧：《少数民族地区习俗与法律的调适》，中国社会科学出版社 2006 年版。

[54] 田成有：《乡土社会中的民间法》，法律出版社 2005 年版。

[55] 许章润：《说法 立法 活法》，中国法制出版社 2000 年版。

[56] 孙伶伶：《彝族法文化——构建和谐社会的新视角》，中国人民大学出版社 2007 年版。

[57] 于语和：《民间法》，复旦大学出版社 2008 年版。

[58] 眭鸿明：《清末民初民商事习惯调查之研究》，法律出版社 2005 年版。

[59] 秋浦：《鄂伦春社会的调查》，上海人民出版社 1987 年版。

[60] 田继周、罗之基：《西盟佤族社会形态》，云南人民出版社 1980 年版。

[61] 李可：《习惯法——一个正在发生的制度性事实》，中南大学出版社 2005 年版。

[62] 尹伊君：《社会变迁的法律解释》，商务印书馆 2003 年版。

[63] 冉春桃、蓝寿荣：《土家族习惯法研究》，民族出版社 2003 年版。

[64] 柏果成等：《贵州瑶族》，贵州民族出版社 1990 年版。

[65] 张冠梓：《论法的成长——来自中国南方山地民族志的诠释》，社会科学文献出版社 2000 年版。

[66] 谢晖：《法律的意义追问——诠释学视野中的法哲学》，商务印书馆 2003 年版。

[67] 苏力：《道路通向城市——转型中国的法治》，法律出版社 2004 年版。

[68] 韦森：《经济学与哲学：制度分析的哲学基础》，上海人民出版社 2005 年版。

[69] 王铭铭、王斯福主编：《乡土社会的秩序、公正与权威》，中国政法大学出版社 1997 年版。

二、外文译著

[1] [德] 伯恩·魏德士：《法理学》，丁小春、吴越译，法律出版社 2003 年版。

[2] [古希腊] 亚里士多德：《政治学》，吴寿彭译，商务印书馆 1983 年版。

[3] [加拿大] 威尔·金里卡：《多元文化公民权：一种关于少数族群权利的自由主义理论》，杨立峰译，上海世纪出版集团 2009 年版。

[4] [法] 吉尔·德拉诺瓦：《民族语民族主义》，郑文彬、洪晖译，生活·读书·新知三联书店 2005 年版。

[5] [加拿大] 威尔·金里卡：《少数的权利：民族主义、多元文化主义和公民》，邓红风译，上海世纪出版集团 2005 年版。

[6] [德] 哈贝马斯：《交往与社会进化》，张博树译，重庆出版社 1989 年版。

[7] [美] 道格拉斯·C.诺斯：《经济史中的结构和变迁》，陈郁、罗华平等译，上海三联书店 1991 年版。

[8] [美] 吉尔兹：《文化的解释》，纳日碧力戈等译，上海人民出版社 1999 年版。

[9] [美] C.恩伯、M.恩伯：《文化的变异》，辽宁人民出版社 1988 年版。

[10] [美] 埃尔曼：《比较法律文化》，贺卫方、高虹钧译，清华大学出版社 2002 年版。

[11] [美] 戴维·波普诺：《社会学》第 10 版，中国人民大学出版社 1999 年版。

[12] [日] 千叶正士：《法律多元——从日本法律文化迈向一般理论》，强世功等译，中国政法大学出版社 1997 年版。

[13] [英] 科特威尔：《法律社会学导论》，潘大松等译，华夏出版社 1989 年版。

[14] [英] 昂格尔：《现代社会中的法律》，吴玉章、周汉华译，译林出版社 2008 年版。

[15] [法] 布律尔：《法律社会学》，许钧译，上海人民出版社 1987 年版。

[16] [英] 马林诺夫斯基：《原始社会的犯罪与习俗》，原江译，云南人民出版社 2002 年版。

[17] [美] 弗里德曼：《法律制度》，李琼英、林欣译，中国政法大学出版社 1994 年版。

[18] [英] 科特威尔：《法律社会学导论》，潘大松等译，华夏出版社 1989 年版。

[19] [美] 戴维·斯沃茨：《文化与权力：布尔迪厄的社会学》，上海译文出版社 2006 年版。

[20] [英] 马林诺夫斯基：《科学的文化理论》，黄建波译，中央民族大学出版社 1999 年版。

[21] [法] 孟德斯鸠：《论法的精神》，张雁深译，商务印书馆 1963 年版。

[22] [德] 拉德布鲁赫：《法律智慧警句集》，舒国滢译，中国法制出版社 2001 年版。

[23] [美] 马文·哈里斯：《文化唯物主义》，张海洋等译，华夏出版社 1989 年版。

[24] [美] 本杰明·卡多佐：《司法过程的性质》，苏力译，商务印书馆 1998 年版。

[25] [美] 《地方性知识：阐释人类学论文集》，王海龙、张家瑄译，中央编译出版社 2004 年版。

[26] [德] 卡尔·拉伦茨：《法学方法论》，陈爱娥译，商务印书馆 2003 年版。

[27] [英] 丹宁勋爵：《法律的训诫》，刘庸安译，法律出版社 1999 年版。

[28] [美] 伯尔曼：《法律与宗教》，梁治平译，中国政法大学出版社 2003 年版。

[29] [美] 克里斯托弗·沃尔夫：《司法能动主义：自由的保障还是安全的威胁》，黄金荣译，中国政法大学出版社 2004 年版。

[30] [意] 莫诺·卡佩莱蒂：《比较视野中的司法程序》，徐昕、王奕译，清华大学出版社 2005 年版。

[31] [美] A.L.考夫曼：《卡多佐》，张守东译，法律出版社 2001 年版。

[32] [美] 霍贝尔：《原始人的法》，严存生等译，法律出版社 2006 年版。

[33] [美] 威廉·A.哈维兰：《文化人类学》，瞿铁鹏、张钰译，上海社会科学院出版社 2006 年版。

[34] [德] 黑格尔：《法哲学原理》，范扬、张企泰译，商务印书馆 1961 年版。

[35] [美] 鲁丝·本尼迪克特：《文化模式》，王炜等译，生活·读书·新知三联书店 1998 年版。

[36] [美] E.希尔斯：《论传统》，傅铿、吕乐译，上海人民出版社 1991 年版。

[37] [德] 黑格尔:《历史哲学》，生活·读书·新知三联书店 1956 年版。

[38] [德] 马克斯·韦伯:《经济与社会（上）》，林荣远译，商务印书馆 2004 年版。

三、学术论文

[1] 陈云东:《论民族自治地方的单行条例》，《思想战线》1995 年第 1 期。

[2] 史筠:《关于制定自治区自治条例的几个问题》，《民族研究》1993 年第 6 期。

[3] 秦前红、姜琦:《论我国民族区域自治的立法监督》，《浙江学刊》2003 年第 6 期。

[4] 陈伯礼、徐信贵:《立法学视野下的民族变通规定问题探析》，《满族研究》2007 年第 3 期。

[5] 胡启忠:《论民族地区的法律变通》，《西南民族学院学报（哲学社会科学版）》2002 年第 7 期。

[6] 王培英:《论自治条例单行条例的法律地位》，《思想战线》2000 年第 6 期。

[7] 江必新:《在法律之内寻求社会效果》，《中国法学》2009 年第 3 期。

[8] 康耀坤:《民族自治地方立法权问题研究》，《民族研究》2005 年第 2 期。

[9] 陈伯礼、徐信贵:《立法学视野下的民族变通规定问题探析》，《满族研究》2007 年第 3 期。

[10] 陈洪波、王光萍:《当前我国民族立法工作中存在的主要问题、成因及对策研究》，《民族研究》2001 年第 2 期。

[11] 王允武、田钒平:《关于完善我国民族区域自治地方立法体制的思考》，《中南民族大学学报（人文社会科学版）》2004 年第 5 期。

[12] 宓雪军:《半立法权探讨》，《中国法学》1991 年第 6 期。

[13] 吉雅、程建:《新时期自治县（旗）单行条例的发展与完善》，《内蒙古大学学报（哲学社会科学版）》2008 年第 6 期。

[14] 宋方青:《突破与规制：中国立法变通权探讨》，《厦门大学学报（哲学社会科学版）》2004 年第 1 期。

[15] 顾培东:《能动司法若干问题研究》，《中国法学》2010 年第 4 期。

[16] 刘松山:《国家立法三十年的回顾与展望》，《中国法学》2009 年第 1 期。

[17] 宋方青:《突破与规制：中国立法变通权探讨》，《厦门大学学报（哲学社会科学版）》2004 年第 1 期。

[18] 齐延平:《论社会基本制度的正义——对罗尔斯正义理论的讨论》，《北方法学》2007 年第 4 期。

[19] 顾培东:《也论中国法学向何处去》，《中国法学》2009 年第 1 期。

[20] 田钒平:《民族自治地方法律变通的价值辨正、路径选择与判准甄别——以多民族背景与公民权利的平等维护为分析视角》，《西南民族大学学报（人文社会科学版）》2012 年第 12 期。

[21] 刘延东：《高举中国特色社会主义伟大旗帜　坚持和完善民族区域自治制度》，《求是》2007 年第 24 期。

[22] 许章润：《论现代民族国家是一个法律共同体》，《历史法学》（第 1 卷），法律出版社 2008 年版。

[23] 王建娥：《族际政治民主化：多民族国家建设和谐社会的重要课题》，《民族研究》2006 年第 5 期。

[24] 贺金瑞、燕继荣：《论从民族认同到国家认同》，《中央民族大学学报（哲学社会科学版）》2008 年第 3 期。

[25] 周平：《论中国的国家认同建设》，《学术探索》2009 年第 6 期。

[26] 钱雪梅：《从认同的基本特性看族群认同与国家认同的关系》，《民族研究》2006 年第 6 期。

[27] 刘沂江、邓少旭：《二维视域下的民族自治地方立法变通权》，《贵州社会科学》2006 年第 5 期。

[28] 金太军、姚虎：《国家认同：全球化视野下的结构性分析》，《中国社会科学》2014 年第 6 期。

[29] 陈建樾：《以制度和法治保护少数民族权利——中国民族区域自治的路径与经验》，《民族研究》2009 年第 4 期。

[30] 常士闿：《异中求和：当代族际和谐治理的新理念》，《中国行政管理》2009 年第 7 期。

[31] 周竞红：《"因俗而治"型政区：中国历史上"一体"与"多元"的空间互动》，《中央民族大学学报》2006 年第 5 期。

[32] 苏祖勤：《民族区域建制与中华统一多民族国家》，《人民日报》2007 年 6 月 22 日。

[33] 方铁：《论羁縻治策向土官土司制度的演变》，《中国边疆史地研究》2011 年第 2 期。

[34] 彭建英：《中国传统羁縻政策略论》，《西北大学学报》2004 年第 1 期。

[35] 段红云：《论隋唐时期的民族政策与各民族的大融合》，《云南行政学院学报》2011 年第 6 期。

[36] 方铁：《论羁縻治策向土官土司制度的演变》，《中国边疆史地研究》2011 年第 2 期。

[37] 苏钦：《唐明律"化外人"条辨析——兼论中国古代各民族法律文化的冲突和融合》，《法学研究》1995 年第 6 期。

[38] 胡兴东、朱艳红：《中国历史上少数民族刑事案件法律适用问题研究》，《云南民族大学学报（哲学社会科学版）》2009 年第 5 期。

[39] ［英］罗杰·科特威尔：《法律文化的概念——以 L.M. 弗里德曼的相关研究为参照》，周赟译，《山东大学学报（哲学社会科学版）》2005 年第 3 期。

[40] 曾代伟：《巴楚民族文化圈的演变与现代化论纲》，载曾宪义主编：《法律文化研究》（第 2 辑），中国人民大学出版社 2006 年版。

[41] 杨解君：《法律关系背后的关系——"法律亚文化关系"初探》，《南京大学法律

评论》2001 年春季卷。

[42] 高鸿钧：《法律文化的语义语境及其中国问题》，《中国法学》2007 年第 4 期。

[43] 徐忠明：《试说中国古代法律制度研究范式之转变》，《北大法律评论》第 4 卷第 1 辑，北京大学出版社 2001 年版。

[44] 高丙中、章邵增：《以法律多元为基础的民族志研究》，《中国社会科学》2005 年第 5 期。

[45] 梁治平：《中国法律史上的民间法——兼论中国古代法律的多元格局》，《中国文化》1997 年第 15—16 合刊。

[46] 徐晓光：《中国多元法文化的历史与现实》，《贵州民族学院学报》2002 年第 1 期。

[47] 庄孔韶、杨洪林、富晓星：《小凉山彝族"虎日"民间戒毒行动和人类学的应用实践》，《广西民族学院学报》2005 年第 2 期。

[48] 徐晓光：《百年来苗族习惯法的遗存、传承与时代性变化》，载谢晖、陈金钊主持：《民间法》第 1 卷，山东人民出版社 2002 年版。

[49] 肖光辉：《法律多元与法律多元主义问题探析》，《学术论坛》2007 年第 4 期。

[50] 吴大华：《论少数民族犯罪的立法控制》，《云南大学学报（法学版）》2005 年第 2 期。

[51] 陈兴良：《刑事法治视野中的刑事政策》，《江苏社会科学》2004 年第 5 期。

[52] 谢望原、季理华：《宽严相济视野中少数民族刑事政策的发展与完善——以西北少数民族地区为视角》，《福建警察学院学报》2008 年第 1 期。

[53] 陈兴良：《刑事政策视野中的刑罚结构调整》，《法学研究》1998 年第 6 期。

[54] 王培英：《析刑法对民族区域自治地方立法变通权的规定》，《法学杂志》2001 年第 5 期。

[55] 石水平：《少数民族地区地方刑事立法问题》，载马克昌、丁慕英主编：《刑法的修改和完善》，人民法院出版社 1995 年版。

[56] 周平：《民族区域自治制度在中国的形成和演进》，载黄卫平、汪永成主编：《当代中国政治研究报告 V》，社会科学文献出版社 2007 年版。

[57] 周勇：《探究中国"区域自治"与"民族自治"结合之路》，载王铁志、沙伯力主编：《国际视野中的民族区域自治》，民族出版社 2005 年版。

[58] 常安：《统一多民族国家的宪制建构——新中国成立初期民族区域自治制度的奠基历程》，《现代法学》2012 年第 1 期。

[59] 吴大华：《论少数民族犯罪的立法控制》，《云南大学学报（法学版）》2005 年第 2 期。

[60] 韩美秀、王楠高：《民族自治地方刑法变通或补充立法探究》，《法学评论》2001 年第 5 期。

[61] 向平生、成序：《民族自治地方刑法立法变通或补充探究》，《中山大学学报论丛》2006 年第 7 期。

[62] 竹怀军：《刑法在民族自治地方变通或者补充的几个基本关系》，《法学杂志》

2005 年第 2 期。

[63] 杨薇、朱雪平：《刑法在少数民族地区变通的若干问题研讨》，《湖北广播电视大学学报》2005 年第 5 期。

[64] 赵云田：《清代理藩院初探》，《中央民族学院学报》1982 年第 1 期。

[65] 杜宇：《当代刑法实践中的习惯法：一种真实而有力的存在》，《中外法学》2005 年第 1 期。

[66] 扎洛：《社会转型期藏区草场纠纷调解机制研究——对川西、藏东两起草场纠纷的案例分析》，《民族研究》2007 年第 3 期。

[67] 卢建平：《刑事政策与刑法关系的应然追求》，《法学论坛》2007 年第 5 期。

[68] 马克昌：《论宽严相济刑事政策的定位》，《中国法学》2007 年第 4 期。

[69] 陈兴良：《入罪与出罪：罪刑法定司法化的双重考察》，《法学》2002 年第 12 期。

[70] 梁根林：《罪刑法定视野中的刑法合宪审查》，《法律科学》2004 年第 1 期。

[71] 张明楷：《论刑法的谦抑性》，《法商研究》1995 年第 4 期。

[72] 于改之：《社会相当性理论的体系地位及其在我国的适用》，《比较法研究》2007 年第 5 期。

[73] 徐清宇、周永军：《民俗习惯在司法中的运行条件及障碍消除》，《中国法学》2008 年第 2 期。

[74] 杜宇：《作为超法规违法阻却事由的习惯法——刑法视域下习惯法违法性判断机能之开辟》，《法律科学》2005 年第 6 期。

[75] 刘艳红：《正义、路径与方法——刑法方法论的发端、发展与发达》，载梁根林主编：《刑法方法论》，北京大学出版社 2006 年版。

[76] 徐晓光：《百年来苗族习惯法的遗存、传承与时代性变化》，载谢晖主编：《民间法》第 1 卷，山东人民出版社 2002 年版。

[77] 许章润：《以法律为业——关于近代中国语境下的法律公民与法律理性的思考》，《金陵法律评论》2003 年春季卷。

[78] 陈光中、葛琳：《刑事和解初探》，《中国法学》2006 年第 5 期。

[79] 于改之、吴玉萍：《多元化视角下恢复性司法的理论基础》，《山东大学学报（哲学社会科学版）》2007 年第 4 期。

[80] 江苏省高级人民法院课题组：《民俗习惯司法运用的价值与可能性》，《法律适用》2008 年第 5 期。

[81] 储槐植、张永红：《刑法第 13 条但书的价值蕴涵》，《江苏警官学院学报》2003 年第 3 期。

[82] 苏永生：《国家刑事制定法对少数民族刑事习惯法的渗透与整合——以藏族"赔命价"习惯法为视角》，《法学研究》2007 年第 6 期。

[83] 劳东燕：《罪刑法定的明确性困境及其出路》，《法学研究》2004 年第 6 期。

[84] [荷] K.冯·本达—贝克曼:《法律多元》,载《清华法学》第9辑,清华大学出版社2006年版。

[85] 翟瑞雪:《论撒拉族商业文化——概念、形成环境及功能》,《东南文化》2007年第2期。

[86] 于海涌:《仪式婚的法律保护》,《法学》2007年第8期。

[87] 凌斌:《普法、法盲与法治》,《法制与社会发展》2004年第2期。

[88] 敖俊德:《民族区域自治法中两种变通权之间的联系和区别》,《中央民族大学学报(哲学社会科学版)》,2005年第1期。

[89] 汪燕:《论民族自治地方的变通权》,《湖北民族学院学报(哲学社会科学版)》2005年第1期。

[90] 刘松山:《红头文件冲突法律的责任归属——兼评福州王凯锋案》,《法学》2002年第3期。

[91] 田钒平、王允武:《善待少数民族传统习俗的法理思考》,《贵州民族学院学报(哲学社会科学版)》2007年第3期。

[92] 侯淑雯:《司法衡平艺术与司法能动主义》,《法学研究》2007年第1期。

[93] 杨维汉等:《为建设公正高效权威司法制度砥砺奋进》,《人民日报》2011年2月16日。

[94] 张晋藩:《探索中华法系的珍贵遗产》,载《中国文化与法治》,社会科学文献出版社2007年版。

[95] 谢晖:《论民间规则与司法能动》,《学习与探索》2010年第5期。

[96] 侯淑雯:《司法衡平艺术与司法能动主义》,《法学研究》2007年第1期。

[97] 范愉:《诉前调解与法院的社会责任:从司法社会化到司法能动主义》,《法律适用》2007年第11期。

[98] 黄文艺:《法律与民族性格:一种法律研究范式的梳理与反思》,《法律科学》2010年第6期。

[99] 顾培东:《中国法治的自主型进路》,《法学研究》2010年第1期。

[100] 费孝通:《中华民族的多元一体格局》,《北京大学学报(哲学社会科学版)》1989年第4期。

[101] 黄光成:《论传统习俗与民族社会规范》,《思想战线》1997年第1期。

[102] 杨方泉:《民族习惯法回潮的困境及其出路——以青海藏区"赔命价"为例》,《中山大学学报(社会科学版)》2004年第4期。

[103] 高其才:《瑶族刑事处罚习惯法初探》,《山东大学学报(哲学社会科学版)》2007年第4期。

[104] [日] 寺田浩明:《超越民间法论》,吴博译,载谢晖、陈金钊主持:《民间法》第3卷,山东人民出版社2004年版。

[105] 杜宇:《当代刑法实践中的习惯法———一种真实而有力的存在》,《中外法学》2005 年第 1 期。

[106] 苏力:《法治与发展的特殊性创造性》,《人民日报》2011 年 7 月 6 日。

[107] 刘作翔:《传统的延续:习惯在现代中国法制中的地位和作用》,《法学研究》2011 年第 1 期。

[108] 邱伍各:《凉山彝族社会习惯法调查》,《彝族文化》2003 年第 3 期。

四、学位论文

[1] 金忠山:《刑事法律变通问题研究》,中央民族大学 2013 年博士学位论文。

[2] 杨道波:《中国民族自治地方自治条例立法研究》,中央民族大学 2007 年博士学位论文。

[3] 石玉春:《论刑法在少数民族地区变通的若干问题》,中国政法大学 2001 年硕士学位论文。

民族区域自治地方变通补充规定目录

一、西藏

1. 西藏自治区实施《中华人民共和国收养法》的变通规定，西藏自治区第七届人民代表大会常务委员会第二十四次会议 2002 年 1 月 20 日通过，自 2002 年 3 月 1 日起施行。

2. 西藏自治区施行《中华人民共和国婚姻法》的变通条例，1981 年 4 月 18 日西藏自治区第三届人民代表大会常务委员会第五次会议通过，自 1982 年 1 月 1 日起施行。2004 年 6 月 9 日西藏自治区第八届人民代表大会常务委员会第十二次会议通过关于修改《西藏自治区施行〈中华人民共和国婚姻法〉的变通条例》的决定，自公布之日起实施。

3. 西藏自治区实施《中华人民共和国民事诉讼法（试行）》的若干变通办法，1983 年 9 月 17 日西藏自治区第四届人民代表大会常务委员会第三次会议通过，自 1983 年 10 月 1 日起施行。

二、四川

4. 马边彝族自治县实施《四川省人口与计划生育条例》的变通规定，2004 年 1 月 9 日马边彝族自治县第六届人民代表大会第二次会议通过，2004 年 6 月 3 日四川省第十届人民代表大会常务委员会第九次会议批准。

5. 马边彝族自治县实施《四川省义务教育条例》的补充规定，2010 年 3

月 31 日四川省第十一届人民代表大会常务委员会第十五次会议通过批准《马边彝族自治县人民代表大会关于废止〈马边彝族自治县实施《四川省义务教育条例》的补充规定〉的决定》，由马边彝族自治县人民代表大会常务委员会发布公告予以公布。

6. 马边彝族自治县施行《中华人民共和国婚姻法》的补充规定，1991 年 11 月 27 日马边彝族自治县第三届人民代表大会常务委员会第十三次会议通过，1992 年 9 月 26 日四川省第七届人民代表大会常务委员会第三十一次会议批准。

7. 马边彝族自治县施行《中华人民共和国继承法》的补充规定，1995 年 3 月 9 日马边彝族自治县第四届人民代表大会第三次会议通过，1995 年 6 月 20 日四川省第八届人民代表大会常务委员会第十五次会议批准。

8. 马边彝族自治县施行《四川省〈中华人民共和国土地管理法〉实施办法》的变通规定，1995 年 12 月 8 日马边彝族自治县第四届人民代表大会常务委员会第十九次会议通过，1996 年 6 月 18 日四川省第八届人民代表大会常务委员会第二十一次会议批准。

9. 甘孜藏族自治州实施《四川省人口与计划生育条例》的变通规定，2004 年 3 月 24 日甘孜藏族自治州第九届人民代表大会第一次会议通过，2004 年 6 月 3 日四川省第十届人民代表大会常务委员会第九次会议批准，自 2004 年 8 月 1 日起施行。

10. 甘孜藏族自治州施行《四川省义务教育实施条例》的变通规定，甘孜藏族自治州人大常委会 1991 年 5 月 28 日发布执行。2010 年 1 月 18 日甘孜藏族自治州第十届人民代表大会第三次会议通过甘孜藏族自治州人民代表大会关于废止《甘孜藏族自治州实施〈四川省义务教育实施条例〉的变通规定》的决定，2010 年 3 月 31 日四川省第十一届人民代表大会常务委员会第十五次会议批准，2010 年 4 月 6 日甘孜藏族自治州第十届人民代表大会常务委员会公告第 15 号公布，自公布之日起施行。

11. 甘孜藏族自治州施行《四川省土地管理实施办法》的变通规定，1990 年 12 月 21 日甘孜藏族自治州第六届人民代表大会常务委员会第十次会议通过，1991 年 5 月 28 日四川省第七届人民代表大会常务委员会第二十三次会议批准，自颁布之日起施行。

12. 甘孜藏族自治州施行《中华人民共和国婚姻法》的补充规定，1981年11月19日甘孜州第四届人民代表大会常务委员会第六次会议通过，1981年12月26日四川省第五届人民代表大会常务委员会第十三次会议批准，自1982年7月1日起施行。

13. 甘孜藏族自治州实施《四川省〈中华人民共和国草原法〉实施细则》的补充规定，1993年12月4日甘孜藏族自治州第六届人民代表大会常务委员会第二十八次会议通过，1994年5月28日四川省第八届人民代表大会常务委员会第九次会议批准。根据2001年6月7日甘孜藏族自治州第八届人大常委会第16次会议通过，2001年9月22日四川省第九届人民代表大会常务委员会第二十五次会议《关于修改〈甘孜藏族自治州实施〔四川省（中华人民共和国草原法）实施细则〕的补充规定〉的决定》修正。

14. 阿坝藏族羌族自治州施行《中华人民共和国继承法》的变通规定，1989年3月8日阿坝藏族羌族自治州第六届人民代表大会第二次会议通过，1989年9月20日四川省第七届人民代表大会常务委员会第十一次会议批准，自1990年1月1日起施行。

15. 阿坝藏族羌族自治州实施《四川省人口与计划生育条例》的变通规定，2004年2月26日阿坝藏族羌族自治州第九届人民代表大会第二次会议通过，2004年6月3日四川省第十届人民代表大会常务委员会第九次会议批准，自2004年8月1日起施行。

16. 阿坝藏族羌族自治州施行《四川省土地管理实施办法》的变通规定，1990年6月25日阿坝藏族羌族自治州第六届人民代表大会常务委员会第十五次会议通过，1990年12月29日四川省第七届人民代表大会常务委员会第二十次会议批准。根据1996年10月8日阿坝藏族羌族自治州第七届人民代表大会常务委员会第二十三次会议通过，1997年2月21日四川省第八届人民代表大会常务委员会第二十五次会议批准的《阿坝藏族羌族自治州施行〈四川省土地管理实施办法〉的变通规定修正案》修正。

17. 阿坝藏族自治州施行《中华人民共和国婚姻法》的补充规定，1983年3月17日阿坝藏族自治州第四届人民代表大会常务委员会第十二次会议通过，1983年7月12日四川省第六届人民代表大会常务委员会第二次会议批准。1988年7月8日阿坝藏族羌族自治州第六届人民代表大会常务委员会第四次会议通过将《阿坝藏族自治州施行〈中华人民共和国婚姻法〉的补充规定》修改为《阿坝藏族羌族自治州施行〈中华人民共和国婚姻法〉的补充规定》，1988年9月26日四川省第七届人民代表大会常务委员会第五次会议批准。

18.阿坝藏族羌族自治州施行《四川省〈中华人民共和国草原法〉实施细则》的补充规定，1994年6月23日阿坝藏族羌族自治州第七届人民代表大会常务委员会第九次会议通过，1994年7月26日四川省第八届人民代表大会常务委员会第十次会议批准，自1995年5月1日起施行。2010年2月8日阿坝藏族羌族自治州第十届人民代表大会第五次会议通过阿坝藏族羌族自治州实施《四川省〈中华人民共和国草原法〉实施办法》的变通规定，2010年5月28日四川省第十一届人民代表大会常务委员会第十六次会议批准，2010年6月8日阿坝藏族羌族自治州第十届人民代表大会常务委员会公告第4号公布，自2010年7月1日起施行，原《阿坝藏族羌族自治州施行〈四川省《中华人民共和国草原法》实施细则〉的补充规定》同时废止。

19.阿坝藏族羌族自治州实施《四川省世界遗产保护条例》的条例，2007年1月24日阿坝藏族羌族自治州第十届人民代表大会第一次会议通过，2007年7月27日四川省第十届人民代表大会常务委员会第二十九次会议批准，自公布之日起施行。

20.阿坝藏族羌族自治州施行《四川省义务教育实施条例》的补充规定，1997年12月13日阿坝藏族羌族自治州第八届人民代表大会第一次会议通过，1998年4月6日四川省第九届人民代表大会常务委员会第二次会议批准。

21.阿坝藏族羌族自治州实施《四川省旅游条例》的变通规定，2008年9月28日阿坝藏族羌族自治州第十届人民代表大会常务委员会第三次会议通过，2008年11月21日四川省第十一届人民代表大会常务委员会第六次会议批准，2008年11月21日四川省第十一届人民代表大会常务委员会公布，自2009年1月1日起施行。

22.凉山彝族自治州施行《四川省土地管理实施办法》的变通规定，1993年7月9日凉山彝族自治州第六届人民代表大会常务委员会第十五次会议通过，1993年12月15日四川省第八届人民代表大会常务委员会第六次会议批准，自颁布之日起施行。

23. 凉山彝族自治州实施《四川省人口与计划生育条例》的补充规定，2003年3月26日凉山彝族自治州第八届人民代表大会第四次会议通过，2003年5月28日四川省第十届人民代表大会常务委员会第三次会议批准，2003年6月18日凉山彝族自治州人民代表大会常务委员会公告第2号公布，自2003年8月1日起施行。

24. 凉山彝族自治州施行《四川省禁毒条例》补充规定，2001年3月25日凉山彝族自治州第八届人民代表大会第一次会议通过，2001年5月25日四川省第九届人民代表大会常务委员会第二十三次会议批准，自公布之日起施行。

25. 凉山彝族自治州施行《中华人民共和国婚姻法》的规定，1982年11月17日凉山彝族自治州第四届人民代表大会常务委员会第八次会议通过，1983年2月26日四川省第五届人民代表大会常务委员会第十九次会议通过，自1983年10月1日起施行。

26. 凉山彝族自治州义务教育实施办法，1988年9月23日凉山彝族自治州第五届人民代表大会常务委员会第十四次会议通过，1990年4月28日四川省第七届人民代表大会常务委员会第十六次会议批准，2010年2月8日凉山彝族自治州第九届人民代表大会第五次会议修订通过，2010年7月24日四川省第十一届人民代表大会常务委员会第十七次会议批准。

27. 凉山彝族自治州实施《四川省〈中华人民共和国动物防疫法〉实施办法》的补充规定，2003年3月26日凉山彝族自治州第八届人民代表大会第四次会议通过，2003年5月28日四川省第十届人民代表大会常务委员会第三次会议批准，2003年6月18日凉山彝族自治州人民代表大会常务委员会公告第1号公布，自2003年7月1日起施行。

28. 凉山彝族自治州施行《中华人民共和国全国人民代表大会和地方各级人民代表大会选举法》的变通规定，1984年1月20日凉山彝族自治州第四届人民代表大会第四次会议通过，2011年1月30日凉山彝族自治州第九届人民代表大会第六次会议通过关于废止《凉山彝族自治州施行〈中华人民共和国全国人民代表大会和地方各级人民代表大会选举法〉的变通规定》的决定，2012 年 11 月 30 日四川省第十一届人民代表大会常务委员会第 34 次会议批准，2012 年 12 月 11 日凉山彝族自治州人民代表大会常务委员会公告第 3 号公布，自公布之日起施行。

29. 峨边彝族自治县施行《四川省土地管理实施办法》的补充规定，1991 年 7 月 23 日峨边彝族自治县第三届人民代表大会常务委员会第十次会议通过，1991 年 11 月 27 日四川省第七届人民代表大会常务委员会第二十六次会议批准，报四川省人民代表大会常务委员会批准后施行。

30. 峨边彝族自治县施行《中华人民共和国婚姻法》的补充规定，1989 年 3 月 10 日峨边彝族自治县第二届人民代表大会常务委员会第四次会议通过，1989 年 9 月 20 日四川省第七届人民代表大会常务委员会第十一次会议批准。

31. 峨边彝族自治县施行《中华人民共和国继承法》的补充规定，1991 年 3 月 19 日峨边彝族自治县第三届人民代表大会第二次会议通过，1991 年 5 月 28 日四川省第七届人民代表大会常务委员会第二十三次会议批准，批准后生效。

32. 峨边彝族自治县义务教育实施办法，四川省人民代表大会常务委员会批准 1993 年 12 月 15 日批准生效。2010 年 3 月 31 日四川省第十一届人民代表大会常务委员会第十五次会议通过批准《峨边彝族自治县人民代表大会关于废止〈峨边彝族自治县义务教育实施办法〉的决定》，由峨边彝族自治县人民代表大会常务委员会发布公告予以公布。

33. 峨边彝族自治县实施《四川省人口与计划生育条例》的变通规定，2004 年 2 月 14 日峨边彝族自治县第六届人民代表大会第二次会议通过，2004 年 6 月 3 日四川省第十届人民代表大会常务委员会第九次会议批准，自 2004 年 8 月 1 日起施行。

34. 木里藏族自治县实施《四川省〈中华人民共和国草原法〉实施细则》的补充规定，2001 年 9 月 7 日木里藏族自治县第九届人民代表大会常务委员会第二十二次会议通过，2001 年 11 月 23 日四川省第九届人民代表大会常务委员会第二十六次会议批准。2009 年 3 月 12 日木里藏族自治县第十一届人民代表大会第三次会议通过木里藏族自治县实施《四川省〈中华人民共和国草原法〉实施办法》的变通规定，2009 年 7 月 22 日四川省第十一届人民代表大会常务委员会第十次会议批准，本变通规定由木里藏族自治县人大常委会公布，自 2009 年 10 月 1 日起施行。原《木里藏族自治县实施〈四川省《中华人民共和国草原法》实施细则〉的补充规定》同时废止。

35. 木里藏族自治县实施《四川省〈中华人民共和国野生动物保护法〉实施办法》的补充规定，2003 年 1 月 25 日木里藏族自治县第十届人民代表大会第一次会议通过，2003 年 3 月 27 日四川省第十届人民代表大会常务委员会第二次会议批准。2009 年 3 月 27 日四川省第十一届人民代表大会常务委员会第八次会议通过关于修改《四川省〈中华人民共和国野生动物保护法〉实施办法》的决定，2009 年 3 月 27 日四川省第十一届人民代表大会常务委员会公告第 22 号公布，自公布之日起施行。

36. 马边彝族自治县施行《四川省计划生育条例》的补充规定，1993 年 2 月 6 日马边彝族自治县第三届人民代表大会常务委员会第二十一次会议通过，1993 年 10 月 28 日四川省第八届人民代表大会常务委员会第五次会议批准。2004 年 1 月 9 日马边彝族自治县第六届人民代表大会第二次会议通过马边彝族自治县实施《四川省人口与计划生育条例》的变通规定，2004 年 6 月 3 日四川省第十届人民代表大会常务委员会第九次会议批准，2004 年 6 月 25 日马边彝族自治县人民代表大会常务委员会公告第 2 号公布，自 2004 年 8 月 1 日起施行，原《马边彝族自治县施行〈四川省计划生育条例〉的补充规定》同时废止。

37. 峨边彝族自治县施行《四川省计划生育条例》的补充规定，1989 年 2 月 17 日峨边彝族自治县第二届人民代表大会常务委员会第十七次会议通过，1989 年 5 月 8 日四川省第七届人民代表大会常务委员会第九次会议批准。2004 年 2 月 14 日峨边彝族自治县第六届人民代表大会第二次会议通过峨边彝族自治县实施《四川省人口与计划生育条例》的变通规定，2004 年 6 月 3 日四川省第十届人民代表大会常务委员会第九次会议批准，自 2004 年 8 月 1 日起施行，原《峨边彝族自治县施行〈四川省计划生育条例〉的补充规定》同时废止。

三、甘肃

38.甘南藏族自治州实施《甘肃省计划生育条例》变通规定，1999 年 3 月 28 日甘南藏族自治州第十二届人民代表大会第二次会议通过，1999 年 9 月 2 日甘肃省第九届人大常委会第十一次会议批准，从 1999 年 10 月 20 日起公布实施。

39.肃南裕固族自治县实施《甘肃省计划生育条例》变通规定。

40.肃北蒙古族自治县实施《甘肃省计划生育条例》变通规定，1997 年 11 月 26 日肃南裕固族自治县第十四届人民代表大会第一次会议通过，1998 年 5 月 30 日省九届人大常委会第四次会议批准。

41.阿克塞哈萨克族自治县实施《甘肃省计划生育条例》变通规定，2000 年 1 月 14 日阿克塞哈萨克族自治县第十四届人民代表大会第三次会议通过，2000 年 3 月 31 日甘肃省第九届人大常委会第十五次会议批准，自公布之日起施行。

42.阿克塞哈萨克族自治县施行《中华人民共和国婚姻法》部分条款的变通规定，1992 年 11 月 18 日甘肃省阿克塞哈萨克族自治县第十二届人民代表大会第四次会议通过，1993 年 5 月 22 日甘肃省第八届人民代表大会常务委员会第三次会议批准，1993 年 5 月 22 日公布施行。

四、青海

43.海南藏族自治州施行《中华人民共和国婚姻法》的变通规定，1985 年 7 月 20 日青海省第六届人民代表大会常务委员会第十三次会议批准，海南藏族自治州公布施行。

44.果洛藏族自治州施行《中华人民共和国婚姻法》的变通规定，1987 年 11 月 10 日果洛藏族自治州第八届人民代表大会常务委员会第八次会议通过，1987 年 11 月 21 日青海省第六届人民代表大会常务委员会第二十九次会议批准，自批准之日起施行。

45.海西蒙古族藏族自治州关于施行《中华人民共和国婚姻法》结婚年龄的变通规定，1982 年 12 月 21 日海西蒙古族藏族哈萨克族自治州第八届人民代表大会常务委员会第二次会议通过，1983 年 3 月 16 日青海省第五届人民代表大会常务委员会第二十三次会议批准。2002 年 4 月 27 日海西蒙古族藏族自治州第十一届人民代表大会第二次会议通过青海省海西蒙古族藏族自治州关于施行《中华人民共和国婚姻法》结婚年龄的变通规定修正案，2002 年 5 月 31 日青海省第九届人民代表大会常务委员会第三十次会议批准。

46. 玉树藏族自治州施行《中华人民共和国婚姻法》的补充规定，1986 年 10 月 30 日玉树藏族自治州第七届人民代表大会常务委员会第三次会议通过，1987 年 7 月 18 日青海省第六届人民代表大会常务委员会第二十七次会议批准，自批准后施行。

47. 甘南藏族自治州施行《中华人民共和国婚姻法》结婚年龄变通规定，1989 年 6 月 22 日甘南藏族自治州第十届人民代表大会常务委员会第五次会议通过，1989 年 9 月 27 日甘肃省第七届人民代表大会常务委员会第十次会议批准，1989 年 10 月 1 日自治州人民代表大会常务委员会公布施行。

48. 黄南藏族自治州关于施行《中华人民共和国婚姻法》的补充规定，1982 年 7 月 7 日黄南藏族自治州第八届人民代表大会常务委员会第四次会议通过，1982 年 8 月 7 日青海省第五届人民代表大会常务委员会第十九次会议批准，自批准后施行。

49. 海北藏族自治州关于施行《中华人民共和国婚姻法》的补充规定，1983 年 3 月 26 日海北藏族自治州第七届人民代表大会第三次会议通过，1983 年 7 月 16 日青海省第六届人民代表大会常务委员会第二次会议批准，自批准后施行。

50. 大通回族土族自治县关于施行《中华人民共和国婚姻法》结婚年龄的变通规定，1986 年 11 月 28 日大通回族土族自治县第九届人民代表大会常务委员会第十五次会议通过，1987 年 7 月 18 日青海省第六届人民代表大会常务委员会第二十七次会议批准，自批准后施行。

51. 民和回族土族自治县施行《中华人民共和国婚姻法》的变通规定，1986 年 6 月 22 日民和回族土族自治县第九届人民代表大会第二次会议通过，1986 年 9 月 28 日青海省第六届人民代表大会常务委员会第二十一次会议批准，自批准后施行。

52. 互助土族自治县关于施行《中华人民共和国婚姻法》的补充规定，

1983年9月28日互助土族自治县第八届人民代表大会常务委员会第十次会议通过，1983年12月20日青海省第六届人民代表大会常务委员会第四次会议批准，自批准后施行。

53.化隆回族自治县关于施行《中华人民共和国婚姻法》的补充规定，1981年5月28日化隆回族自治县第八届人民代表大会常务委员会第四次会议通过，1981年8月14日青海省第五届人民代表大会常务委员会第十二次会议批准，自批准后施行。

54.循化撒拉族自治县关于施行《中华人民共和国婚姻法》的补充规定，1981年10月15日循化撒拉族自治县第八届人民代表大会常务委员会第五次会议通过，1982年1月8日青海省第五届人民代表大会常务委员会第十五次会议批准，自批准后施行。

55.门源回族自治县关于施行《中华人民共和国婚姻法》的补充规定，1982年12月2日门源回族自治县第八届人民代表大会常务委员会第八次会议通过，1983年3月16日青海省第五届人民代表大会常务委员会第二十三次会议批准，自批准后施行。

56.河南蒙古族自治县关于施行《中华人民共和国婚姻法》的补充规定，1982年6月10日河南蒙古族自治县第六届人民代表大会常务委员会第七次会议通过，1982年8月7日青海省第五届人民代表大会常务委员会第十九次会议批准，自批准后施行。

五、云南

57.关于追认澜沧拉祜族自治县、南涧彝族自治县执行《婚姻法》所做的变通规定决议，云南省第五届人大常委会第十八次会议审议了1982年10月14日省五届人大常委会主任办公会议批准的澜沧拉祜族自治县、南涧彝族自治县执行《婚姻法》结婚年龄所做的变通规定，决定给予追认。1991年1月20日南涧彝族自治县第六届人民代表大会常务委员会第六次会议通过南涧彝族自治县人大常委会关于废止南涧彝族自治县执行对农村结婚年龄的变通规定的决定，1991年2月7日云南省七届人大常委会常委会第十六次会议批准。

58.孟连傣族拉祜族佤族自治县对《婚姻法》的变通规定，1981年6月9

日云南省第五届人民代表大会常务委员会第 8 次会议批准，1981 年 6 月 9 日云南省人民代表大会常务委员会公布。

59. 宁蒗彝族自治县对《婚姻法》的变通规定，1981 年 6 月 9 日云南省第五届人民代表大会常务委员会第 8 次会议批准，1981 年 6 月 9 日云南省人民代表大会常务委员会公布。

60. 沧源佤族自治县对《婚姻法》的变通规定，1981 年 6 月 9 日云南省第五届人民代表大会常务委员会第 8 次会议批准，1981 年 6 月 9 日云南省人民代表大会常务委员会公布。

61. 耿马傣族佤族自治县执行《中华人民共和国婚姻法》的补充规定，1981 年 9 月 1 日耿马傣族佤族自治县第六届人民代表大会常务委员会第四次会议通过，1982 年 4 月 17 日云南省第五届人民代表大会常务委员会第十三次会议通过。

62. 西盟佤族自治县变通执行《婚姻法》意见，1982 年 4 月 17 日云南省第五届人民代表大会常务委员会第十三次会议通过。

六、贵州

63. 黔南布依族苗族自治州执行《全国人民代表大会和地方各级人民代表大会选举法》的变通规定，1984 年 4 月 1 日黔南布依族苗族自治州第七届人民代表大会第四次会议通过，1984 年 4 月 20 日贵州省第六届人民代表大会常务委员会第七次会议批准。黔南布依族苗族自治州第十一届人民代表大会第七次会议于 2006 年 2 月 26 日审议通过关于修改《黔南布依族苗族自治州自治条例》的决定，并于 2006 年 3 月 30 日经贵州省第十届人民代表大会常务委员会第二十次会议批准，自公布之日起施行。

64. 黔南布依族苗族自治州执行《中华人民共和国婚姻法》变通规定，1992 年 11 月 17 日黔南布依族苗族自治州第九届人民代表大会第三次会议通过，1994 年 6 月 1 日贵州省第八届人民代表大会常务委员会第九次会议批准，根据 1999 年 3 月 27 日黔南布依族苗族自治州第十届人民代表大会第五次会议通过、1999 年 5 月 30 日贵州省第九届人民代表大会常务委员会第九次会议批准的《黔南布依族苗族自治州执行〈中华人民共和国婚姻法〉变通规定修正案》

修订。

65.黔西南布依族苗族自治州执行《全国人民代表大会和地方各级人民代表大会选举法》的变通规定，1984 年 5 月 26 日黔西南布依族苗族自治州第一届人民代表大会常务委员会第十一次会议通过，1984 年 7 月 11 日贵州省第六届人民代表大会常务委员会第八次会议批准。

66.黔西南布依族苗族自治州森林法变通规定，1996 年 4 月 13 日黔西南布依族苗族自治州第三届人民代表大会第六次会议通过，1996 年 8 月 2 日贵州省第八届人民代表大会常务委员会第二十一次会议批准。

67.镇宁布依族苗族自治县执行《中华人民共和国婚姻法》变通规定，1985 年 9 月 20 日镇宁布依族苗族自治县第五届人民代表大会常务委员会第五次会议通过，1985 年 12 月 18 日贵州省第六届人民代表大会常务委员会第十六次会议批准。2009 年 3 月 5 日镇宁布依族苗族自治县第十一届人民代表大会第五次会议通过关于废止《镇宁布依族苗族自治县执行〈中华人民共和国婚姻法〉变通规定》的决定，2009 年 9 月 25 日贵州省第十一届人民代表大会常务委员会第十次会议批准，2009 年 10 月 20 日镇宁布依族苗族自治县人民代表大会常务委员会公告公布，自公布之日起施行。

68.威宁彝族回族苗族自治县执行《全国人民代表大会和地方各级人民代表大会选举法》的变通规定，1984 年 6 月 25 日威宁彝族回族苗族自治县第八届人民代表大会常务委员会第十一次会议通过，1984 年 7 月 11 日贵州省第六届人民代表大会常务委员会第八次会议批准。

69.镇宁布依族苗族自治县执行《全国人民代表大会和地方各级人民代表大会选举法》的变通规定，1984 年 6 月 22 日镇宁布依族苗族自治县第四届人民代表大会常务委员会第十九次会议通过，1984 年 7 月 11 日贵州省第六届人民代表大会常务委员会第八次会议批准。

70.紫云苗族布依族自治县执行《中华人民共和国婚姻法》变通规定，1983 年 3 月 26 日紫云苗族布依族自治县第七届人民代表大会常务委员会第四次会议通过，1983 年 7 月 20 日贵州省第六届人民代表大会常务委员会第二次会议批准。紫云苗族布依族自治县第十三届人民代表大会第一次会议于 2003 年 3 月 24 日通过关于废止《紫云苗族布依族自治县执行〈中华人民共和国婚姻法〉变通规定》的决定，贵州省第十届人民代表大会常务委员会第三次会议于2003年7月26日批准。

71. 松桃苗族自治县执行《中华人民共和国婚姻法》变通规定，1984年8月17日松桃苗族自治县七届人大常委会第二十次会议通过，1985年4月23日贵州省第六届人民代表大会常务委员会第十二次会议批准。关于废止《松桃苗族自治县执行〈中华人民共和国婚姻法〉变通规定的决定》于2002年3月8日经松桃苗族自治县第十二届人民代表大会第五次会议通过，2002年5月26日经贵州省第九届人民代表大会常务委员会第二十八次会议批准，原《松桃苗族自治县执行〈中华人民共和国婚姻法〉变通规定》自2002年8月1日起停止执行。

七、内蒙古

72. 内蒙古自治区执行《中华人民共和国婚姻法》的补充规定，1981年9月21日内蒙古自治区第五届人民代表大会常务委员会第九次会议通过，根据1988年11月19日内蒙古自治区第七届人民代表大会常务委员会第三次会议关于修改《内蒙古自治区执行〈中华人民共和国婚姻法〉的补充规定》的决定第一次修正，根据2003年11月30日内蒙古自治区第十届人民代表大会常务委员会第六次会议关于修改《内蒙古自治区执行〈中华人民共和国婚姻法〉的补充规定》的决定第二次修正。

73. 内蒙古自治区实施《中华人民共和国妇女权益保障法》的补充规定，1995年4月21日内蒙古自治区第八届人民代表大会第三次会议通过，1995年4月21日公布施行。

74. 内蒙古自治区第五届人民代表大会常务委员会关于变通自治区人大常务委员会会期的决定，1981年5月31日内蒙古自治区第五届人民代表大会常务委员会第八次会议通过。

八、宁夏

75. 宁夏回族自治区执行《中华人民共和国婚姻法》的补充规定，1981年6月15日由宁夏回族自治区第四届人民代表大会第三次会议通过并实施。

76.宁夏回族自治区人大常委会关于补充修改《宁夏回族自治区实施〈选举法〉细则》若干规定的决议，1989年8月26日宁夏回族自治区第六届人民代表大会常务委员会第八次会议通过，根据1995年8月16日宁夏回族自治区第七届人民代表大会常务委员会第十四次会议《关于修改宁夏回族自治区实施〈中华人民共和国全国人民代表大会和地方各级人民代表大会选举法〉细则的决定》修正，根据2005年5月20日宁夏回族自治区第九届人民代表大会常务委员会第十六次会议《关于修改宁夏回族自治区实施〈中华人民共和国全国人民代表大会和地方各级人民代表大会选举法〉细则的决定》第二次修正。

九、新疆

77.新疆维吾尔自治区执行《中华人民共和国婚姻法》的补充规定，1980年12月14日新疆维吾尔自治区第五届人民代表大会第三次会议通过，根据1983年9月30日新疆维吾尔自治区第六届人民代表大会常务委员会第三次会议通过的《关于修改〈新疆维吾尔自治区执行中华人民共和国婚姻法的补充规定〉第九条的决定》第一次修正，根据1988年10月15日新疆维吾尔自治区第七届人民代表大会常务委员会第四次会议通过的《关于修改〈新疆维吾尔自治区执行中华人民共和国婚姻法的补充规定〉的决定》第二次修正。

78.新疆维吾尔自治区执行《中华人民共和国收养法》的补充规定，1995年4月8日新疆维吾尔自治区第八届人民代表大会常务委员会第十四次会议通过，1995年4月8日公布施行。

79.伊犁哈萨克自治州施行《中华人民共和国婚姻法》的补充规定，1987年1月17日新疆维吾尔自治区伊犁哈萨克自治州第七届人民代表大会常务委员会第十三次会议通过，1987年2月14日新疆维吾尔自治区第六届人民代表大会常务委员会第二十五次会议批准。

十、湖北

80.长阳土家族自治县实施《中华人民共和国水土保持法》的补充规定，2001年2月22日长阳土家族自治县第五届人民代表大会第三次会议通过，2001年3月30日湖北省第九届人民代表大会常务委员会第二十四次会议批准。

81.长阳土家族自治县实施《湖北省旅游管理条例》办法，2002年2月4日长阳土家族自治县第五届人民代表大会第四次会议通过，2002年3月28日湖北省第九届人民代表大会常务委员会第三十二次会议批准。

十一、吉林

82.前郭尔罗斯蒙古族自治县执行《中华人民共和国城镇国有土地使用权出让和转让暂行条例》的补充规定，1999年3月31日吉林省九届人大常委会第九次会议通过。

十二、广西

83.三江侗族自治县实施《中华人民共和国森林法》的补充规定，2006年1月10日三江侗族自治县第十三届人民代表大会第五次会议通过，2006年9月29日广西壮族自治区第十届人民代表大会常务委员会第二十二次会议批准，2006年11月23日三江侗族自治县人民代表大会常务委员会公告第1号公布，自2007年1月1日起施行。

84.隆林各族自治县执行《中华人民共和国森林法》的补充规定，2001年3月14日隆林各族自治县第十一届人民代表大会第三次会议通过，2001年7月29日广西壮族自治区第九届人民代表大会常务委员会第二十五次会议批准。

85.广西壮族自治区人民代表大会常务委员会关于乡、镇人民代表大会代表名额的补充规定，广西壮族自治区第六届人民代表大会常务委员会第十次会议1984年9月12日通过。2001年5月26日广西壮族自治区第九届人民代表大会常务委员会第二十四次会议通过决定废止《广西壮族自治区人民代表大会常务委员会关于乡、镇人民代表大会代表名额的补充规定》。

十三、湖南

86.湖南省新晃侗族自治县自治条例，1986年4月12日新晃侗族自治县第九届人民代表大会第三次会议通过，1986年4月28日湖南省第六届人民代表大会常务委员会第十八次会议批准。该条例第四十七条规定，自治县少数民族公民的结婚年龄，男方不得早于二十周岁，女方不得早于十八周岁。这是唯一一部以自治条例的形式规定婚姻法变通的自治立法。

十四、广东

87.连南瑶族自治县实施《广东省计划生育条例》补充规定的决定，广东省第九届人民代表大会常务委员会第十八次会议于 2000 年 5 月 26 日批准，自 2000 年 7 月 1 日起施行。连南瑶族自治县人民代表大会常务委员会 2004 年 6 月 11 日连南瑶族自治县第十二届人民代表大会第一次会议审议了关于废止《连南瑶族自治县实施〈广东省计划生育条例〉补充规定》的议案，决定废止《连南瑶族自治县实施〈广东省计划生育条例〉补充规定》，自广东省人民代表大会常务委员会批准之日起生效。

88.乳源瑶族自治县实施《广东省计划生育条例》第十条的规定，广东省第九届人民代表大会常务委员会第十八次会议于 2000 年 5 月 26 日批准，自 2000 年 7 月 1 日起施行。乳源瑶族自治县人民代表大会常务委员会 2004 年 6 月 11 日乳源瑶族自治县第九届人民代表大会第二次会议审议了县人民政府关于废止《乳源瑶族自治县实施〈广东省计划生育条例〉第十条的规定》的议案，会议决定废止《乳源瑶族自治县实施〈广东省计划生育条例〉第十条的规定》，广东省第十届人民代表大会常务委员会第十一次会议于 2004 年 5 月 28 日批准。

89.连山壮族瑶族自治县实施《广东省计划生育条例》第十条的规定，广东省第九届人民代表大会常务委员会第十八次会议于 2000 年 5 月 26 日批准，自 2000 年 7 月 18 日起施行。2004 年 3 月 18 日连山壮族瑶族自治县第八届人民代表大会第二次会议审议通过了关于废止《连山壮族瑶族自治县实施〈广东省计划生育条例〉第十条的决定》，广东省第十届人民代表大会常务委员会第十一次会议于 2004 年 5 月 28 日批准，自公布之日起生效。

后　记

　　我近年来主要从事民族法的教学与研究工作，在教学中发现，学者对民族自治法律变通问题关注不多，重视程度也不够，研究成果相对数量不多，而且往往将法律变通问题作为研究自治条例或单行条例的一个副产品，对于法律变通的很多基本问题没有达成共同的认识和见解，在理论上和实践中都存在着模糊认识。法律变通问题还有一些理论研究的盲点，较少有人涉足。因此，自 2008 年暑假开始，我将主要精力投入到法律变通的研究中，力求通过充分的学理分析和逻辑论证，对有关问题作出系统的分析和解答。现在交上的可能还不是令人足够满意的答卷，但它毕竟是我的一次学术努力和尝试，我也会在将来的工作中，将有关问题继续深入探讨下去。在研究法律变通的有关问题期间，我曾以相关选题申报了国家社科基金项目、教育部人文社科研究规划基金项目、辽宁省教育厅人文社科项目，申报的国家社科基金项目通过了通信评审，但最终没有通过会评，而申报的其他两个项目获准立项，获得了经费支持，这给了我极大鼓舞，也为我研究法律变通问题提供了很好的平台，本书即是 2011 年教育部人文社科规划基金项目"民族自治地方法律变通研究"的最终结项成果。

　　本书的很多内容曾经以论文的形式在《民族研究》《内蒙古社会科学》《河北法学》《重庆大学学报（社会科学版）》《贵州民族研究》《青海民族研究》《北方民族大学学报（哲学社会科学版）》《延边大学学报（社会科学版）》《甘肃政法学院学报》等刊物上发表过，有些还曾获得过国家民委民族问题研究优秀成果三等奖及大连市第十四届社会科学进步三等奖，在此，感谢编辑们的辛勤劳动与大力支持，向编审过我论文的编辑们表示深深的敬意。

特别要感谢我国著名法学家，贵州社会科学院院长吴大华教授，感谢他对我学术研究的点拨和提携。吴老师在百忙中慷慨赐序，令我十分感动，亦使拙著增色不少。

在本书写作和课题研究过程中，我得到了我所供职的大连民族大学文法学院领导以及人文社科处领导的大力支持，在此一并表示感谢。

感谢人民出版社的洪琼主任和李琳娜编辑，他们的专业、敬业精神令人钦佩，没有他们的包容、细致和耐心，本书可能还不会以现在这样的形式呈现在读者面前。

张殿军

2015 年 12 月 29 日于大连